OpenACC
基本と実践
**GPUプログラミングを
さらに身近に**

北山洋幸●著

■**サンプルファイルのダウンロードについて**
　本書掲載のサンプルファイルは、一部を除いてインターネット上のダウンロードサービスからダウンロードすることができます。詳しい手順については、本書の巻末にある袋とじの内容をご覧ください。

　なお、ダウンロードサービスのご利用にはユーザー登録と袋とじ内に記されている番号が必要です。そのため、本書を中古書店から購入されたり、他者から貸与、譲渡された場合にはサービスをご利用いただけないことがあります。あらかじめご承知おきください。

- 本書の内容についてのご意見、ご質問は、お名前、ご連絡先を明記のうえ、小社出版部宛文書（郵送またはE-mail）でお送りください。
- 電話によるお問い合わせはお受けできません。
- 本書の解説範囲を越える内容のご質問や、本書の内容と無関係なご質問にはお答えできません。
- 匿名のフリーメールアドレスからのお問い合わせには返信しかねます。

本書で取り上げられているシステム名／製品名は、一般に開発各社の登録商標／商品名です。本書では、™ および ® マークは明記していません。本書に掲載されている団体／商品に対して、その商標権を侵害する意図は一切ありません。本書で紹介しているURLや各サイトの内容は変更される場合があります。

はじめに

　コンピュータの性能追求は永遠のテーマです。特に近年の並列化は、粒度の小さな OpenMP、そしてより並列化数の多い OpenCL や CUDA などの応用に移っています。
　スレッドプログラミングから OpenMP への技術的ギャップに対し、GPU を利用したアクセラレータ型の並列化プログラミング間には大きな溝が存在します。大きなプログラミングの溝とは、CPU のみを意識した方式から、CPU と GPU を協調させる方法への対応です。CPU だけで並列化する場合、バイナリやメモリ空間は CPU でプログラミングしていたときと同じです。ところが GPU などを利用した OpenCL や CUDA では、CPU と GPU 用のバイナリが必要です。そして、CPU と GPU 間で処理の分担やメモリ管理を別々に行わなければなりません。特に面倒な点は、メモリ空間が論理的・物理的に異なるためポインタなどを、そのまま利用できない点です。通常のアプリケーションプログラムを作成していたプログラマが GPU 対応のプログラムを開発しようと考えたときに、ある一定の短くない学習時間が必要です。さて、そこに現れたのが OpenACC[※1] です。OpenACC は、OpenMP を使うような感覚で、逐次プログラムにディレクティブを指定するだけで GPU 対応のプログラムへ変換できます。
　本書は短い期間で OpenACC を習得できることを目指して企画しました。単に、プログラミングの習得だけでなく、ヘテロジニアスなシステムの基礎などや応用にも言及し、非同期などを使用したプログラミングへも対応できるよう心掛けました。

　IT 技術の発展により、現在は少しの費用負担で、一般家庭に一昔前のスーパーコンピュータ並のシステムを導入できる時代となりました。高速なメニーコア CPU、高速で大容量のメモリ、SSD などの高速記憶装置、GPU や GPGPU を搭載したボード、そして高機能なコンパイラやプロファイラが容易に入手可能です。
　どうぞ、このような環境を土台にして、自宅で高度なシミュレーションや科学技術計算に挑戦してください。きっと素晴らしい発見ができるでしょう。一昔前に比べ、容易に高速なコンピューティング環境を利用できます。この、恵まれた環境を活用し、新しい発明や考案、そして発見ができることを期待します。きっと、先人の努力に感謝するとともに、後に続く人の礎となることでしょう。

※1　for Open ACCelerators

対象読者

- OpenACC プログラミング入門者
- GPU プログラミング入門者
- 僅かな出費で高度なシミュレーションや科学技術計算に挑戦したい人

謝辞

出版にあたり、お世話になった株式会社カットシステムの石塚勝敏氏に深く感謝いたします。

2018 年晩夏 東京都東大和市のコーヒーショップにて

北山洋幸

本書の使用にあたって

開発環境、および、実行環境の説明を行います。

■ 環境

　本書は開発環境の解説書ではなく OpenACC の解説書です。本来なら仕様の説明に終始しても良いのですが、それでは理解が進みません。そこで、解説と実際のプログラムを試しながら理解を進める手法を採用しています。ただし、開発環境でビルド・実行できることを保証するものではありません。特に開発環境の変化や、開発環境のバージョンアップによって、動作していたものが動作しなくなる、あるいはその逆も起きます。

　以降に、実際に試した環境を示しますが、あくまでも参考としてください。OpenACC は、比較的若い技術ですので、日々仕様も環境も変化が期待できます。

　環境については付録にも詳しく解説しました。そちらも併せて参照してください。

コンパイラ

　基本的に無償のコンパイラを使用します。もちろん、有償の強力なコンパイラを所有しているなら、そちらを使用すると良いでしょう。以降のいずれか、あるいはいくつか併用すると良いでしょう。すべてのプログラムを両方の環境でコンパイルできるとは限りません。OpenACC の規格とコンパイラの実装には統一性があるとは限らないことと、規格自体に実装依存があるためと思われます。自身が使用中の環境でエラーとなる場合、別の環境や異なるバージョンを試すのも良い選択でしょう。

pgcc/pgc++	PGI 社の PGI Community Edition を使用するのも良い方法です。本書では、PGI Community Edition 18.4 を使用しました。
	Windows 用の PGI Community Edition は C++ をサポートしていませんので、C++ の例は若干の書き換えが必要です。なるべく本書は C 言語で記述するよう心掛けましたが、C 言語はとても面倒なため、いくつかは C++ で記述しています。Ubuntu へ PGI Community Edition をインストールした場合は、pgc++ を使用すると C++ で書かれたプログラムもビルドできます。
g++/gcc	g++ を使用すると、ほぼすべてのプログラムを実際に試すことが可能です。本書では、g++ のバージョンは 7.3.0 を使用します。gcc でも可能なプログラムも多いですが、g++ を利用する方が問題は起きにくいでしょう。

OSと、そのバージョン

Windows　　　　Windows 10 Pro/Home を利用できます。Windows 7 などでも問題ない可能性が高いですが確認は行っていません。

Ubuntu　　　　バージョン 18.04 を使用します。異なるバージョンでも問題ないでしょうが、確認は行っていません。gcc などのコンパイラは標準でインストールされている場合が多いです。ただし、必ずしも最初からインストールされているとは限りません。そのような場合は、案内メッセージが表示されますので、それに従ってください。

ソースコードのエンコード

ソースコードには UTF-8 を採用します。特にマルチバイト文字が含まれる場合は、エンコードに注意してください。文字化けなどが起きる場合は、英文を使用するかエンコードを確認してください。

URL

URL の記載がありますが、執筆時点のものであり、変更される可能性もあります。リンク先が存在しない場合、キーワードなどから自分で検索してください。

■ 用語

用語の使用に関して説明を行います。

メモリとメモリー

最近は、語尾の「ー」を付けるのが一般的になっていますが、本書では従来のように、基本的に「メモリー」は「メモリ」と表記します。ほかの用語も同じで、たとえば、「コンパイラー」なども「コンパイラ」と語尾の「ー」は付けません。

ソースコードとソースファイル

基本的に同じものを指します。まとまったものをソースファイル、ソースファイルの一部を指すときにソースコードと表現します。

指示文、構文、ディレクティブ

本書は、指示文、構文、ディレクティブを混在して使用しています。リファレンスの部分では構文を使用していますが、ほかの章では指示文やディレクティブと記述する場合もあります。どれも同じものですので、適切に読み替えてください。

節と指示句

指示文にオプションで指定する copyin などを、copyin 節と記載している部分と copyin 指示句と記載している部分が混在します。節と指示句は、両方とも同じものを指しますので、適切に読み替えてください。

リージョンと領域

リージョンと領域という表現も混在して使用しています。単に、カタカナ英語と日本語の違いです。両方とも同じものですので、適切に読み替えてください。

アクセラレータとデバイス

アクセラレータとデバイスも同じようなものですが、混在して使用します。厳密には異なる用語で、アクセラレータと表現した場合、より広い範囲を指します。処理をオフロードする際に、一般的にデバイス側へオフロードしますが、アクセラレータと表現する場合もあります。

アクセラレータと GPU

アクセラレータの具体的な例の 1 つが GPU です。アクセラレータと GPU も混在しますが、適切に読み替えてください。

行列と配列

本来なら行列と表現した方が良い場合でも、配列と表現する場合があります。処理から考えると行列の処理なのですが、プログラミング上は単なる 2 次元配列の処理となるため、説明の過程でどちらか適切なものを選んでいます。

目次

はじめに iii
本書の使用にあたって v

■ 第1章　コンピュータ概論 …… 1

1-1　CPU 概論 2
1-1-1　CPU とは 2
1-1-2　CPU の内部構成 2
1-1-3　命令とデータで分類 4
1-1-4　ホモジニアスとヘテロジニアスによる分類 6
1-1-5　スカラーとベクトル 8

1-2　メモリ概論 9
1-2-1　メモリの構成 9
1-2-2　メモリの種類 10
1-2-3　データの流れ 10
1-2-4　キャッシュメモリ 11
1-2-5　高速化とメモリ 12

1-3　並列化の限界と課題 13
1-3-1　並列化の限界 13
1-3-2　並列化の課題 16

■ 第2章　OpenACC 概論 …… 23

2-1　概論 24
2-1-1　ディレクティブベースの魅力 24
2-1-2　OpenACC の機能 24

2-2　アクセラレータ型とメニーコア型 25
2-2-1　アクセラレータ型とメニーコア型の並列化概要 26
2-2-2　アクセラレータ型とメニーコア型の Fork-Join モデル 28

2-3　指示文の概要 29

2-4　データの移動 31

■ 第3章　はじめてのプログラム …… 33

3-1　1次元配列へ係数を乗ずる 34
3-1-1　kernel ディレクティブと parallel ディレクティブ 39
3-1-2　data ディレクティブ 42

	3-2	1次元配列同士の乗算	45
	3-3	1次元配列同士の乗算・ほかの並列化	49
		3-3-1　OpenMP対応	50
		3-3-2　OpenCL対応	53
		3-3-3　ベクトル対応	62
	3-4	dataを明示	66

■第4章　ライプニッツの公式 …… 75

	4-1	円周率を求める	76
	4-2	倍精度浮動小数点	82
	4-3	OpenMP	84
	4-4	PGIコンパイラのtaオプション	87

■第5章　OpenACCとデータ …… 91

	5-1	データの属性	92
	5-2	データのライフタイム	93
	5-3	データ転送のタイミング	94
	5-4	実際のプログラム例	99

■第6章　2次元配列 …… 109

	6-1	行列の加算	110
		6-1-1　OpenMP	116
	6-2	行列の積	117

■第7章　1次元配列の処理 ― 音響処理 …… 127

	7-1	単純移動平均	128
		7-1-1　ビルド方法	134
		7-1-2　実行	135
		7-1-3　スペクトル	136
	7-2	積和でフィルタ	138
		7-2-1　ビルドと実行	144

■第8章　2次元の具体例 …… 149

	8-1	2次元配列生成	150

8-2	メモリ割り付け法の変更	158
8-3	ネガティブ	166
8-4	フィルタ	174
8-5	幾何変換	179
8-6	カラー画像対応フィルタ	190
	8-6-1 ガウシアン	190
	8-6-2 エッジを強調	199

■第9章　ディレクティブ（指示文） …… 209

9-1	Accelerator Compute ディレクティブ	210
	9-1-1 parallel ディレクティブ（構文）	210
	9-1-2 kernels ディレクティブ	213
	9-1-3 parallel ディレクティブと kernels ディレクティブの節	214
9-2	data ディレクティブ	219
	9-2-1 構文	219
	9-2-2 説明	220
	9-2-3 節の説明	221
	9-2-4 data 指示句におけるサブ配列（部分配列）の指定方法	224
9-3	enter data と exit data ディレクティブ（OpenACC 2.0）	225
	9-3-1 enter data ディレクティブ	225
	9-3-2 exit data ディレクティブ	226
	9-3-3 enter data ディレクティブと exit data ディレクティブの節	227
	9-3-4 節（clause）の説明	228
9-4	データ管理のサンプル	229
9-5	loop ディレクティブ	234
	9-5-1 構文	235
	9-5-2 説明	235
	9-5-3 節（clause）の説明	238

■第10章　実行時ライブラリ …… 241

10-1	acc_get_num_devices	242
10-2	acc_set_device_type	243
10-3	acc_get_device_type	244
10-4	acc_set_device_num	246
10-5	acc_get_device_num	247
10-6	acc_async_test	247

10-7	acc_async_test_all	250
10-8	acc_wait	251
10-9	acc_wait_async	251
10-10	acc_wait_all	252
10-11	acc_wait_all _async	252
10-12	acc_init	253
10-13	acc_shutdown	253
10-14	acc_on_device	254
10-15	acc_malloc	256
10-16	acc_free	256
10-17	acc_copyin	257
10-18	acc_present_or_copyin	257
10-19	acc_create	258
10-20	acc_present_or_create	259
10-21	acc_copyout	260
10-22	acc_delete	262
10-23	acc_update_device	263
10-24	acc_update_self	263
10-25	acc_map_data	264
10-26	acc_unmap_data	265
10-27	acc_deviceptr	265
10-28	acc_hostptr	266
10-29	acc_is_present	266
10-30	acc_memcpy_to_device	267
10-31	acc_memcpy_from_device	267

■第11章　非同期プログラミング …… 269

11-1	簡単な非同期プログラム	270
11-2	2次元配列生成の非同期プログラム	278
	11-2-1　分割して処理（その1）	279
	11-2-2　分割して処理（その2）	284
	11-2-3　非同期プログラム	286

11-3　ネガティブ処理の非同期プログラム 294
11-4　幾何変換の非同期プログラム 310

■ 付　録 …… 321

付録 A　WAV ユーティリティーズ 322
- A-1　WAV ファイルをテキストへ変換 322
- A-2　ステレオ WAV ファイルをモノラルへ変更してテキストへ変換 325
- A-3　テキストを WAV ファイルへ変換 328
- A-4　WAV 用クラス 334

付録 B　Bitmap ユーティリティーズ 352
- B-1　BMP ファイルをテキストへ変換 352
- B-2　カラー BMP ファイルをグレイスケールに変換しテキスト出力 356
- B-3　テキストを BMP ファイルへ変換 359
- B-4　Bitmap 用クラス 363

付録 C　g++/gcc の環境 384
- C-1　OpenACC でビルド 387

付録 D　PGI コンパイラの OpenACC 環境 388
- D-1　インストールの前準備 388
- D-2　Microsoft Windows 10 SDK をインストール 389
- D-3　Visual Studio Community 2015 のインストール 392
- D-4　PGI 個人アカウントの取得方法 397
- D-5　CUDA 開発環境のインストール（Windows 版） 400
- D-6　PGI Community Edition（無償版）のインストール 405
- D-7　PGI Community Edition（無償版）を Ubuntu へインストール 415

参考文献、参考サイト、参考資料 422

索　引 423

第1章

コンピュータ概論

1-1 CPU 概論

OpenACC を議論する前に、簡単に CPU（プロセッサと表現する場合もある）の概要を解説します。

1-1-1 CPU とは

CPU（Central Processing Unit）は中央処理装置のことで、コンピュータの心臓部を指します。初期のコンピュータは、CPU をたくさんの部品で構成していましたが、現在はワンチップにすべての機能を搭載しています。さらに、近年では、複数の CPU や GPU がワンチップに集積されるようになりました。汎用ではない、いわゆる組み込みシステムに使用するマイコンと呼ばれる CPU（MCU）では、CPU だけでなく周辺装置までワンチップに実装しています。CPU は大規模なキャッシュや、高機能な GPU までワンチップ化しています。これは単に集積度が上がったのが要因ではなく、バスの速度が高速になったため同一チップ上に実装せざるを得なくなっているという側面もあります。

1-1-2 CPU の内部構成

以降に、CPU の内部構成の原理を簡易化して示します。このため、細かな部分では現代の CPU と異なる部分もありますが、構成に大きな違いはありません。

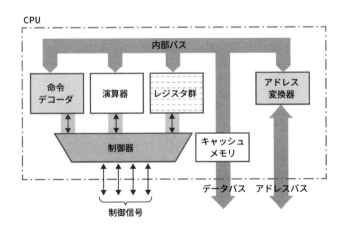

図1.1●CPUの内部構成

アドレス制御器

　CPUは命令やデータを読み書きするため、外部とインタフェースしなければなりません。このときCPUは、相手を識別するためアドレスを発生します。アドレス変換器は仮想メモリのアドレスを実アドレスへ変換します。オペレーティングシステムは、MMUなどと連携し、ソフトウェアの保持している論理的なアドレス（ポインタ）を物理アドレスに変換しなければなりません。オペレーティングシステムの中核部を開発するソフトウェアエンジニアでない限り、このような機構に配慮する必要はありません。

キャッシュメモリ

　CPUが待ち状態に入らないように、あらかじめ情報を蓄えCPUが高速にアクセスできるメモリです。メインメモリとCPUの処理速度には、大きな性能差が存在しており、データや命令がメインメモリに存在すると、CPUは頻繁に待ち状態へ入ってしまいます。これが原因でCPUが持っている本来の性能を発揮できなくなる可能性があります。そこで、CPUとメインメモリの中間にキャッシュメモリを配置して、処理速度を向上させます。アプリケーションソフトウェアであっても、キャッシュメモリを意識したプログラミングを行わないと性能低下を招きかねないため、ある程度キャッシュメモリは意識する必要があります。

制御器

　CPUは算術演算や論理演算だけを行っているわけではありません。コンピュータといえば計算のイメージが強いですが、さまざまな判断や割り込み、およびメモリ転送などイベントの処理も重要な仕事です。また、CPUの全体を管理する作業もあります。このような役割を受け持つのが制御器です。

命令デコーダ

　命令デコーダは、名前が示すように読み込んだ命令をデコードします。CPUはオペコードで命令を判断し、次にオペランドを解釈します。RISC型CPUは、命令が固定長、かつ命令が単純に作られているため命令デコーダを単純化することができます。当然、デコード時間も短くなり速度向上が望めます。CISC型CPUの命令は可変長であり、かつ命令自体も複雑なため命令のデコードは複雑です。

レジスタ群

　CPUは複数のレジスタを装備しています。レジスタはCPUの内部で重要な働きを行います。

レジスタは、一種の高速なメモリですが、一般のメモリと違いアドレスを番号で指定することができ、演算などを高速に実行することができます。CPU は一般的に演算や比較などを行う場合、メモリ上のデータを一旦レジスタへ移動してから実行します。

　レジスタは目的別に異なる種類が用意されています。たとえば演算やデータ移動などに用いる汎用レジスタ、制御に用いるフラグレジスタ、浮動小数点数計算専用の浮動小数点数レジスタ、ほかにもオペレーティングシステムで使用する特殊なレジスタが存在します。

■ 1-1-3　命令とデータで分類

　コンピュータを、1つの命令で複数のデータを処理する方式と、1回のクロックで複数の命令を実行する方式で分類します。

フリンの分類

　コンピュータの分類はさまざまな観点からなされていますが、ここでは命令とデータの並列化を体系的にまとめたフリンの分類（Flynn's taxonomy）を示します。これは、マイケル・J・フリン（Michael J. Flynn）が 1966 年に提案したコンピュータアーキテクチャの分類法です。フリンが定義した 4 つの分類は、命令の並列度とデータストリームの並列度に基づくものです。

- SISD: Single Instruction, Single Data stream
- SIMD: Single Instruction, Multiple Data streams
- MISD: Multiple Instruction, Single Data stream
- MIMD: Multiple Instruction, Multiple Data streams

以降に分類の概念図を示します。

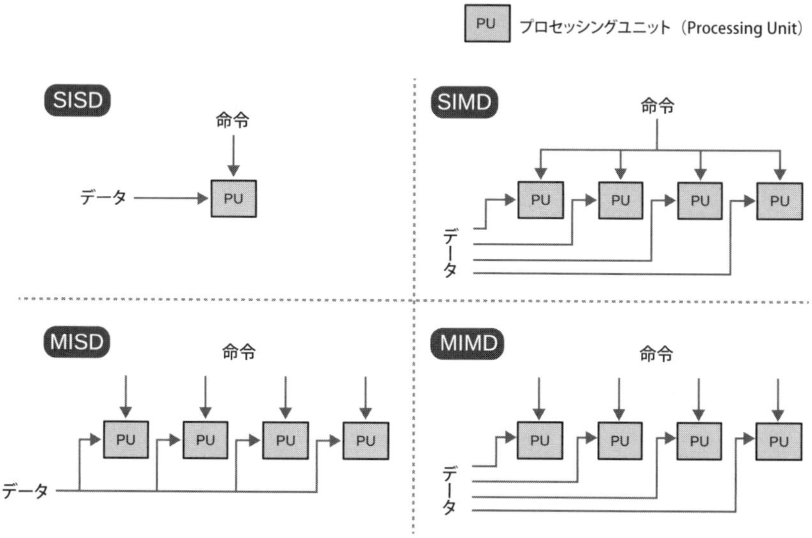

図1.2●フリンの分類

SISD

SISDは、1つの命令で1つのデータに対して処理を行う命令形式のことです。基本的に、最も一般的なアーキテクチャです。

SIMD

1つの命令で複数のデータに対して処理を行う命令形式のことです。SISDと異なり、SIMDではプロセッサ内に演算を実行する実行ユニットが複数用意されており、それぞれが異なるデータに対し並列に演算を行います。SIMDでは読み取られた命令が各実行ユニットにブロードキャストされ、各実行ユニットが持つデータに対して同一の演算が実行されます。本書では、OpenACCとの比較でSIMD命令の一種であるインテル社CPUのAVX命令セットの例を紹介します。

MISD

日本語では複数命令流単一データ流などと訳されます。このモデルでは、複数のプログラムカウンタが示す命令が単一のデータに対して適用されます。

MIMD

　独立した複数のプロセッサを持ち、それぞれのプロセッサは異なる命令を使って異なるデータを処理します。MIMD アーキテクチャはさまざまな分野で応用されています。一般に分散システムは MIMD 型であると言われ、単一の共有メモリを使う場合と、分散メモリを使う場合があります。

命令を並列処理（VLIW）

　複数の短い命令語を 1 つの長い命令語にまとめ、並列実行する方法です。VLIW と呼ばれ、Very Long Instruction Word の略です。現在主流の CPU 内部には、スケジューリング機能が組み込まれており、結果に影響がなければ、プログラムされた命令順の通りではなく、実行可能なものから順次パイプラインに送り込みます。ただし、動的なスケジューリングには限界があります。VLIW は、CPU 自体でこのような動的なスケジューリングを行う必要はなく、あらかじめ並列実行できる命令を生成します。つまり、コンパイラが並列処理の命令を生成します。プログラマは VLIW を意識する必要はなく、コンパイラに任せるのが普通です。

1-1-4　ホモジニアスとヘテロジニアスによる分類

　現代の高速コンピュータは CPU などの演算装置を複数並べるのは一般的なことです。最近までマルチコア CPU と表現されることが少なくありませんでしたが、時代はメニーコア時代へ変わりつつあります。また、多数の同一アーキテクチャを集積するのではなく、演算の高速化に特化した GPGPU と汎用 CPU を組み合わせたシステムも多くなりました。同一アーキテクチャのプロセッサだけを使ったコンピュータをホモジニアス、異なるアーキテクチャのプロセッサを組み合わせたコンピュータをヘテロジニアスと呼びます。

ホモジニアスなシステムの概念

　共有メモリを採用し、同一 CPU を複数実装したものです。以降に概念図を示します。

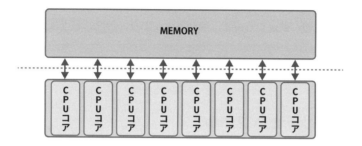

図1.3●ホモジニアスなシステム

ヘテロジニアスなシステムの概念

　この方式は、異なるアーキテクチャのプロセッサでシステムを構成します。異なる処理を、異なるプロセッサに割り振って効率良く処理します。以降に概念図を示します。

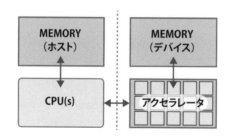

図1.4●ヘテロジニアスなシステム

　ヘテロジニアスとホモジニアスが異なるのは、CPUのアーキテクチャが同一ではなく異なること、そしてヘテロジニアスな方式では、ホストの処理がアクセラレータへオフロードされることです。たとえば、浮動小数点数の演算が多い場合、その部分をGPUに任せCPUは全体の制御を担います。従来から使われる方式ですが、最近はGPGPUと組み合わせたシステムの標準化が進み使いやすくなりました。ヘテロジニアスがホモジニアスと大きく異なるのは、メモリ空間が論理的かつ物理的に分離されていることが多いことです。このような場合メモリコピーやアドレス変換のオーバーヘッドを無視できません。異なるアーキテクチャを採用するため、それぞれに異なるバイナリも必要になります。

　つまり、ホモジニアスを採用した場合、プログラマは並列化を意識しますが、一般的なプログ

ラム開発手法を採用できます。ヘテロジニアスを採用した場合、プログラマは並列化と各プロセッサにプログラムを記述しなければならず、それぞれのロードバランスや通信も考慮しなければなりません。これらを自動化する方法は研究されており、日々整備が進みつつあります。本書で紹介するOpenACCもヘテロジニアスな環境で、ソフトウェアの開発を容易にする開発環境の1つです。

■ 1-1-5 スカラーとベクトル

CPUアーキテクチャの分類方法にスカラーで処理するアーキテクチャと、ベクトルで処理するアーキテクチャで分類します。

スカラーコンピュータ

スカラーコンピュータは、単一の実行ユニットでマシン語を逐次実行します。最も単純なアーキテクチャと呼んで良いでしょう。スカラーコンピュータの実行ユニットを増やし、複数の命令をフェッチし、複数の実行ユニットを並列に動作させ、プログラムの持つ命令レベルの並列性を利用して性能の向上を図るアーキテクチャをスーパースカラー（superscalar）と呼びます。性能向上のために並列動作させますが、実行順はスカラーでもスーパースカラーでも同じです。

ベクトルコンピュータ

ベクトルコンピュータは、ベクトル演算を行うことができるコンピュータのことです。一般的には、高性能でパイプライン化された実行ユニットを持ち、その演算能力を最大限発揮できるように設計されたコンピュータを指します。より広げて解釈すると、SIMD命令によるベクトル演算も含みます。ベクトルコンピュータは、スーパーコンピュータに採用され、ベクトルプロセッサ（Vector Processor）やアレイプロセッサ（Array Processor）で、数値演算を複数のデータに対して次々と実行することができます。

1-2 メモリ概論

簡単にメモリの概要を解説します。

1-2-1 メモリの構成

広義にはレジスタやハードディスクも記憶装置という意味でメモリに分類できます。これらを速度の遅い順に並べてみます。ハードディスクは、一般的には外部記憶装置とする方が適切でしょう。最近では、ハードディスクドライブ（HDD）の代わりにソリッドステートドライブ（SSD）を搭載するものも多くなりました。

図1.5●メモリの分類と速度

図に示す演算回路はメモリではありませんが、速度の比較のために記入しました。
狭義にメモリと表現した場合、メインメモリからレジスタまでが適切な範囲だと思われます。これらをアクセス速度と容量を軸にして、抽象的な図を作成してみましょう。この中のキャッシュメモリを、さらに細分化し、キャッシュメモリの構成に比重を置いた図も示します。

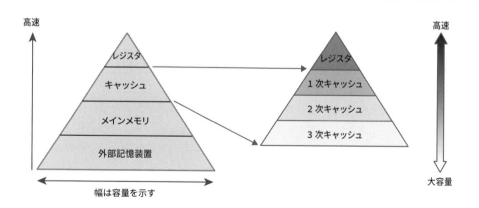

図1.6●メモリ（左）とキャッシュメモリ（右）の構成

キャッシュメモリとメインメモリ間には、大きな速度差があり、もしデータがキャッシュメモリに存在しない場合、プログラムは大きなペナルティを払わなければなりません。

■ 1-2-2　メモリの種類

　コンピュータに使われるメモリは前図に示すように、主にレジスタ、キャッシュメモリ、そしてメインメモリの3種類です。レジスタはCPU内にあり、アクセスがとても速いですが、容量は数バイトから数十バイトです。高水準言語でプログラムを記述するとき、レジスタを意識する必要はありません。

　キャッシュメモリについては、節を作り詳細を後述します。キャッシュメモリは、レジスタと遜色のない速度でアクセスできます。しかし、メインメモリに比べ、はるかに容量が小さいため、キャッシュメモリを有効利用できるか、できないかでプログラムの速度に大きな差が発生します。

　一般的にメモリと言ったときに指すのがメインメモリです。メインメモリは高速と考えられていますが、CPUの速度に比べると考えられないくらい低速です。

■ 1-2-3　データの流れ

　プログラムを実行すると、まずハードディスクに存在する翻訳されたプログラム（機械語のプログラム）やデータをメインメモリへ読み込みます。CPUはプログラムに従ってデータをレジスタに移動し、処理を行い、その結果をメインメモリへ格納します。プログラムの実行中は、**メインメモリ⇒レジスタ⇒演算⇒レジスタ⇒メインメモリ**の処理の一連が続きます。

　CPUの演算処理速度は数GHzですが、メインメモリのアクセス速度は数百MHz程度です。つまりCPUの演算速度とメモリのアクセス速度には、大きな乖離があります。CPUは演算の前にデータをレジスタに読み込みますが、演算速度に対し、データ移動に多くの時間を要します。このようなことを繰り返すと、CPUが動作している時間より、データを待っている時間の方が長くなってしまいプログラムの実行速度は低下します。これを解決するのがキャッシュメモリの役割です。

　先ほど示した、**メインメモリ⇒レジスタ⇒演算⇒レジスタ⇒メインメモリ**は、**メインメモリ⇒レジスタ（キャッシュにも）⇒演算⇒レジスタ（キャッシュにも）⇒メインメモリ**と書き換えることができます。キャッシュメモリに一旦格納されたデータは、もうメインメモリまで取りに行く必要はなく、CPUはフルスピードで動作することができます。書き込み時にもキャッシュメモリに格納しているため、処理結果を参照する場合も高速にアクセスできます。

　なお、ヘテロジニアスな環境では、プロセッサとメインメモリが対になり、別々に存在するた

めメモリコピーが必要となります。これによって性能上やっかいな問題が発生する場合があります。

1-2-4 キャッシュメモリ

メモリアクセスを頻繁に行うプログラムには、とんでもなく遅いプログラムが存在します。それはアクセスするデータがキャッシュに存在せず、毎回メインメモリをアクセスするためです。メインメモリはCPUの処理速度と比較すると、かなり低速です。このため、CPUが頻繁にメモリを待つ状態に陥ります。これを解決するには、キャッシュメモリにデータが存在するようにプログラミングすることです。最近のコンピュータには、大容量のキャッシュメモリが搭載されていますので、注意してプログラミングすると、データアクセスによる実行速度の低下は避けられます。

キャッシュメモリの役割

CPUがデータを要求するときはメインメモリからレジスタに移す際に、キャッシュメモリにも保存します。キャッシュメモリに保存されるデータは、要求されたデータだけではなく、その周辺のデータも同時にキャッシュメモリに格納されます。いわゆるキャッシュラインと呼ばれる一定のデータが、キャッシュメモリに格納されます。この仕組みによって、同じデータを何回も利用する、あるいは近傍のデータをアクセスすると、プログラムの実行速度が向上します。

プログラムを高速にしたければ、なるべくキャッシュに格納されたデータを利用すると効果があります。たとえばメモリアクセスを連続した順にする、あるいはあるブロックに分割して、特定のデータを集中して処理し、終わったら次のブロックに移るなどの方法です。なお、キャッシュメモリにはデータキャッシュメモリと、命令キャッシュメモリが存在します。「データを要求するとき」という表現は、単にデータだけでなく命令も指します。つまり、プログラム自体も、局所化した方が高速に動作します。

メモリアクセスのジャンプ

キャッシュメモリを最大限に利用できればプログラムの実行速度が高められますが、キャッシュメモリが有効でない場合もあります。それはメモリアクセスでアドレスジャンプが頻繁に起こるときです。たとえば、行列などの積を求める場合、行と列をアクセスします。このとき、なるべくメモリアドレスが連続するようにアクセスすると、データがキャッシュに存在する可能性が高くなります。ところが、メモリアドレスを飛び飛びにアクセスすると、毎回キャッシュミスが発生し、プログラムは大きなペナルティを課されます。

なお、メモリを不連続でアクセスしても、ある特定の領域をアクセスする場合、キャッシュミスは起きません。そのデータがキャッシュメモリに納まる場合、データは不連続アドレスでも構いません。つまり、より正確には、「連続して不連続なアドレスをアクセスし続けると、キャッシュミスが発生し、プログラム速度が低下する」と記述する方が良いでしょう。

1-2-5　高速化とメモリ

メモリ操作はプログラムの高速化に大きな影響を与えます。高速化に影響を与えるメモリ操作の要因は以下に示すものがあります。

(1) 余計なメモリコピーを避ける。
(2) ミスキャッシュを避ける（局所化する）。

たいていの場合、高速化で解説されているのは（2）です。つまり、いかにキャッシュミスを避けるかが話題になります。確かに、キャッシュミスはプログラムの処理低下に大きく影響します。これに比較し、見落としがちなのがメモリコピーです。特に OpenACC では、メモリコピーを避けることができませんので、いかに効率良くメモリをコピーする、あるいは余分なメモリコピーを回避するかが性能向上の大きな分岐点となります。

メモリコピーを減らす

大規模な行列演算などを処理するときに問題となるのがメモリのコピーです。ある処理系で、さまざまなチューニングを行っても性能が改善されない事例があり調査しました。アプリケーションプログラムに、これといったボトルネックは見当たりません。そこでプログラムの動作をプロファイラで調べたところ、メモリコピーと、そのコピー完了を待つ動作で、大部分の時間を消費していました。OpenACC も、同様の問題を抱えています。OpenACC で開発したプログラムは、オフロードできる部分を探し、その部分の処理を GPU へ任せます。その際に、データが少なければ問題はありませんが、大きな行列などを使用する場合、ホストからデバイス、あるいはデバイスからホストへのメモリコピーに多大な時間を奪われます。これは、ヘテロジニアスなアーキテクチャ上でプログラムを開発する際に遭遇する代表的な問題です。現在のシステムでは、GPGPU のメモリと CPU のメモリは分離されています。このため、CPU から GPGPU に制御を移す場合、データもコピーしなければなりません。せっかく GPGPU が大量の PU を実装し、速度が速くても、メモリコピーが高速化を台無しにしてしまう場合があります。このため、ヘテロジニアスなアーキテクチャ上でプログラムを開発する場合、演算量とメモリコピーで消費する処理時間や、GPGPU でデータを使い回しできるかなどを見極める必要があります。将来、CPU

とGPGPUが同一メモリをアクセスできるようになると、現在のヘテロジニアスなシステムと違い、大きく性能向上することが期待されます。しかし、現時点ではCPUとGPGPUが同一メモリ（論理的・物理的に）をアクセスできるようなハードウェア環境はほとんどありませんので、メモリコピーに注意したプログラミングが必要です。

ミスキャッシュを減らす

すでに「キャッシュメモリ」の節で解説済みですが、メモリと高速化は密接な関係があります。CPUの性能を議論する前に、いかにキャッシュミスを低減するかを考えた方が良い場合もあります。CPUの演算より、メモリアクセスのスピードの方が断然遅いです。つまり、複雑な演算よりメモリの読み込みや書き込みの方が、処理時間を奪ってしまうことはよくあることです。

1-3 並列化の限界と課題

並列化によって得られるメリットは少なくありません。たとえば、消費電力を増大させることなく性能を向上できます。並列化は、多くの利点を持つ高速手法ですが、良いことばかりではありません。ここでは、並列化の課題を示します。単にデメリットではなく、並列化による影響についても述べます。

1-3-1 並列化の限界

すでに解説した通り、並列化は高速化の選択肢として有効な手法です。ところが並列化手法にも限界があります。プログラム内に並列化困難な部分が多いと、効果的な結果を得られません。これについては有名なアムダールの法則が存在します。

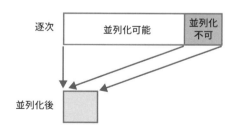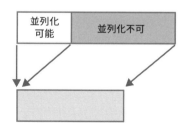

図1.7●アムダールの法則が示す限界

1 コンピュータ概論

　近年は、この法則にも異論も現れていますが、並列化の限界を明快に説明している法則です。アムダールの法則（Amdahl's law）は、プログラムの一部を並列化したとき、全体として期待できる性能向上の程度を説明するために採用されます。この法則は、コンピュータ技術者であるジーン・アムダール氏により提唱されました。

　アムダールの法則は収穫逓減の法則の実例です。プログラムの一部を10倍に高速化できたとしても、高速化できる部分が全体の20％程度なら、全体としての性能は$1/(1-0.20) = 1.25$の性能向上しか実現できません。

　並列化へアムダールの法則を適用してみましょう。並列化できない順次実行部分の実行時間の割合をFとしたとき、並列化可能な部分は$1-F$です。N個のプロセッサを使ったときの全体の性能向上率は次の式で表すことができます。

$$\frac{1}{F + (1-F)/N}$$

　Nが無限大に近づくと、性能向上率は$1/F$となります。つまりNが極端に大きいと、$(1-F)/N$が0に近づくためです。このことから、$1-F$（並列化できる部分）が小さなプログラムは、Nを増やしても性能が向上しにくくなります。たとえば、並列化できる部分が20％で、CPUが10個あるコンピュータへ適用した場合、

$$\frac{1}{0.8 + (1-0.8)/10}$$

となります。これから分かるように、1.21倍の性能向上に留まります。理想的には、CPUが10個になりましたので最大10倍の速度向上が期待できるはずです。しかし、並列化できる部分が少ないと、このように並列化の恩恵を十分に得られず、たった21％の性能向上しか見込めません。以降に、Fが10、20、30、50、70％のとき、並列化を50まで変化させたときの、性能向上をグラフで示します。

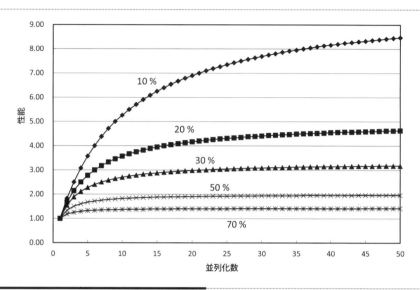

図1.8●並列化できない部分の割合と性能向上の関係

　このグラフから分かるように、並列化できない部分が70％もあると並列化数をいくら増やしても性能向上は40％程度で頭打ちとなります。並列化（CPUコア数）を50にしても性能向上はたったの40％では、あまりにも費用対効果が悪すぎます。

　並列化できない部分が僅か10％あっても、CPUコア数が50個で性能向上は9倍弱でしかありません。理想的には50倍の性能向上が見込めるはずです。しかし、並列化できない部分が10％あるだけで、たった9倍弱の性能向上しか受け取ることができません。いかに、逐次処理が全体性能へ与える影響が大きいか分かります。ただし、並列化数が10程度で、並列化できない部分が20〜30％程度なら、リニアとは言えませんが、それなりに並列化数とともに性能が向上します。

　このような結果を考えると、昨今のデスクトップ用CPUのコア数を100程度まで増やそうという考えが何を根拠に考えて企画されたものか分かりません。一般に、個人が使うデスクトップパソコンはアムダールの法則からCPUコア数を数十以上に増やしても効果はないと考えられていました。ところが、CPUベンダは、メニーコア化されたプロセッサが、将来的にデスクトップのアプリケーションにも効果的であるとして、100以上のコアを備えたCPUの開発にも積極的です（でした）。このような考えは、多数のコアを備えたコンピュータをスループットマシンとして位置づけているようです。つまり、無関係なプログラムを多数走行させ、1つのプログラムの性能向上を図るのではなく、いくつものプログラムをさせることによって、システム全体のスループットを向上させます。そのように考えるとサーバーなどが、メニーコアCPUを必要とす

るのは頷けます。

　アムダールの法則にも異論や、アムダールの法則以前にバスやメモリアクセスがネックになるという説もあります。たとえば、インテル社のCPUにはTurbo Boostを搭載したCPUが存在します。Turbo Boostは、メニーコアCPUで、活動しているCPUコア数が少ないとき、当該コアの動作周波数を引き上げる技術です。これによって、並列されない部分、および並列化が小さい部分は動作クロックの引き上げによって処理速度が向上します。このような例では、アムダールの法則が純粋に適用されません。ただ、このような方法を使用しても、動作周波数が数割上がる程度なので、並列化がうまく動作したときと比べると、それほど大きな性能向上は見込めません。あくまでも並列化できない部分の救済的な技術です。本書は、この話題を深く掘り下げることを目的としていません。ただ、アムダールの法則にも異論があることは理解してください。

アムダールマシン

個人的なことながら、筆者はアムダールマシンの初期開発の末席を汚しました。古い米国の友人は、当時アムダール社に所属していた人もいます。とはいえ、もう彼らも筆者も引退の年齢であり過去の人でしょう。最近の若いエンジニアは、アムダールマシンが何であるか知らない人も多いでしょう。遠い大昔の話です。

1-3-2　並列化の課題

　並列化によって生ずるいくつかのメリットは、すでに述べた通りです。たとえば消費電力を増大させることなく性能を向上できます。並列化は、多くの利点を持つ高速手法ですが、良いことばかりではありません。本節では、並列化の課題を示します。単にデメリットではなく、並列化による影響についても述べます。

オーバーヘッド

　並列化は夢のように素晴らしい技術ですが、良いことには裏があり、夢ばかりではありません。プログラムを並列化するには、並列化に先立ち準備が必要です。これを一般的に並列化のオーバーヘッドと呼びます。本書では、単にオーバーヘッドと記述した場合、並列化のためのオーバーヘッドを指します。あまりにもオーバーヘッドが大きいと、並列化による速度向上分が相殺され、結果的に並列化したために遅くなってしまうことさえあります。本書では、そのような解説も行います。

　ホモジニアスなシステムと違い、ヘテロジニアスなシステムは、比較的オーバーヘッドが大きなアーキテクチャです。なぜかというと、物理的に近距離、あるいは同じシリコン上にありなが

ら、メモリ空間は分離されているためです。このため、メモリコピーという性能向上を阻害する永遠の課題に突き当たります。ヘテロジニアスだからメモリ空間が分離されているわけではありませんが、一般的な現在のヘテロジニアスなシステムではメモリ空間は分離されています。このため、メモリの交換を頻繁に行う並列化には不利です。

さらに、ヘテロジニアスを前提としているため、異なるバイナリ（実行ファイル）が必要です。このため、データだけでなく実行ファイルさえ別に用意する必要があります。このため、比較的オーバーヘッドは大きいと考えて良いでしょう。

データアクセス競合

プログラムを並列化すると、いろいろな問題が起きますがデータアクセスの衝突もその1つです。並列化された部分からデータアクセスを行う場合、複数の部分が同時に動作するためデータアクセスが衝突します。これによって、正常な結果が得られない場合があります。逐次プログラムでは何の問題も起きない処理が、並列化したために問題を引き起こします。通常のプログラムを単純に並列化する場合、性能向上を云々する以前に、正しく処理が行われるか検証する必要があります。たとえば、並列に処理する部分で共通のデータを使用する場合、次に示すような方法で処理やデータアクセスが競合しないようにする必要があります。

- 各並列化されたコードから排他的にデータアクセスする
- データを複製し、各並列化部を隔離する
- 並列化コードを順番に動作させる

本書では、データアクセス競合についても解説します。

複雑化

基本的に、人間は物事を時系列にとらえるのは自然なことです。並列処理では、時間のとらえ方を変えなければなりません。プログラムコードを、記述されたように上から下へ、順番に実行されると考えてはなりません。さらに、同一時間に複数のコードが動作するため、データアクセスの競合も気をつけなければなりません。処理順に依存性がある場合やデータ間に依存がある場合、同期処理が必要です。

逐次プログラムの場合、プログラムは制御が移った順に処理されます。このため、課題を理論通り処理するだけです。ところが、並列化した場合、複数のブロックが同時に動作します。このため、処理順に依存性がある場合、それらを制御してやらなければなりません。このように、逐次プログラムでは不要だった、もろもろの同期処理などが必要です。これを誤ると、正常処理結果は得られません。ヘテロジニアスなシステムでは、それぞれのCPUごとの知識やデータ交

換の手法も習得しなければなりません。

　並列化を利用すると、システムを高速化できます。しかし、「**データアクセス競合**」や「**同期処理**」を適切に実装しないと、性能以前に処理結果が正常でないという、まったく意味のないことになってしまいます。これらは逐次プログラムでは、まったく必要のなかった処理です。これだけでなく、並列化部分の通信や、前処理や後処理も必要になります。

　基本的に、並列処理は逐次処理に比べ、はるかに複雑度が増します。結果、不具合が増えるだけでなく、開発工数と増大を招きます。開発増大は、開発期間、ひいては開発コストの増大も招きます。高速化は重要ですが、費用対効果を考え、どの程度の高速化を目指すかを明確にしておくことは肝要です。

ポータビリティの喪失

　並列化プログラムは、CPU 依存やコンパイラ依存が存在します。どの程度、汎用性を持たせ、ポータビリティを向上させるかを考えなければなりません。ただし、性能を限界まで最適化すると、自ずとシステム依存せざるを得ません。これが並列化の欠点の 1 つです。たとえば、ヘテロジニアスなシステムを採用した場合、その環境に適合したコンパイラとプログラムが必要です。

　このような、システム依存のあるプログラムは、ほかの環境へ移行する場合、何らかの手を加えなればなりません。運が悪いと、単に命令やインタフェースを書き換えるだけでなく全体を作り直す必要もあります。

　ポータビリティと性能を、どの程度でバランスさせるかは重要な課題です。

スケーラビリティの喪失

　開発する手法によっては、スケーラビリティを失います。とはいえ、逐次プログラムは、もともとスケーラビリティがあるとは言えませんので、これが並列化の欠点かと問われると悩みます。OpenACC は、プログラムに手を加えなくても、システムの GPU などが変化すると、自動的に GPU に応じた並列化を行ってくれます。

並列化できる部分とできない部分

　プログラム全体を並列化できることは希で、プログラムの一部を並列化できるに留まります。並列化できる部分をいかに多くするかで性能向上は大きく異なってきます。また、並列化する部分が多いほどスケーラビリティも大きくなります。

　以降に、プログラムの並列化できる部分と、できない部分を示し、CPU の数によって、どのように高速化されるか概念図で示します。まず、CPU の数が 2 つの場合を示します。

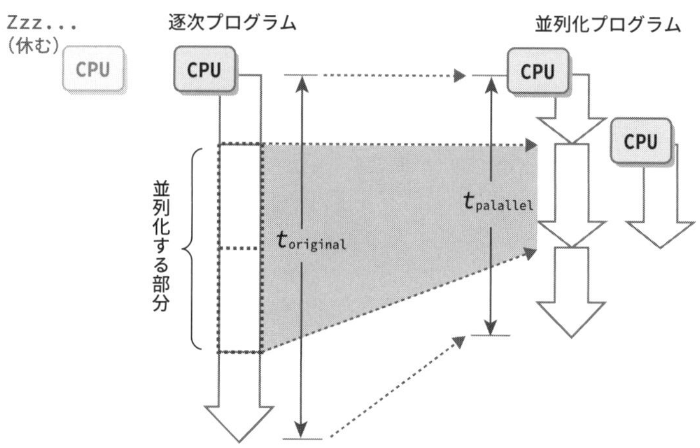

図1.9●CPU数2の場合の並列化による高速化

　$t_{original}$ はすべてを逐次処理で行ったときの時間を表します。$t_{parallel}$ は並列化したプログラムの実行時間です。プログラムコード内には、並列化できる（並列化する）部分と、並列化できない（並列化しない）部分が存在します。CPU が 2 つあると、理想的には、並列化できる（並列化する）部分の処理時間が 1/2 まで短縮されます。ただし、並列化しない部分の処理時間は変わりませんので、図に示すように CPU 数が 2 倍になってもプログラム全体の速度が 2 倍にはなりません。また、並列化部分もオーバーヘッドなどがあり、1/2 まで短縮されるのは理想に近い場合です。

　同じプログラムを CPU の数が 4 つ搭載されたコンピュータで実行すると、どのように高速化されるか概念図で示します。

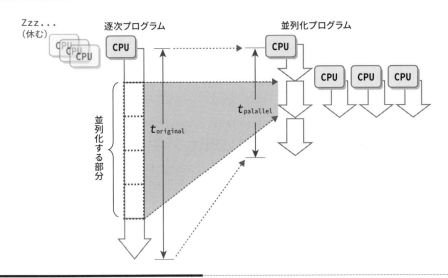

図1.10●CPU数4の場合の並列化による高速化

　並列化する部分の処理時間が、並列化しない場合の1/4まで短縮されます。ただし、CPU数が4倍になっても、並列化しない部分の処理時間は変わりませんので、図に示すようにプログラム全体の速度が4倍にはなりません。先ほどの例より高速化されますが、CPUの数が2から4へ2倍に増えたのに、プログラムの実行速度は、それほど速くなりません。

　つまり、並列化できる（並列化する）部分の処理時間がプログラム全体の処理時間の、どの程度を占めるかが大きな高速化の要因となります。

　ここで示した図は、プログラムコードの量ではなく、プログラムの実行時間を概念化したものです。

　ここまでの説明は、説明が分かりやすくなるようにホモジニアスなシステムを前提に説明しています。ここではヘテロジニアスなシステムについて解説します。基本的には直前の説明と同様で、並列化できる割合を如何に多くするかが性能向上に大きく影響します。

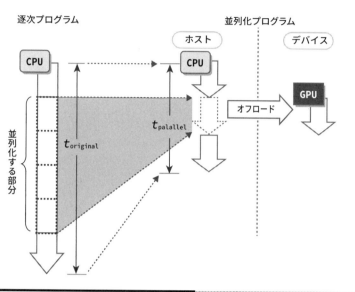

図1.11●ヘテロジニアスなシステムの並列化による高速化

　ヘテロジニアスなシステムでは、並列化する部分はデバイスへオフロードするため、アプリケーションによってはホモジニアスなシステムに比べ、はるかに高速化します。また、オフロードと非同期を併用すると、並列化部分の処理時間をゼロとみなすことも可能です。ただ、ここで説明したい重要な点は、ヘテロジニアスなシステムであれホモジニアスなシステムであれ、並列化できる割合を如何に多くするかが、性能向上へ大きな影響を与えるということです。

第2章

OpenACC 概論

本章では、OpenACCとは、どのようなものであるか紹介します。並列コンピューティングをメニーコア型とアクセラレータ型に分けて説明します。分散型やベクトルプロセッサもありますが、それらとの比較は行わず、メニーコア型などとの違いを中心に解説します。

2-1 概論

OpenACCとは、新しいアクセラレータ用のプログラミングインタフェースです。これまでのGPUを活用したプログラミングでは、OpenCLやCUDAなどを用いる必要がありました。ところが、OpenACCを利用するとディレクティブを指定するだけで、通常のプログラミングをアクセラレータ用のプログラムへ変更できます。OpenACCの特徴を以降に示します。

- 新しいアクセラレータ用プログラミングインタフェース
- ディレクティブベース
- C/C++言語とFORTRANに対応

2-1-1 ディレクティブベースの魅力

ディレクティブベースであると、プログラミングスタイルを大きく変更することなくアクセラレータ用のプログラムを開発できます。もちろん、既存のプログラムをアクセラレータ用へ変更するのも簡単です。もし、既存のプログラムをOpenCLなどで書き直すとなると、ほとんどソースコードは別物となってしまいます。また、ほかのアクセラレータ用の環境では、ホストとアクセラレータ用のプログラムをそれぞれ開発しなければなりません。ところが、OpenACCでは、単一のコードとして記述できるため、開発もメンテナンスも容易です。

2-1-2 OpenACCの機能

通常のホスト用プログラムにOpenACCディレクティブを追加することで、OpenACCコンパイラは以下に示すホストコードとアクセラレータコードを自動生成します。

1. アクセラレータ側にメモリの割り付け
2. ホストとアクセラレータ間のデータ転送
3. カーネル関数の生成
4. スレッドの生成

これらのコードは以下のディレクティブで生成されます。

1. kernels ディレクティブ
2. data ディレクティブ
3. loop ディレクティブ

　ここでは文章だけで説明します。しかし、具体的な例がないと分かりづらいでしょう。本章で説明した内容の具体例は第 3 章「はじめてのプログラム」で紹介します。ここでは、ぼんやりと OpenACC がどのようなものか掴んでください。OpenMP や OpenCL などを習得している人は、文章だけであっても理解するのは難しくないでしょうが、それらを使ったことのない人にとっては、具体例を理解してから本章を読み直すと良いでしょう。

2-2 アクセラレータ型とメニーコア型

　並列化の手法について簡単に考察してみましょう。並列化にはたくさんのアプローチがあります。ここでは、アクセラレータ型とメニーコア型を解説します。アクセラレータ型の代表を OpenACC、メニーコア型の代表を OpenMP と位置づけて説明します。現実的には、メニーコア型にはスレッド、アクセラレータ型には OpenCL や CUDA などがありますが、説明を簡単にするため前記のように定義します。

　まず、アクセラレータ型とメニーコア型の特徴を示します。

メニーコア型

- ホモジニアス
- **OpenMP**、スレッド
- メモリ共有

アクセラレータ型

- ヘテロジニアス
- **OpenACC**、OpenCL、CUDA など
- メモリ分散

　OpenMP はメニーコア型で、OpenACC はアクセラレータ型です。これらの大きな違いは、並列化部が OpenMP ではオフロードされない、OpenACC ではオフロードされること、そして OpenMP ではメモリが共有されること、OpenACC ではメモリが共有されないことです。OpenACC と OpenMP の共通な部分は両方ともディレクティブで容易に並列化できる点です。

2-2-1　アクセラレータ型とメニーコア型の並列化概要

ソフトウェアからの観点で、アクセラレータ型（OpenACC）とメニーコア型（OpenMP）で並列化がどのように行われるが概念図で示します。

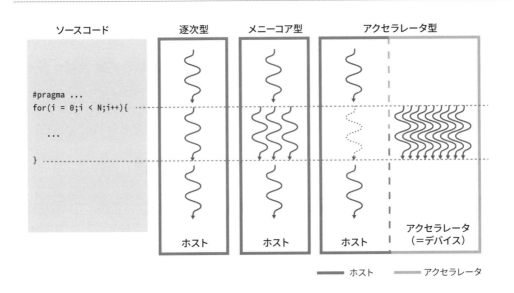

図2.1●並列化の概要

図から分かるように、OpenACCはオフロードされるのが分かります。この例は完全に同期処理する例ですので、並列部が終わるまでOpenACCではCPUは休止します。

図2.1はプログラムの流れ、つまりソフトウェアから観察したOpenMPとOpenACCの比較です。今度は、ハードウェアから観察したOpenMPとOpenACCを図で表してみます。まず、OpenMPのハードウェア構成を示します。

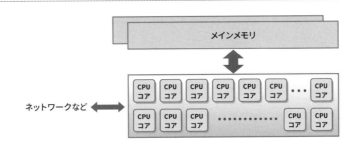

図2.2●OpenMPのハードウェア構成

メニーコアシステムでは、たくさんの CPU、あるいは CPU コアで 1 つの処理を行います。図に示すように、それぞれの CPU は、論理的にも物理的にもメモリを共有します。簡単に言い換えると、ポインタを各 CPU 間で共有できることを意味します。

次にアクセラレータ型、言い換えると OpenACC のハードウェア構成を示します。この図から分かるようにアクセラレータは GPU です。本書ではアクセラレータをデバイスと呼ぶことが多いです。

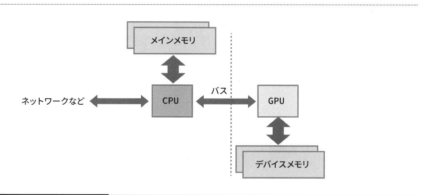

図2.3●OpenACCのハードウェア構成

OpenMP と OpenACC の大きな違いを以降に示します。

- OpenMP では各 CPU が同じメモリ空間を使用する。
- OpenACC ではホストとデバイス（アクセラレータ）ではメモリ空間が論理的・物理的に分離される。
- OpenACC では、並列領域がホストからデバイス（アクセラレータ）へオフロードされる。

OpenACC で大きな問題となるのは、メモリ空間を共有できないことからメモリコピーが発生する点です。このため、処理そのものは高速でも、メモリコピーで大きな時間を失う可能性が高くなります。ただ、膨大な演算などを必要とする場合、GPU の演算能力の高さや、処理をホストからオフロードできるため驚異的な性能向上を実現できる場合があります。

2-2-2　アクセラレータ型とメニーコア型の Fork-Join モデル

アクセラレータ型（OpenACC）とメニーコア型（OpenMP）で Fork-Join がどのように行われるかを概念図で示します。まず、メニーコア型（OpenMP）の Fork-Join の概念図を示します。

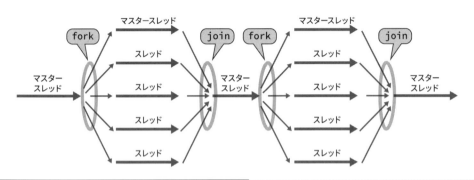

図2.4●メニーコア型（OpenMP）のFork-Join概念図

図から分かるように、メニーコアシステムでは、Fork するときに各 CPU へ処理を振り分けます。それぞれの CPU は、論理的にも物理的にもメモリを共有します。

次にアクセラレータ型、言い換えると OpenACC の Fork-Join がどのように行われるかを概念図で示します。

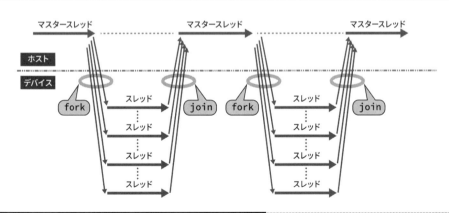

図2.5●アクセラレータ型（OpenACC）のFork-Join概念図

図から分かるように、アクセラレータ型では、Fork はアクセラレータ（GPU）へ処理を移行します。メニーコア型の Fork は同一メモリ空間で行われますが、アクセラレータ型では、まった

く異なるアクセラレータへ行われます。アクセラレータはホストとメモリ空間を物理的・論理的に分離しているため、メモリコピーなどのオーバーヘッドが発生します。

メインスレッドはホストで実行しているため、Fork した後は Join が発生するまで CPU（ホスト）は待ち状態に移行します。

2-3 指示文の概要

OpenACC でアクセラレータ（デバイス）側で実行する部分は指示文で指定します。プログラムの記述法としては OpenMP に近いです。

次に示すようなプログラムがあり、網掛けの部分をオフロードしたいと考えたとします。

```
    ⋮
float x[n], y[n];

for (int i = 0; i < n; i++)
    x[i] = (float)rand();

float a = (float)rand();

for (int i = 0; i < n; i++)        // この部分をオフロード（デバイス側で実行）したい。
{
    y[i] = a * x[i];
}
```

このような場合、その領域に対し指示文（ディレクティブ）を指定します。

```
    ⋮
float x[n], y[n];

for (int i = 0; i < n; i++)
    x[i] = (float)rand();

float a = (float)rand();

#pragma acc kernels        // ←指示文（ディレクティブ）を指定。
for (int i = 0; i < n; i++)
```

```
    {
        y[i] = a * x[i];
    }
```

すると、その領域はデバイスへオフロードされます。

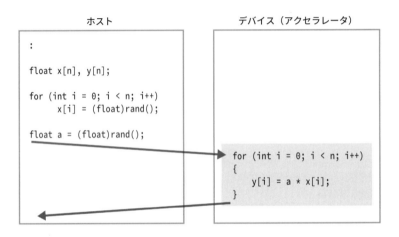

図2.6●デバイスへオフロード

`#pragma acc kernels`は、`#pragma acc parallel loop`と記述しても構いません。基本的に、kernelsディレクティブとparallelディレクティブは同様の指示を行いますが、細かい点では異なります。これについては詳細を後述します。

OpenMPを習得している人であれば、ほぼ`#pragma omp parallel for`と同じ動作をすると考えてよいです。しかし、OpenMPでは処理が複数のCPUに分散されるのに対し、OpenACCでは、対象部はアクセラレータ（通常はGPU）へオフロードされます。記述はOpenMPに近いですが、実装は対象部がOpenCLのカーネルに相当し、処理はホストからアクセラレータへオフロードされます。処理がオフロードされるということは、データもホストからアクセラレータ側に転送されます。このため、OpenMPなどと違い、データがどちらに存在するか意識しなければならない場合があります。比較的単純なプログラムではコンパイラが自動的にデータを管理してくれます。これらについても、詳細は後述します。

2-4 データの移動

ここでは、OpenACC の指示文を使用し、アクセラレータ側で実行する部分を指定したとき、データがどのように移動するか図で説明します。

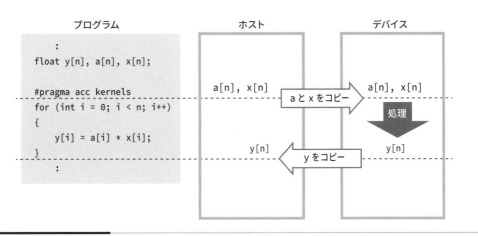

図2.7●データ移動の様子

`#pragma acc kernels` に続くブロックは、デバイス（アクセラレータ）へオフロードされます。このため、オフロードする直前でホストのメモリ内容をデバイス側にコピーします。

単純なプログラムであれば、コンパイラが自動でデータ転送の処理を埋め込みます。確実にデータコピーを行うには、自身で data ディレクティブを指定する必要があります。

データコピーに関する指示文には、data、enter data、そして exit data ディレクティブが存在し、それに指示句を指定します。詳細については、第9章「ディレクティブ（指示文）」で詳しく解説します。

上記のプログラムのデータコピーを明示的に指示したプログラム例を以降に示します。

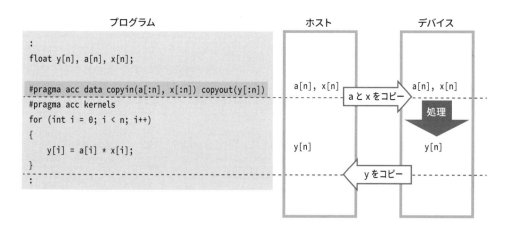

図2.8 ●データコピーを明示的に指示した例

　データコピーの指定方法にはいくつかの方法があり、それらの詳細については後述します。
　OpenACCで大事なことは、オフロードするときに、ホストやデバイスのデータも同時に管理する必要があることです。OpenACCはOpenMP同様、指示文を指定するだけなので、データがどちらにあるか意識しづらい点があります。しかし、データの管理を正確に行わないと正常な結果は得られません。
　データ移動の詳細については後述します。なお、このようなデータ管理を行うときのコピーを、データ移動、データコピー、メモリコピー、データ転送などと適宜使い分けて記述していますが、すべて同じことを指します。

第3章

はじめてのプログラム

細かなOpenACCの説明に入る前に、OpenACCの概要を理解するため、簡単なプログラムを使用して説明します。

3 はじめてのプログラム

3-1　1次元配列へ係数を乗ずる

　最初に紹介するプログラムは、長大な1次元配列に係数を乗ずるものです。以降に式で示します。

$$y_i = a \cdot x_i \quad (i = 1, \ldots, n)$$

　なお、プログラムコードはnを0から開始するため、iはn−1まで処理します。
　まず、C言語で普通に記述したソースリストを示します。

リスト3.1 ●逐次処理のソースリスト

```c
#include <stdio.h>

#define n    65536

int main()
{
    float x[n], y[n];

    for (int i = 0; i < n; i++)
        x[i] = (float)rand();

    float a = (float)rand();

    for (int i = 0; i < n; i++)
    {
        y[i] = a * x[i];
    }

    for (int i = 0; i < 10; i++)
    {
        printf("y[%d] = %.10f\n", i, y[i]);
    }
    return 0;
}
```

　単にfor文を使用して、配列の各要素に変数aを乗じます。このプログラムは、前記の処理を

忠実に逐次的に処理します。

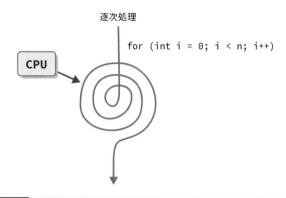

図3.1●逐次処理の概念図

　このプログラムをOpenACCへ対応させるには、forループの前に#pragma acc kernelsを追加します。以降にOpenACCへ対応したプログラムのソースリストを示します。

リスト 3.2 ● OpenACC 対応のソースリスト （010begin/sample.c）

```c
//
//   一次元配列に定数を乗算する。
//
// (c)Copyright Spacesoft corp., 2018 All rights reserved.
//                                      Hiro KITAYAMA
#include <stdio.h>
#include <stdlib.h>

#define n    65536

int main()
{
    float x[n], y[n];

    for (int i = 0; i < n; i++)
        x[i] = (float)rand();

    float a = (float)rand();

    #pragma acc kernels
    for (int i = 0; i < n; i++)
```

```
    {
        y[i] = a * x[i];
    }

    for (int i = 0; i < 10; i++)
    {
        printf("y[%d] = %.10f¥n", i, y[i]);
    }
    return 0;
}
```

　コンパイラに OpenACC のディレクティブを認識させるためには、コンパイルオプションを指定します。PGI Community Edition の pgcc などを使用する場合は -acc を、gcc/g++ を使用する場合は -fopenacc を指定します。つまり、このプログラムは、コンパイルオプションに OpenACC オプションを指定しなければ、先のプログラムと等価です。

　このプログラムを OpenACC 対応プログラムとしてコンパイルしてみましょう。OpenACC のディレクティブ #pragma acc kernels が有効になります。それによって、#pragma に続く for ブロックが GPU へオフロードされ、並列に処理されます。データの移動やカーネルコード、そして同期処理が必要ですが、すべて OpenACC のコンパイラが自動的に処理します。以降に、このプログラムの動作の概念を図に示します。

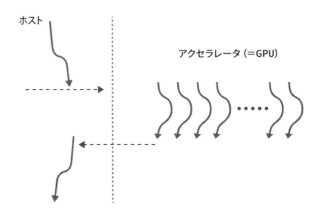

図3.2●このプログラムの動作の概念図

　#pragma acc kernels に続く for ブロックが GPU で処理されます。従来のプログラムでは、明示的に GPU にデータを渡し、GPU で処理するコードも記述しなければなりません。ところが

OpenACC では、OpenMP のように #pragma で OpenACC のディレクティブを挿入するのみです。

```
    ⋮
#pragma acc kernels
{
    この部分がオフロードされる
}
    ⋮
```

以降に、一般的な方法でコンパイルと実行した例を示します。この例は、PGI Community Edition を Windows 10 へインストールし、実行した例です。コンパイルオプションに何も指定していないため、プログラムは逐次プログラムとしてビルドされます。

```
PGI$ pgcc -o sample sample.c

PGI$ ./sample
y[0] = 70274.0000000000
y[1] = 31652438.0000000000
y[2] = 10856476.0000000000
y[3] = 45421000.0000000000
y[4] = 32855666.0000000000
y[5] = 26950936.0000000000
y[6] = 19673292.0000000000
y[7] = 50319612.0000000000
y[8] = 46212868.0000000000
y[9] = 41931296.0000000000
```

次に、OpenACC を有効にしたコンパイルと実行した例を示します。-acc オプションを指定していますので、OpenACC 用ディレクティブを認識し、GPU 用のコードの生成を行います。

```
PGI$ pgcc -acc -Minfo=accel -o sampleAcc sample.c
main:
    20, Generating implicit copyout(y[:])
        Generating implicit copyin(x[:])
    21, Loop is parallelizable
        Accelerator kernel generated
        Generating Tesla code
        21, #pragma acc loop gang, vector(128) /* blockIdx.x threadIdx.x */
```

3 はじめてのプログラム

```
PGI$ ./sampleAcc
y[0] = 70274.0000000000
y[1] = 31652438.0000000000
y[2] = 10856476.0000000000
y[3] = 45421000.0000000000
y[4] = 32855666.0000000000
y[5] = 26950936.0000000000
y[6] = 19673292.0000000000
y[7] = 50319612.0000000000
y[8] = 46212868.0000000000
y[9] = 41931296.0000000000
```

このような単純なプログラムでは処理時間が短いため、両者の違いは分かりません。しかし、OpenACC を利用すると、大きな負荷がかかるプログラムでは、処理時間が大幅に短縮されます。なお、コンパイル時にオプションを与えると、どのようにコンパイルされたか知ることができます。ここでは、-Minfo=accel を指定し、アクセラレータ関係の情報を表示させます。ほかにも多数の情報を表示させることができますが、多くのパラメタが存在しますので、詳細はコンパイラのドキュメントを参照してください。すべての情報を表示させたいときは all を指定すると良いでしょう。

20 行目でデータ転送のコードが暗黙に生成されたこと、そして kernels ディレクティブ直後の for ループが並列化されて、Tesla code が生成されているのが分かります。同時に loop ディレクティブとして、どのように指定されたとして扱われたか表示されます。

参考のため、g++ や pgc++ の例も示します。まず、Ubuntu 上で g++ を使用した例を示します。

```
$ g++ -fopenacc -o sample sample.c

$ ./sample
y[0] = 3005284411961769984.0000000000
y[1] = 1410676304654630912.0000000000
y[2] = 2801083387329118208.0000000000
y[3] = 2855956439258628096.0000000000
y[4] = 3260890079094112256.0000000000
y[5] = 7066254742850109440.0000000000
y[6] = 1199064983967629312.0000000000
y[7] = 2747895866724988928.0000000000
y[8] = 993578011766816768.0000000000
y[9] = 1981506457912213504.0000000000
```

次に、Ubuntu へ PGI Community Edition をインストールし、pgc++ を使用した例を示します。

```
$ pgc++ -acc -Minfo=accel -o sample sample.c
main:
    18, Generating implicit copyout(y[:])
        Generating implicit copyin(x[:])
    21, Loop is parallelizable
        Accelerator kernel generated
        Generating Tesla code
        21, #pragma acc loop gang, vector(128) /* blockIdx.x threadIdx.x */

$ ./sample
y[0] = 3005284411961769984.0000000000
y[1] = 1410676304654630912.0000000000
y[2] = 2801083387329118208.0000000000
y[3] = 2855956439258628096.0000000000
y[4] = 3260890079094112256.0000000000
y[5] = 706625474285010944.0000000000
y[6] = 1199064983967629312.0000000000
y[7] = 2747895886724988928.0000000000
y[8] = 993578011766816768.0000000000
y[9] = 1981506457912213504.0000000000
```

以上で OpenACC の簡単なプログラムの開発と、ビルド・実行の説明は完了です。

■3-1-1　kernel ディレクティブと parallel ディレクティブ

　GPU（アクセラレータ）で実行する部分を指定するのに指定するのが、parallel ディレクティブと kernels ディレクティブです。先のプログラムは、GPU へオフロードする部分を kernels ディレクティブで指定しました。ここでは parallel ディレクティブを使った例を示します。プログラムの処理内容は直前と同様です。以降にソースリストを示します。

リスト 3.3 ●ソースリスト（010begin/sampleParallel.c）

```
//
//   一次元配列に定数を乗算する。
//
// (c)Copyright Spacesoft corp., 2018 All rights reserved.
//                              Hiro KITAYAMA
#include <stdio.h>
```

```
#include <stdlib.h>

#define n    65536

int main()
{
    float x[n], y[n];

    for (int i = 0; i < n; i++)
        x[i] = (float)rand();

    float a = (float)rand();

    #pragma acc parallel
    for (int i = 0; i < n; i++)
    {
        y[i] = a * x[i];
    }

    for (int i = 0; i < 10; i++)
    {
        printf("y[%d] = %.10f\n", i, y[i]);
    }
    return 0;
}
```

　単にfor文を使用して、配列の各要素に変数aを乗じます。前節のプログラムと異なるのは、ディレクティブの #pragma acc kernels が #pragma acc parallel へ変わるだけです。OpenACCでは、並列化、あるいは高速化したい部分にkernelsディレクティブかparallelディレクティブを使用します。基本的に同じような動作を行いますが、以降に示す違いがあります。

- parallelディレクティブ
  並列実行領域を指定します。並列の形状など細かな指定はプログラマが指定します。どちらかというとプログラマが詳細な指定を行います。細かな点については第9章「ディレクティブ（指示文）」を参照してください。

- kernelsディレクティブ
  指定したブロックをオフロードすることを明示して指定します。どのようにオフロードされ

るかはシステムに任せます。細かな点については第 9 章「ディレクティブ（指示文）」を参照してください。

どちらを使用しても、pragma に細かな指定を行うと、最終的には同じような働きを行います。どちらを使用する方が良いかは、本書の説明や OpenACC の仕様書から判断すると良いでしょう。OpenACC の習得時には、それほど使い分けを意識する必要はないでしょう。

この例では、`#pragma acc parallel` に続く `for` ブロックが GPU で処理されます。従来の OpenCL などでは、明示的に GPU にデータを渡し、GPU で処理するコードも記述しなければなりませんでした。ところが OpenACC では、OpenMP のように #pragma ディレクティブを挿入するのみです。

```
    ⋮
#pragma acc parallel
{
    この部分がオフロードされる
}
    ⋮
```

ここでは OpenACC を有効にしてコンパイルした例を示します。コンパイル時にオプションを与えると、どのようにコンパイルされたか知ることができます。

```
PGI$ pgcc -acc -Minfo=accel -o sampleParallel sampleParallel.c
main:
    20, Accelerator kernel generated
        Generating Tesla code
        21, #pragma acc loop vector(128) /* threadIdx.x */
    20, Generating implicit copyin(x[:])
        Generating implicit copyout(y[:])
    21, Loop is parallelizable

PGI$ ./sampleParallel
y[0] = 70274.0000000000
y[1] = 31652438.0000000000
y[2] = 10856476.0000000000
y[3] = 45421000.0000000000
y[4] = 32855666.0000000000
y[5] = 26950936.0000000000
y[6] = 19673292.0000000000
y[7] = 50319612.0000000000
```

```
y[8] = 46212868.0000000000
y[9] = 41931296.0000000000
```

このような単純な例では、kernels か parallel かによる違いはありません。ただし、大部分の判断をコンパイラが行っていますので、メッセージをチェックするようにしましょう。想像していたようにコードが生成されているとは限りません。本書で利用したコンパイラは優秀で、予想通りのコードを生成しています。

kernels ディレクティブは、指定した範囲をオフロードすることを指示します。指定した範囲に複数のループがあると、複数のカーネルが生成され、それぞれが順序良く処理されます。単純にある領域をオフロードしたければ、kernels ディレクティブを指定すると良いでしょう。コンパイラが自動でオフロードします。ただし、オフロードを指示するだけで、後はコンパイラにお任せです。

parallel ディレクティブは、指定した範囲を並列化することを指示します。parallel ディレクティブは、kernels ディレクティブと違い、並列の形状などはプログラマが指定します。並列処理や GPU、そして OpenACC に詳しくなるまでは、kernels ディレクティブを使用する方が無難でしょう。

3-1-2 data ディレクティブ

これまでのコンパイルメッセージを見る限り、ホストと GPU 間でデータ転送が implicit に生成されているのが分かります。さらに、ループが並列化されたこと、そしてカーネルコードが生成されているのが分かります。OpenCL などの GPU プログラミングを行ったことのある人は、この簡単さに驚くでしょう。以降に、最初に紹介した sample.c をコンパイルしたときのメッセージを示します。

```
PGI$ pgcc -acc -Minfo=accel -o sample sample.c
main:
     19, Generating implicit copyout(y[:])
         Generating implicit copyin(x[:])
     20, Loop is parallelizable
         Accelerator kernel generated
         Generating Tesla code
         20, #pragma acc loop gang, vector(128) /* blockIdx.x threadIdx.x */
```

最初のプログラムでは、データ転送をOpenACCのコンパイラに任せましたが、複雑な例では自身でデータを管理するのが良いでしょう。GPUを使用したプログラミングでは、メモリコピーが性能のボトルネックになることは常識となっています。最初のプログラムを変更し、データ転送を明示的に指定した例を示します。

リスト 3.4 ●ソースリスト（010begin/sampleData.c）

```c
//
//   一次元配列に定数を乗算する。
//
// (c)Copyright Spacesoft corp., 2018 All rights reserved.
//                            Hiro KITAYAMA
//
#include <stdio.h>
#include <stdlib.h>

#define n     65536

int main()
{
    float x[n], y[n];

    for (int i = 0; i < n; i++)
        x[i] = (float)rand();

    float a = (float)rand();

    #pragma acc data copyin(x) copyout(y)
    {                                          // x: ホスト→デバイス
        #pragma acc kernels
        for (int i = 0; i < n; i++)
        {
            y[i] = a * x[i];
        }
    }                                          // y: デバイス→ホスト

    for (int i = 0; i < 10; i++)
    {
        printf("y[%d] = %.10f\n", i, y[i]);
    }
    return 0;
}
```

3 はじめてのプログラム

　先のプログラムでは、1次元配列 x と y の移動はコンパイラに任せました。ここでは、明示的に x をホストからデバイスへ、y をデバイスからホストへ移動するように指示します。以降に、一般的な方法でコンパイルと実行した例を示します。

```
PGI$ pgcc -acc -Minfo=accel -o sampleData sampleData.c
main:
    21, Generating copyout(y[:])
        Generating copyin(x[:])
    24, Loop is parallelizable
        Accelerator kernel generated
        Generating Tesla code
        24, #pragma acc loop gang, vector(128) /* blockIdx.x threadIdx.x */

PGI$ ./sampleData
y[0] = 70274.0000000000
y[1] = 31652438.0000000000
y[2] = 10856476.0000000000
y[3] = 45421000.0000000000
y[4] = 32855666.0000000000
y[5] = 26950936.0000000000
y[6] = 19673292.0000000000
y[7] = 50319612.0000000000
y[8] = 46212868.0000000000
y[9] = 41931296.0000000000
```

　コンパイラのメッセージは、明示的に copyout や copyin が生成されたことを示しています。実際のデータ転送が起きる場所を表示するわけではありませんが、確実にデータ転送が行われることを確認できます。以前のメッセージに存在した「implicit」が消えています。データを明確に管理したければ、このようにデータ転送を明示的に指定する方が確実です。単純なプログラムの場合、特にデータに対し気を付ける必要がないため、ついデータ管理がおろそかになる可能性がありますので気をつけましょう。

　データを管理する data ディレクティブや、それに指定する copy 節、copyin 節、そして copyout 節などの詳細に関しては後述します。

3-2　1次元配列同士の乗算

　2つの1次元配列の各要素を乗算し、結果を別の1次元配列へ格納するプログラムを紹介します。まず、逐次処理とOpenACCの例を紹介します。

　本節で紹介するプログラムは、長大な1次元配列の対応する要素を乗算します。処理は単純で、配列の各要素を乗算し、別の配列へ格納するプログラムです。

$$c_i = a_i * b_i \quad (i = 1, \ldots, n)$$

　なお、プログラムコードはnを0から開始するため、iはn − 1まで処理します。

　OpenACCへ対応したプログラムのソースリストを示します。このプログラムは、コンパイルオプションにOpenACCを指定しなければ、通常のC言語で開発した逐次プログラムです。つまり、このプログラムは、OpenACCと通常の逐次プログラムの両方に対応します。以降に、ソースリストを示します。

リスト3.5 ●ソースリスト（011mul1DArray/mul.c）

```c
#include <stdio.h>

void verify(const int n, const float* a, const float *x, const float *y);

#define N    4096

// main
int
main()
{
    float a[N], b[N], c[N];
    int i;

    // initialize array
    for (i = 0; i < N; i++)
    {
        a[i] = (float)(i + 1000);
        b[i] = (float)i / 10.f;
    }
```

```c
    // calc.
    #pragma acc kernels
    for (i = 0; i < N; i++)
    {
        c[i] = a[i] * b[i];
    }

    // list results
    printf("(a * b = c)¥n");
    for (i = 0; i < 10; i++)
        printf("%f * %f = %f¥n", a[i], b[i], c[i]);

    verify(N, a, b, c);

    return 0;
}
```

一般的に記述したプログラムの for 文の前に、#pragma を追加するだけです。これだけで、for ブロックが GPU へオフロードされます。GPU へのオフロードやデータ転送、そして同期処理は、すべて OpenACC のコンパイラが対応します。このプログラムは、処理結果が正常か判断する関数 verify を用意します。以降に、verify 関数を含むソースリストを示します。

リスト 3.6 ●ソースリスト（011mul1DArray/verify.c）

```c
#include <stdio.h>
#include <math.h>

void verify(const int n, const float* a, const float *b, const float *c)
{
    for (int i = 0; i < n; i++)
    {
        float cc = a[i] * b[i];
        if (fabs(cc - c[i]) > .000001f)
        {
            fprintf(stderr, "error: cc = %f, c[%d]=%f¥n", cc, i, c[i]);
            return;
        }
    }
}
```

この関数は、処理結果が正常か検証する関数です。ほかのプログラムからも使用するのでファイルを分離します。なお、値が正常は判断する部分は、一定の誤差があることを前提とします。浮動小数点の演算は、使用するライブラリや、処理法が異なる場合、若干の誤差が生ずることは良くあることですので、このような手法を採用します。整数では、それほど気にする必要はありませんが、浮動小数では下位の値に誤差が発生するのは良くあることです。特に単精度浮動小数点を使用する場合、意外な誤差が出る場合もあります。

さて、このように検証する関数を別ファイルとしたため、プログラムは２つのソースファイルが必要です。以降に、このプログラムのファイル構成とビルドの流れを示します。

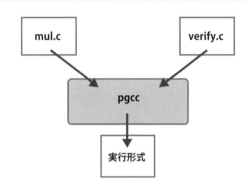

図3.3●プログラムのファイル構成とビルドの流れ

以降に、コンパイルの様子を示します。コンパイルオプションに -acc を与えると、OpenACCのディレクティブが解釈されOpenACC対応のプログラムが生成されます。以降に、ビルドの例を示します。

```
PGI$ pgcc -acc -Minfo=accel -o mul  mul.c verify.c
mul.c:
main:
     28, Generating implicit copyin(b[:])
         Generating implicit copyout(c[:])
         Generating implicit copyin(a[:])
     29, Loop is parallelizable
         Accelerator kernel generated
         Generating Tesla code
         29, #pragma acc loop gang, vector(128) /* blockIdx.x threadIdx.x */
verify.c:
```

（注：ソースリストを変えると、メッセージの行番号が変わるので注意すること）

コンパイラオプションに -Minfo=accel を与えると、どのように処理されたかメッセージで観察できます。この例では、1次元配列 a と b がホストからデバイスへ、c がデバイスからホストへ転送されるコードが implicit に生成されています。ループ内はカーネルコードへ変換され、並列化（オフロード）されます。このような単純な例では #pragma は、ごく単純で構いません。データ転送や同期処理などを指定したいときは、明示的に #pragma に記述しなければなりません。そのような例は後述します。OpenCL でプログラムを記述したことのある人は、この簡単さに驚くでしょう。以降に、実行の様子を示します。

```
PGI$ ./mul
(a * b = c)
1000.000000 * 0.000000 = 0.000000
1001.000000 * 0.100000 = 100.099998
1002.000000 * 0.200000 = 200.400009
1003.000000 * 0.300000 = 300.900024
1004.000000 * 0.400000 = 401.600006
1005.000000 * 0.500000 = 502.500000
1006.000000 * 0.600000 = 603.600037
1007.000000 * 0.700000 = 704.899963
1008.000000 * 0.800000 = 806.400024
1009.000000 * 0.900000 = 908.099976
```

このプログラムを Ubuntu 上の gcc でビルドし、実行した様子も示します。

```
test@ubuntu:~/test$ gcc -fopenacc -o mul mul.c verify.c

test@ubuntu:~/test$ ./mul
(a * b = c)
1000.000000 * 0.000000 = 0.000000
1001.000000 * 0.100000 = 100.099998
1002.000000 * 0.200000 = 200.400009
1003.000000 * 0.300000 = 300.900024
1004.000000 * 0.400000 = 401.600006
1005.000000 * 0.500000 = 502.500000
1006.000000 * 0.600000 = 603.600037
1007.000000 * 0.700000 = 704.899963
1008.000000 * 0.800000 = 806.400024
1009.000000 * 0.900000 = 908.099976
```

このプログラムは、コンパイルオプションに -acc を与えなければ、通常の逐次プログラムとしてビルドされます。以降に、その例を示します。

```
PGI$ pgcc -Minfo=accel -o mul  mul.c verify.c
mul.c:
verify.c:

PGI$ ./mul
(a * b = c)
1000.000000 * 0.000000 = 0.000000
1001.000000 * 0.100000 = 100.099998
1002.000000 * 0.200000 = 200.400009
1003.000000 * 0.300000 = 300.900024
1004.000000 * 0.400000 = 401.600006
1005.000000 * 0.500000 = 502.500000
1006.000000 * 0.600000 = 603.600037
1007.000000 * 0.700000 = 704.899963
1008.000000 * 0.800000 = 806.400024
1009.000000 * 0.900000 = 908.099976
```

3-3 1次元配列同士の乗算・ほかの並列化

　ここでは、OpenMP、OpenCL、そしてベクトル命令を使ったプログラムを紹介し、それらとOpenACC を比較します。OpenACC と OpenCL のプログラムは、ほぼ同様の処理を行いますが、OpenACC で記述するといかに簡単になるか実感できるでしょう。OpenACC 用のソースコードはOpenMP と同じようにディレクティブを使用しますが、OpenACC は GPU を利用し、OpenMPは各 CPU コアに処理を割り振ります。

　OpenACC 以外の、OpenMP、OpenCL、そしてベクトル命令を使ったプログラムへ興味のない人は、本節を読み飛ばして構いません。あくまでも本節は、OpenACC の理解を促進させるための参考節です。

3-3-1 OpenMP 対応

まず、OpenMPへ対応したプログラムを紹介します。以降に、ソースリストを示します。

リスト 3.7 ●ソースリスト (011mul1DArray/mulOmp.c)

```c
#include <stdio.h>

void verify(const int n, const float* a, const float *x, const float *y);

#define N    4096

// main
int
main()
{
    float a[N], b[N], c[N];
    int i;

    // initialize array
    for (i = 0; i < N; i++)
    {
        a[i] = (float)(i + 1000);
        b[i] = (float)i / 10.f;
    }

    // calc.
    #pragma omp parallel for
    for (i = 0; i < N; i++)
    {
        c[i] = a[i] * b[i];
    }

    // list results
    printf("(a * b = c)\n");
    for (i = 0; i < 10; i++)
        printf("%f * %f = %f\n", a[i], b[i], c[i]);

    verify(N, a, b, c);

    return 0;
}
```

OpenACC 対応のプログラムと、このプログラムの違いは #pragma の指定方法のみです。

このプログラムを、ビルド・実行してみましょう。コンパイルオプションに OpenMP を指定してビルドし、並列処理させた例を示します。

```
PGI$ pgcc -mp -Minfo=accel -o mulOmp  mulOmp.c verify.c
mulOmp.c:
verify.c:

PGI$ ./mulOmp
(a * b = c)
1000.000000 * 0.000000 = 0.000000
1001.000000 * 0.100000 = 100.099998
1002.000000 * 0.200000 = 200.400009
1003.000000 * 0.300000 = 300.900024
1004.000000 * 0.400000 = 401.600006
1005.000000 * 0.500000 = 502.500000
1006.000000 * 0.600000 = 603.600037
1007.000000 * 0.700000 = 704.899963
1008.000000 * 0.800000 = 806.400024
1009.000000 * 0.900000 = 908.099976
```

特に問題なくコンパイルでき、実行結果も正常です。ソースコードから観察すると、OpenACCと OpenMP は近い印象ですが、実際のアーキテクチャは、OpenACC はヘテロジニアスな環境をサポートし、並列化したい分をアクセラレータへオフロードします。これに対し、OpenMP は、並列化したい部分をたくさんの CPU コアへ分散化し並列化します。

ついでに PGI コンパイラに代わり、Visual Studio の cl コマンドでビルド・実行した例も示します。「開発者コマンドプロンプト for VS 2017」を開いて処理した例を示します。まず、逐次処理した例を示します。

```
C:\>cl /Fe:mul.exe mulOmp.c verify.c
Microsoft(R) C/C++ Optimizing Compiler Version 19.14.26430 for x86
Copyright (C) Microsoft Corporation.  All rights reserved.

mulOmp.c
verify.c
コードを生成中 ...
Microsoft (R) Incremental Linker Version 14.14.26430.0
Copyright (C) Microsoft Corporation.  All rights reserved.
```

```
/out:mul.exe
mulOmp.obj
verify.obj

C:\>mul
(a * b = c)
1000.000000 * 0.000000 = 0.000000
1001.000000 * 0.100000 = 100.099998
1002.000000 * 0.200000 = 200.400009
1003.000000 * 0.300000 = 300.900024
1004.000000 * 0.400000 = 401.600006
1005.000000 * 0.500000 = 502.500000
1006.000000 * 0.600000 = 603.600037
1007.000000 * 0.700000 = 704.899963
1008.000000 * 0.800000 = 806.400024
1009.000000 * 0.900000 = 908.099976
```

次にOpenMPのコンパイルオプションを指定し、ビルドして並列処理した例を示します。

```
C:\>cl /openmp /Fe:mulOmp.exe mulOmp.c verify.c
Microsoft(R) C/C++ Optimizing Compiler Version 19.14.26430 for x86
Copyright (C) Microsoft Corporation.  All rights reserved.

mulOmp.c
verify.c
コードを生成中...
Microsoft (R) Incremental Linker Version 14.14.26430.0
Copyright (C) Microsoft Corporation.  All rights reserved.

/out:mulOmp.exe
mulOmp.obj
verify.obj

C:\>mulOmp
(a * b = c)
1000.000000 * 0.000000 = 0.000000
1001.000000 * 0.100000 = 100.099998
1002.000000 * 0.200000 = 200.400009
1003.000000 * 0.300000 = 300.900024
1004.000000 * 0.400000 = 401.600006
1005.000000 * 0.500000 = 502.500000
```

```
1006.000000 * 0.600000 = 603.600037
1007.000000 * 0.700000 = 704.899963
1008.000000 * 0.800000 = 806.400024
1009.000000 * 0.900000 = 908.099976
```

3-3-2　OpenCL 対応

　OpenACC へ対応したリスト 3.5 のプログラムを OpenCL へ書き換えてみましょう。OpenACC と比較して、ソースコードは非常に複雑になります。以降に、ソースリストを示します。

リスト 3.8 ●ソースリスト（011mul1DArray/mulCl.c）

```c
#ifdef __APPLE__
#include <OpenCL/opencl.h>
#else
#include <CL/cl.h>
#endif //__APPLE__

#include <stdio.h>
#include <stdlib.h>

void verify(const int n, const float* a, const float *x, const float *y);

// get platform, device
int
getPlatFormDevideID(cl_device_type device_type,
    cl_platform_id* platformId, cl_device_id* deviceID)
{
    char message[1024];
    cl_uint numOfPlatforms;
    int rval = -1;

    // get list of platform
    cl_int status = clGetPlatformIDs(0, NULL, &numOfPlatforms);
    if (status != CL_SUCCESS || numOfPlatforms < 1)
    {
        fprintf(stderr, "clGetPlatformIDs function failed.\n");
        return -1;
    }

    cl_platform_id *platforms = (cl_platform_id*)malloc(sizeof(cl_platform_id)
                                                        *numOfPlatforms);
```

```c
    status = clGetPlatformIDs(numOfPlatforms, platforms, &numOfPlatforms);
    if (status != CL_SUCCESS)
    {
        fprintf(stderr, "clGetDeviceIDs function failed.\n");
        free(platforms);
        return -1;
    }

    for (unsigned plt = 0; plt < numOfPlatforms; plt++)
    {
        status = clGetPlatformInfo(platforms[plt], CL_PLATFORM_VERSION,
            sizeof(message), message, NULL);
        if (status != CL_SUCCESS)
        {
            fprintf(stderr, "clGetPlatformInfo function failed.\n");
            rval = -1;
            break;
        }
        fprintf(stdout, "platform: %s\n", message);

        cl_device_id deviceId[10];
        cl_uint numOfDevices;

        status = clGetDeviceIDs(platforms[plt], device_type,
            sizeof(deviceId) / sizeof(deviceId[0]), deviceId, &numOfDevices);
        if (status != CL_SUCCESS)
        {
            fprintf(stderr, "clGetDeviceIDs function failed.\n");
            rval = -1;
            break;
        }
        if (numOfDevices > 0)
        {
            clGetDeviceInfo(deviceId[0],
                CL_DEVICE_NAME, sizeof(message), message, NULL);
            fprintf(stdout, "device   : [%s]\n\n", message);

            *platformId = platforms[plt];
            *deviceID = deviceId[0];
            rval = 0;
            break;
        }
    }
    free(platforms);
```

```
        return rval;
}

#define N    4096

// main
int
main()
{
    cl_int status;
    cl_platform_id platformId;
    cl_device_id deviceID;

    float a[N], b[N], c[N];

    // initialize array
    for (int i = 0; i < N; i++)
    {
        a[i] = (float)(i + 1000);
        b[i] = (float)i / 10.f;
    }

    // get platform and device id
    if (getPlatFormDevideID(CL_DEVICE_TYPE_GPU, &platformId, &deviceID) < 0)
    {
        fprintf(stderr, "no opencl 2.x platform.");
        return -1;
    }

    // create Context
    cl_context context = clCreateContext(NULL, 1, &deviceID, NULL, NULL, NULL);

    // create Command Queue 2.x
    cl_command_queue queue = clCreateCommandQueueWithProperties(
        context, deviceID, NULL, NULL);

    // create program object
    static const char *src[] =
    {
        "__kernel void¥n¥
        mul(__global const float *a,¥n¥
            __global const float *b,¥n¥
            __global float *c)¥n¥
```

```c
        {\n\
            int i=get_global_id(0);\n\
            c[i] = a[i] * b[i];\n\
        }\n"
};
cl_program prog = clCreateProgramWithSource(context,
    1, (const char**)&src, NULL, NULL);

// build program
const char* options = "-cl-std=CL2.0";
status = clBuildProgram(prog, 1, &deviceID, options, NULL, NULL);

// create kernel
cl_kernel kernel = clCreateKernel(prog, "mul", NULL);

// create memory object
cl_mem mem_a = clCreateBuffer(context, CL_MEM_READ_ONLY | CL_MEM_COPY_HOST_PTR,
    sizeof(a), a, NULL);
cl_mem mem_b = clCreateBuffer(context, CL_MEM_READ_ONLY | CL_MEM_COPY_HOST_PTR,
    sizeof(b), b, NULL);
cl_mem mem_c = clCreateBuffer(context, CL_MEM_WRITE_ONLY, sizeof(c), NULL,
                                                                    NULL);

// set kernel parameters
status = clSetKernelArg(kernel, 0, sizeof(cl_mem), (void *)&mem_a);
status = clSetKernelArg(kernel, 1, sizeof(cl_mem), (void *)&mem_b);
status = clSetKernelArg(kernel, 2, sizeof(cl_mem), (void *)&mem_c);

// request execute kernel
size_t globalSize[] = { sizeof(c) / sizeof(c[0]) };
status = clEnqueueNDRangeKernel(queue, kernel, 1, NULL,
    globalSize, 0, 0, NULL, NULL);

// get results
status = clEnqueueReadBuffer(queue, mem_c, CL_TRUE, 0,
    sizeof(c), c, 0, NULL, NULL);

// list results
printf("(a * b = c)\n");
for (int i = 0; i < 10; i++)
    printf("%f * %f = %f\n", a[i], b[i], c[i]);

// flush queue
status = clFlush(queue);
```

```
    // release resources
    clReleaseMemObject(mem_c);
    clReleaseMemObject(mem_b);
    clReleaseMemObject(mem_a);
    clReleaseKernel(kernel);
    clReleaseProgram(prog);
    clReleaseCommandQueue(queue);
    clReleaseContext(context);

    verify(N, a, b, c);

    return 0;
}
```

　このOpenCLのソースコードを見て、うんざりする人も多いでしょう。OpenCLはGPUを直接制御するため、細かな制御が可能ですが、OpenACCに比較して、コード量も複雑さも格段に増します。ここではOpenCLを使用しますが、CUDAを使う場合でも程度の差はありますが、同様のことが言えるでしょう。

　なお、OpenACCを理解するのにOpenCLの学習は必須ではありません。ここではOpenACCがいかにOpenCLより記述が容易であるかを示したかっただけです。OpenCLに興味ない人は、本節を読み飛ばして構いません。

　CUDAを使用せずOpenCLを採用したのは、OpenCLはプラットフォームに依存しないためです。OpenCLで開発したソースコードは、インテル社、AMD社、NVIDIA社のGPUに共通に使用できます。まず、このプログラムの流れを示します。

3 はじめてのプログラム

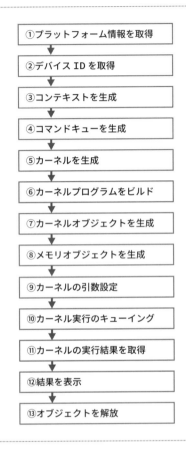

図3.4●プログラムの流れ

この①と②を行うのが getPlatFormDevideID 関数です。そこで、この関数から説明します。この関数は比較的汎用的に作成されており、搭載しているプラットフォームすべて、そして各プラットフォームが備えている、すべてのデバイスをリストします。そして、その中から適切なプラットフォームとデバイスを選択し、それぞれの ID を返します。

まず、clGetPlatformIDs API を 2 回使用し、すべてのプラットフォーム ID を platforms へ取得します。取得したプラットフォーム ID を使用して、当該プラットフォームが提供する OpenCL の情報を取得できます。

この取得したプラットフォーム ID を for ループに指定し、各プラットフォームのデバイスを検査します。まず、ループの先頭で、clGetPlatformInfo API に CL_PLATFORM_VERSION を指定し、OpenCL のバージョンを取得します。特定のバージョンを使用したい場合、ここで判定すると良いでしょう。このプログラムでは、バージョンの表示だけ行います。

次に、`clGetDeviceIDs` API を使用し、最大 10 個のデバイス ID を取得します。この部分はプラットフォーム ID を取得した方法と同じ方法を使用しても良かったのですが、1 つのプラットフォームが 10 個以上のデバイスをサポートしているとは思えないため、最大 10 個として記述します。`clGetDeviceIDs` API の引数には、渡されたデバイスタイプを指定しますので、それ以外のデバイスはリストされません。今回の例では、呼び出し元が `CL_DEVICE_TYPE_GPU` を指定しますので、GPU 以外は選択されません。

`clGetDeviceIDs` API が成功したら、このプラットフォーム ID とデバイス ID を呼び出し元へ返します。なお、このプログラムは、`clGetDeviceInfo` API を使用し、選択したデバイス名を表示します。詳細は、ソースリストを参照してください。

次に main 関数を説明します。簡潔に箇条書きで示します。

- プラットフォーム ID とデバイス ID の取得
  `getPlatFormDevideID` 関数を呼び出し、プラットフォーム ID とデバイス ID を取得します。`getPlatFormDevideID` 関数の引数に `CL_DEVICE_TYPE_GPU` を指定して GPU を選択します。
- コンテキストの生成
  `clCreateContext` API を使用し、コンテキストを生成します。コンテキストは、OpenCL を実行する環境です。
- コマンドキューの生成
  `clCreateCommandQueueWithProperties` API を使用し、コマンドキューを生成します。
- カーネルプログラムの生成
  `clCreateProgramWithSource` API を使用し、カーネルプログラムを生成します。
- カーネルのビルド
  `clBuildProgram` API を使用し、カーネルをビルドします。
- カーネルオブジェクトの生成
  `clCreateKernel` API を使用し、カーネルオブジェクトを生成します。
- メモリオブジェクトの生成
  `clCreateBuffer` API を使用し、メモリオブジェクトを生成します。
- カーネルの引数設定
  `clSetKernelArg` API を使用しカーネルに渡す引数を設定します。
- カーネル実行のキューイング
  `clEnqueueNDRangeKernel` API を使用しカーネルを実行させます。

- カーネル実行結果を取得
  clEnqueueReadBuffer API を使用しカーネルの処理結果を取り出すコマンドをキューします。
- 結果の表示
  これはホストプログラムが行うことですので、特に説明は必要ないでしょう。
- オブジェクトの解放
  生成したメモリオブジェクト、カーネルオブジェクト、プログラムオブジェクト、コマンドキューオブジェクト、およびコンテキストオブジェクトを解放します。

それぞれは複雑な処理を行っていますが、ここでは簡単に説明します。このような手順をOpenACC は、たった 1 つの #pragma で処理します。いかに OpenACC コンパイラが内部で複雑なことを行っているか理解できるでしょう。

以降に、カーネルで実行するプログラムのソースリストを抜き出して示します。このソースコードは、ホストプログラム上に文字列として保持しています。

```
__kernel voi
mul(__global const float *a,
    __global const float *b,
    __global float *c)
{
    int i=get_global_id(0);
    c[i] = a[i] * b[i];
}
```

OpenCL 対応のプログラムをコンパイル・実行するには環境設定が必要ですが、ここでは Visual Studio 2017 を使用しましたが、環境の説明は省略します。OpenCL に興味のある人は該当する資料を参照してください。

以降に、OpenCL でコンパイルしたプログラムの実行例を示します。

```
C:\> mulCl
platform: OpenCL 2.0
device  : [Intel(R) HD Graphics 530]

(a * b = c)
1000.000000 * 0.000000 = 0.000000
1001.000000 * 0.100000 = 100.099998
1002.000000 * 0.200000 = 200.400009
```

```
1003.000000 * 0.300000 = 300.900024
1004.000000 * 0.400000 = 401.600006
1005.000000 * 0.500000 = 502.500000
1006.000000 * 0.600000 = 603.600037
1007.000000 * 0.700000 = 704.899963
1008.000000 * 0.800000 = 806.400024
1009.000000 * 0.900000 = 908.099976
```

この例では、プラットフォームに「OpenCL 2.0」が、デバイスに「Intel(R) HD Graphics 530」が選択されています。

使用した環境で`clGetPlatformInfo` APIや`clGetDeviceInfo` APIで、PCのOpenCL情報を列挙したところ、下記のデバイスが実装されています。「GeForce GTX 650」より先に「Intel(R) HD Graphics 530」が見つかるので、「Intel(R) HD Graphics 530」が使われています。複数のデバイスが実装されており、特定のデバイスを使用したい場合は明示的にデバイスを選択すると良いでしょう。

```
info.exe
number of platforms: 3
------------------------------------------------
platform name            : Intel(R) OpenCL
platform version         : OpenCL 2.0
number of devices        : 2

device name              : Intel(R) HD Graphics 530
max compute units        : 24
max work item dimensions : 3
svm coarse grain buffer  : yes
svm fine grain buffer    : yes
svm fine grain system    : no
max work item size       : 256 256 256
max group size           : 256

device name              : Intel(R) Core(TM) i5-6600 CPU @ 3.30GHz
max compute units        : 4
max work item dimensions : 3
svm coarse grain buffer  : yes
svm fine grain buffer    : yes
svm fine grain system    : no
max work item size       : 8192 8192 8192
```

```
max group size         : 8192
-----------------------------------------------
platform name          : Experimental OpenCL 2.1 CPU Only Platform
platform version       : OpenCL 2.1
number of devices      : 1

device name            : Intel(R) Core(TM) i5-6600 CPU @ 3.30GHz
max compute units      : 4
max work item dimensions: 3
svm coarse grain buffer: yes
svm fine grain buffer  : yes
svm fine grain system  : yes
max work item size     : 8192 8192 8192
max group size         : 8192
-----------------------------------------------
platform name          : NVIDIA CUDA
platform version       : OpenCL 1.2 CUDA 9.1.75
number of devices      : 1

device name            : GeForce GTX 650
max compute units      : 2
max work item dimensions: 3
svm coarse grain buffer: yes
svm fine grain buffer  : no
svm fine grain system  : no
max work item size     : 1024 1024 64
max group size         : 1024
```

3-3-3 ベクトル対応

　同様に、最初のプログラムをベクトル命令で書き換えたものを示します。この例ではベクトル命令にAVX命令を使用します。AVX命令を用いると、1回の処理で8要素を処理できるため演算量が減ります。また、ループアンロールしたような効果も得られます。コンパイラがベクトル化をサポートしつつありますが、標準化やコンパイラの対応は途上です。コンパイラの自動ベクトル化は長いこと研究されていますが、人間が最適化するレベルに達するには、まだ多くの時間を必要とするでしょう。以降に、ソースリストを示します。

リスト 3.9 ●ソースリスト (011mul1DArray/mulVector.c)

```c
#include <stdio.h>
#include <immintrin.h>

void verify(const int n, const float* a, const float *x, const float *y);

#define N    4096

// main
int
main()
{
    float a[N], b[N], c[N];
    int i;

    // initialize array
    for (i = 0; i < N; i++)
    {
        a[i] = (float)(i + 1000);
        b[i] = (float)i / 10.f;
    }

    // calc.
    for (int i = 0; i < N; i += sizeof(__m256) / sizeof(float))
    {
        __m256 va = _mm256_loadu_ps(&a[i]);
        __m256 vb = _mm256_loadu_ps(&b[i]);
        __m256 vc = _mm256_mul_ps(va, vb);
        _mm256_storeu_ps(&c[i], vc);
    }

    // list results
    printf("(a * b = c)\n");
    for (i = 0; i < 10; i++)
        printf("%f * %f = %f\n", a[i], b[i], c[i]);

    verify(N, a, b, c);

    return 0;
}
```

AVX命令を使用しますので、1回の処理で8要素のfloat乗算を実行できます。AVX命令を

Cソース上に直接記述できないため、イントリンシックを使用します。

 搭載されているCPUがAVX命令をサポートしていない場合があります。そのような場合、このプログラムの動作は不定です。

以降に、処理のイメージ図を示します。

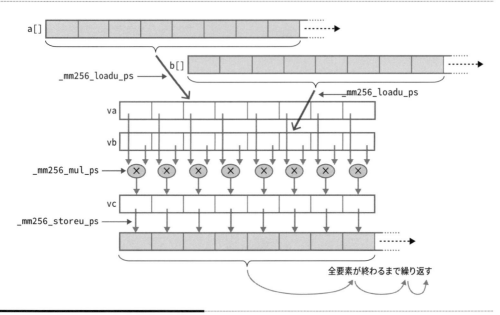

図3.5●AVX命令を使用した処理のイメージ

forループは1回に8要素を処理するため、逐次プログラムに比べループ回数は1/8に減ります。for文の最後でiを増加させますが、単にインクリメントするのではなくsizeof(__m256) / sizeof(float) 分増加させます。ループ内では、まず、__m256型のvaに_mm256_loadu_psで配列aから対応する8要素を読み込みます。同様に、__m256型のvbに_mm256_loadu_psで配列bから対応する8要素を読み込みます。次に、_mm256_mul_psでvaとvbを乗算し、結果をvcへ求めます。最後に、この値を_mm256_storeu_psで配列cの対応する位置へ書き込みます。この処理をn要素すべて終わるまで繰り返します。

以降に、コンパイルと実行の様子を示します。

```
C:\>cl /Fe:mulVector.exe mulVector.c verify.c
Microsoft(R) C/C++ Optimizing Compiler Version 19.13.26128 for x86
Copyright (C) Microsoft Corporation.  All rights reserved.

mulVector.c
verify.c
コードを生成中...
Microsoft (R) Incremental Linker Version 14.13.26128.0
Copyright (C) Microsoft Corporation.  All rights reserved.

/out:mulVector.exe
mulVector.obj
verify.obj

C:\>mulVector
(a * b = c)
1000.000000 * 0.000000 = 0.000000
1001.000000 * 0.100000 = 100.099998
1002.000000 * 0.200000 = 200.400009
1003.000000 * 0.300000 = 300.900024
1004.000000 * 0.400000 = 401.600006
1005.000000 * 0.500000 = 502.500000
1006.000000 * 0.600000 = 603.600037
1007.000000 * 0.700000 = 704.899963
1008.000000 * 0.800000 = 806.400024
1009.000000 * 0.900000 = 908.099976
```

3-4 data を明示

最初に紹介した長大な1次元配列に係数を乗ずるOpenACCへ対応したプログラムにdataディレクティブを追加し、データの転送を明示的に指定したプログラムを示します。以降に、ソースリストを示します。

リスト 3.10 ●ソースリスト（012mul1DArrayData/mulAccData.c）

```c
    :
#include <stdio.h>

void verify(const int n, const float* a, const float *x, const float *y);

#define N    4096

// main
int
main()
{
    float a[N], b[N], c[N];
    int i;

    // initialize array
    for (i = 0; i < N; i++)
    {
        a[i] = (float)(i + 1000);
        b[i] = (float)i / 10.f;
    }

    // calc.
#pragma acc data copyin(a, b) copyout(c)
    {
#pragma acc kernels
        for (i = 0; i < N; i++)
        {
            c[i] = a[i] * b[i];
        }
    }

    // list results
```

```
    printf("(a * b = c)\n");
    for (i = 0; i < 10; i++)
        printf("%f * %f = %f\n", a[i], b[i], c[i]);

    verify(N, a, b, c);

    return 0;
}
```

　先のプログラムは、データの転送はコンパイラに任せていました。このプログラムは、dataディレクティブを追加し、明示的にデータ転送を指示します。1次元配列のaとbをホストからデバイスへ、cをデバイスからホストへ転送するように指示します。

　以降に、コンパイルと実行の様子を示します。

```
PGI$ pgcc -acc -Minfo=accel -o mulAccData mulAccData.c verify.c
mulAccData.c:
main:
     28, Generating copyin(a[:])
         Generating copyout(c[:])
         Generating copyin(b[:])
     31, Loop is parallelizable
         Accelerator kernel generated
         Generating Tesla code
         31, #pragma acc loop gang, vector(128) /* blockIdx.x threadIdx.x */
verify.c:

PGI$ ./mulAccData
(a * b = c)
1000.000000 * 0.000000 = 0.000000
1001.000000 * 0.100000 = 100.099998
1002.000000 * 0.200000 = 200.400009
1003.000000 * 0.300000 = 300.900024
1004.000000 * 0.400000 = 401.600006
1005.000000 * 0.500000 = 502.500000
1006.000000 * 0.600000 = 603.600037
1007.000000 * 0.700000 = 704.899963
1008.000000 * 0.800000 = 806.400024
1009.000000 * 0.900000 = 908.099976
```

　dataディレクティブを指定しない場合、メッセージは「Generating implicit

copyin(b[:])」、「Generating implicit copyout(c[:])」や「Generating implicit copyin(a[:])」です。明示的に指定するとメッセージから「implicit」がなくなります。明示的に指定するのは、複雑な転送や、効率的な転送を行うとき強力な武器となります。ただし、単純なプログラムでは使用しない方が良いでしょう。間違って指定すると正常な結果を得られない場合があります。たとえば、先のプログラムで、cとすべきところを間違ってaと指定すると、正常な結果を得られません。

```
    ︙
#pragma acc data copyin(a, b) copyout(a)
{
#pragma acc kernels
for (i = 0; i < N; i++)
{
    c[i] = a[i] * b[i];
}
}
    ︙
```

copyoutにはcを指定するべきなのに、間違ってaを指定しています。これをコンパイル・実行してみましょう。

```
PGI$ pgcc -acc  -Minfo=accel -o mulAccDataNg mulAccDataNg.c verify.c
mulAccDataNg.c:
main:
    28, Generating copyout(a[:])
        Generating copyin(b[:])
    29, Generating implicit copyout(c[:])
    30, Loop is parallelizable
        Accelerator kernel generated
        Generating Tesla code
        30, #pragma acc loop gang, vector(128) /* blockIdx.x threadIdx.x */
verify.c:

PGI$ ./mulAccDataNg
(a * b = c)
0.000000 * 0.000000 = 0.000000
0.000000 * 0.100000 = 0.000000
0.000000 * 0.200000 = 0.000000
0.000000 * 0.300000 = 0.000000
0.000000 * 0.400000 = 0.000000
```

```
0.000000 * 0.500000 = 0.000000
0.000000 * 0.600000 = 0.000000
0.000000 * 0.700000 = 0.000000
0.000000 * 0.800000 = 0.000000
0.000000 * 0.900000 = 0.000000
```

メッセージから分かるように、aをホストからデバイスへ転送していません。このため、得られた結果は正常ではありません。GPUで処理後、verify関数で結果のチェックを行っていますが、すでにaの値が書き換わっているのでエラーの検出はできません。このような例では、OpenACCで使う配列と検証用の配列を完全に分離する必要があります。さらに、必ずしも間違った結果を得るとは限らない点に注意が必要です。たとえば、アクセラレータが存在しない環境でこのプログラムを実行すると、本来はオフロードされる部分をホストで実行することになり、ホストのコードはホスト上のaを参照するため正常な結果を得ることがあります。このように、本来は正常な値を得られないはずなのにデバッグでは正常な結果になり、しかしながら、実行するたび、あるいは環境などによって動作が異なるという、並列化でいつも躓く奇妙な現象に出くわします。プログラミングにおいては必ず設計を十分に行い、メッセージには細心の注意を払う習慣をつけましょう。

これまでは data ディレクティブや data 節をブロックに対して使用しましたが、これらはブロックに対応している必要はありません。ここでは、enter data ディレクティブと exit data ディレクティブを使用し、ブロックとは無関係にデータを管理する方法を紹介します。以降に、使用例を示します。

リスト 3.11 ●ソースリスト（012mul1DArrayData/mulAccDataEx.c）

```c
    ⋮
#pragma acc enter data copyin(a, b) create(c)

// calc.
#pragma acc kernels present(a, b, c)
for (i = 0; i < N; i++)
{
    c[i] = a[i] * b[i];
}

#pragma acc exit data copyout(c)

// list results
```

先のプログラムと違い、enter dataディレクティブとexit dataディレクティブは、ブロックと無関係です。この例は最初の「#pragma acc enter data copyin(a, b) create(c)」で配列aとbをホスト側からデバイス側へデータをコピーします。配列cはデータの内容をコピーする必要がないためデバイス側に領域だけ確保します。次の「#pragma acc kernels present(a, b, c)」で、すでに配列a、bやcはデバイス側に存在することをコンパイラに知らせ、無駄なデータ転送を排除できます。最後の「#pragma acc exit data copyout(c)」でデバイス側に存在するcの内容をホスト側にコピーします。

このようにdataディレクティブを使用すると、データを明示的に管理することが可能になります。このプログラムをコンパイル・実行してみましょう。

```
PGI$ pgcc -acc -Minfo=accel -o mulAccDataEx mulAccDataEx.c verify.c
mulAccDataEx.c:
main:
     27, Generating enter data copyin(b[:])
         Generating enter data create(c[:])
         Generating enter data copyin(a[:])
     30, Generating present(a[:],c[:],b[:])
     31, Loop is parallelizable
         Accelerator kernel generated
         Generating Tesla code
         31, #pragma acc loop gang, vector(128) /* blockIdx.x threadIdx.x */
     36, Generating exit data copyout(c[:])
verify.c:

PGI$ ./mulAccDataEx
(a * b = c)
1000.000000 * 0.000000 = 0.000000
1001.000000 * 0.100000 = 100.099998
1002.000000 * 0.200000 = 200.400009
1003.000000 * 0.300000 = 300.900024
1004.000000 * 0.400000 = 401.600006
1005.000000 * 0.500000 = 502.500000
1006.000000 * 0.600000 = 603.600037
1007.000000 * 0.700000 = 704.899963
1008.000000 * 0.800000 = 806.400024
1009.000000 * 0.900000 = 908.099976
```

メッセージから分かるように配列 a、b、c を完全に data ディレクティブで管理できています。このように、data ディレクティブを使用すると、ホストとデバイス間の転送を必要最低限に抑えることが可能です。

同じような方法ですが、データ管理が関数をまたぐ例を示します。以降に、使用例を示します。

リスト 3.12 ●ソースリスト（012mul1DArrayData/ mulAccDataFunc.c）

```c
#include <stdio.h>

void verify(const int n, const float* a, const float *x, const float *y);

#define N    4096

// calc.
void calc(const int n, const float* a, const float *b, float *c)
{
    int i;

    #pragma acc kernels present(a, b, c)
    #pragma acc loop independent
    for (i = 0; i < n; i++)
    {
        c[i] = a[i] * b[i];
    }
}

// main
int
main()
{
    float a[N], b[N], c[N];
    int i;

    // initialize array
    for (i = 0; i < N; i++)
    {
        a[i] = (float)(i + 1000);
        b[i] = (float)i / 10.f;
    }

    #pragma acc data copyin(a, b) copyout(c)
    {
```

```
        calc(N, a, b, c);
    }

    // list results
    printf("(a * b = c)¥n");
    for (i = 0; i < 10; i++)
        printf("%f * %f = %f¥n", a[i], b[i], c[i]);

    verify(N, a, b, c);

    return 0;
}
```

このプログラムは、関数をまたいでデータを管理します。まず、main関数でcalc関数を呼び出す前に「#pragma acc data copyin(a, b) copyout(c)」で、デバイス側のデータを準備します。calc関数は、呼び出された時点ですでにデバイス側にデータが存在するため「#pragma acc kernels present(a, b, c)」で続くブロックをオフロードすることを指示するとともに、デバイス側にデータが存在することをコンパイラに知らせます。これによってコンパイラはデータ転送のコード生成を抑止します。次の「#pragma acc loop independent」はデータ管理には関係がなく、ループの並列化を促します。配列cのデータがデバイス側からホスト側に転送されるのは、main関数の「#pragma acc data copyin(a, b) copyout(c)」に対応するブロックの最後で実施されます。このプログラムをコンパイル・実行してみましょう。

```
PGI$ pgcc -acc -Minfo=accel -o mulAccDataFunc mulAccDataFunc.c verify.c
mulAccDataFunc.c:
calc:
     18, Generating present(a[:],c[:],b[:])
     20, Loop is parallelizable
         Accelerator kernel generated
         Generating Tesla code
         20, #pragma acc loop gang, vector(128) /* blockIdx.x threadIdx.x */
main:
     40, Generating copyin(a[:])
         Generating copyout(c[:])
         Generating copyin(b[:])
verify.c:

PGI$ ./mulAccDataFunc
(a * b = c)
```

```
1000.000000 * 0.000000 = 0.000000
1001.000000 * 0.100000 = 100.099998
1002.000000 * 0.200000 = 200.400009
1003.000000 * 0.300000 = 300.900024
1004.000000 * 0.400000 = 401.600006
1005.000000 * 0.500000 = 502.500000
1006.000000 * 0.600000 = 603.600037
1007.000000 * 0.700000 = 704.899963
1008.000000 * 0.800000 = 806.400024
1009.000000 * 0.900000 = 908.099976
```

メッセージから分かるように、配列a、b、cを完全にdataディレクティブで管理できています。このようにデータ管理が関数間にまたがったときは、dataディレクティブで管理するのは良い方法でしょう。

第4章

ライプニッツの公式

これまではOpenACCの紹介を中心にプログラムを紹介してきました。ここでは、OpenACCを使用したときの性能改善ついて調査してみましょう。本節では、ライプニッツの公式（Leibniz formula）で円周率を求めるプログラムをOpenACCで開発します。

4 ライプニッツの公式

4-1 円周率を求める

ライプニッツの公式でπを求めるには、繰り返し演算が発生しますので、OpenACCの応用に最適な例でしょう。ライプニッツの公式は以下に示す級数で表すことができます。

$$1 - \frac{1}{3} + \frac{1}{5} - \frac{1}{7} + \frac{1}{9} - \cdots = \frac{\pi}{4} \tag{4.1}$$

これは初項が1で各項が奇数の逆数である交項級数が$\pi/4$（= 0.785398…）に収束することを意味します。一般的に表すと以下の式になります。

$$\sum_{n=0}^{\infty} \frac{(-1)^n}{2n+1} = \frac{\pi}{4} \tag{4.2}$$

交項級数

$a_1, a_2, \ldots, a_n, \ldots$ がすべて $\geqq 0$ のとき、$\sum_n (-1)^{n-1} a_n$ の形の級数を交項級数といいます。つまり、交項級数とは $a_1 - a_2 + a_3 - a_4 + \cdots$ のように、正と負の項が交互に現れる級数です。交項級数は、交代級数とも呼ばれる場合もあります。数列 $\{a_n\}$ が単調減少で、$n \to \infty$ のとき $a_n \to 0$ となるならば、$\sum_n (-1)^{n-1} a_n$ は収束します。これをライプニッツの定理といいます。

nを多くするほど円周率を正確に求めることができますのでOpenACCを試すには良い例となるでしょう。実際のプログラムは、4を左辺に移動します。

$$\sum_{n=0}^{\infty} \frac{(-1)^n}{2n+1} \times 4 = \pi \tag{4.3}$$

以降に、πを求める関数を示します。

```
void Leibniz(const int n)
{
    clock_t start = clock();

    float pi = 0.0f;
```

```
    for (int i = 0; i < n; i++)
    {
        pi += (float)(pow(-1, i) / (float)(2 * i + 1));
    }

    pi *= 4.0f;

    clock_t stop = clock();

    fprintf(stdout, " n=%11d,", n);
    fprintf(stdout, "  elapsed time=%.10f [sec], pi=%.20f¥n",
        (float)(stop - start) / CLOCKS_PER_SEC, pi);
}
```

式 (4.3) をそのままコード化したのが網掛けした部分です。$(-1)^n$ は、単に 1 と-1 がトグルするだけなのでもっと簡単にできますが、素直に pow(-1, i) と記述しています。ここで示した関数は OpenACC へ対応していません。OpenACC へ対応したソースリストを次に示します。

```
void LeibnizAcc(const int n)
{
    clock_t start = clock();

    float pi = 0.0f;
    #pragma acc kernels
    for (int i = 0; i < n; i++)
    {
        pi += (float)(pow(-1, i) / (float)(2 * i + 1));
    }

    pi *= 4.0f;

    clock_t stop = clock();

    fprintf(stdout, " n=%11d,", n);
    fprintf(stdout, "  elapsed time=%.10f [sec], pi=%.20f¥n",
        (float)(stop - start) / CLOCKS_PER_SEC, pi);
}
```

OpenACC への対応は、単に for ブロックに対して #pragma acc kernels を追加しただけです。本来は pi へ加算を繰り返すため reduction 節が必要ですが、OpenACC のコンパイラが自動判断して redution 節を追加してくれます。しかし、コンパイラによっては自動化がうまく

4 ライプニッツの公式

行かない場合もあるので、なるべくなら reduction(+:pi) を追加しておくと良いでしょう。

　#pragma acc kernels を追加したため、for 内の処理はオフロードされ、かつ並列に実行されます。

数学者マーダヴァ

　ライプニッツの公式は 17 世紀のドイツの数学者の名をとって命名されましたが、この公式自体は 15 世紀のインドの数学者マーダヴァがライプニッツより 300 年ほど前に発見していたものです。公式の発見がマーダヴァの功績であることを示すため、マーダヴァ - ライプニッツ級数と呼ばれることもあるようです。

以降に、ソースリスト全体を示します。

リスト 4.1 ●ソースリスト（020piLeibniz/Leibniz.c）

```c
//
// Leibniz pi ,for C, OpenACC
//
// (c)Copyright Spacesoft corp., 2018 All rights reserved.
//                             Hiro KITAYAMA
//
#include <stdio.h>
#include <math.h>
#include <time.h>

//-------------------------------------------------------------
void Leibniz(const int n, const int acc)
{
    clock_t start = clock();

    float pi = 0.0f;
    #pragma acc kernels if(acc)
    for (int i = 0; i < n; i++)
    {
        pi += (float)(pow(-1, i) / (float)(2 * i + 1));
    }

    pi *= 4.0f;

    clock_t stop = clock();
```

```
        fprintf(stdout, " n=%11d,", n);
        fprintf(stdout, "  elapsed time=%.10f [sec], pi=%.20f¥n",
            (float)(stop - start) / CLOCKS_PER_SEC, pi);
}

//-------------------------------------------------------------
int main()
{
    for(int n = 1000000; n <= 100000000; n *= 10)
    {
        fprintf(stdout, "     C:");
        Leibniz(n, 0);
        fprintf(stdout, "OpenMP:");
        Leibniz(n, 1);
    }

    return 0;
}
```

nを1000000〜100000000へ増加させながら、逐次処理とOpenACCを利用した関数を呼び出し、処理に要した時間を表示します。

このプログラムをビルドした様子を示します。

```
PGI$ pgcc -acc -ta=tesla:cc30 -Minfo=all -o Leibniz Leibniz.c
Leibniz:
    18, Loop is parallelizable
        Accelerator kernel generated
        Generating Tesla code
    18, #pragma acc loop gang, vector(128) /* blockIdx.x threadIdx.x */
    20, Generating implicit reduction(+:pi)
```

ループが並列化され、piに対しimplicitにreductionが設定されているのが分かります。このプログラムを実行してみましょう。実行した環境はWindows 10パソコンへGTX 650を装着しpgccコンパイラを使用します。今回のコンパイルでは、-taオプションを指定しています。これはターゲットに何が使われているか指定するオプションです。-ta=tesla:cc30の指定はなくても構いませんが、これを指定するとGTX 650用のカーネルが生成されます。これの指定方法については後述します。

4 ライプニッツの公式

```
PGI$ ./Leibniz
      C: n=     1000000, elapsed time=0.1030000001 [sec], pi=3.14159536361694335938
 OpenMP: n=     1000000, elapsed time=0.1550000012 [sec], pi=3.14159154891967773438
      C: n=    10000000, elapsed time=1.0279999971 [sec], pi=3.14159679412841796875
 OpenMP: n=    10000000, elapsed time=0.0529999994 [sec], pi=3.14159250259399414063
      C: n=   100000000, elapsed time=10.2790002823 [sec], pi=3.14159679412841796875
 OpenMP: n=   100000000, elapsed time=0.5220000148 [sec], pi=3.14159226417541503906
```

　n が 1,000,000 では演算量が少なすぎるのか、C 言語で普通に逐次処理した方が高速です。これは並列量に比較して OpenACC のオーバーヘッドの方が大きいためでしょう。n を 1000000 〜 100000000 へ増加させながら処理に要した時間をグラフに示します。

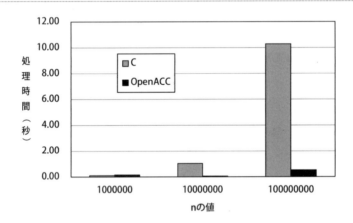

図4.1 ● n の値による処理時間の比較

　次に、OpenACC で処理したときと、普通に逐次処理したときの性能をグラフで示します。

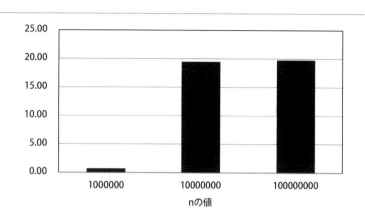

図4.2●逐次処理と並列処理の性能比較（C/OpenACC）

　nが1,000,000の場合、OpenACCを利用したときはC言語で普通に逐次処理したときに比べ60％の性能で、かえって速度低下しています。これは、実際の処理量に対しオーバーヘッドが十分に大きかったためと想像できます。しかし、nが10,000,000以上になると、OpenACCを利用した方が約19倍以上高速に処理されています。

　同じプログラムをGPUのない環境で実行してみましょう。実行した環境はWindows 10パソコンでGPUを搭載せずpgccコンパイラを使用します。

```
PGI$ ./Leibniz
       C: n=     1000000,  elapsed time=0.0390000008 [sec], pi=3.14159536361694335938
  OpenMP: n=     1000000,  elapsed time=0.0399999991 [sec], pi=3.14159536361694335938
       C: n=    10000000,  elapsed time=0.4250000119 [sec], pi=3.14159679412841796875
  OpenMP: n=    10000000,  elapsed time=0.4199999869 [sec], pi=3.14159679412841796875
       C: n=   100000000,  elapsed time=4.1659998894 [sec], pi=3.14159679412841796875
  OpenMP: n=   100000000,  elapsed time=4.1459999084 [sec], pi=3.14159679412841796875
```

　グラフに示すまでもなく、C言語で普通に逐次処理したものとOpenACCを使用したものの速度は、ほぼ同じです。デバイス（= アクセラレータ = GPU）が存在しないため、OpenACCを利用していてもホストで処理されるためと想像できます。

4-2 倍精度浮動小数点

　先のプログラムは単精度浮動小数点を使用しているため、nを増やしてもπの値の精度向上は期待できません。そこで、ここでは倍精度浮動小数点を使用します。ついでに単精度浮動小数点と倍精度浮動小数点の違いで性能に変化があるかも検証します。ソースリストを次に示します。

リスト 4.2 ●ソースリスト（020piLeibniz/LeibnizDouble.c）

```c
        ⋮
#include <stdio.h>
#include <math.h>
#include <time.h>

//-------------------------------------------------------------
void Leibniz(const int n, const int acc)
{
    clock_t start = clock();

    double pi = 0.0f;
    #pragma acc kernels if(acc)
    for (int i = 0; i < n; i++)
    {
        pi += (double)(pow(-1, i) / (double)(2 * i + 1));
    }

    pi *= 4.0f;

    clock_t stop = clock();

    fprintf(stdout, " n=%11d,", n);
    fprintf(stdout, "   elapsed time=%.10f [sec], pi=%.20f\n",
        (float)(stop - start) / CLOCKS_PER_SEC, pi);
}

//-------------------------------------------------------------
int main()
{
    for(int n = 1000000; n <= 100000000; n *= 10)
    {
        fprintf(stdout, "      C:");
        Leibniz(n, 0);
```

```
        fprintf(stdout, "OpenMP:");
        Leibniz(n, 1);
    }

    return 0;
}
```

このプログラムをビルドし、実行した様子を示します。性能に関しては大きな違いは観察できませんでした。πの値は倍精度浮動小数点を使用したため、先の例と違い精度が向上しているように見受けられます。

```
PGI$ pgcc -acc -ta=tesla:cc30 -Minfo=all -o LeibnizDouble LeibnizDouble.c
Leibniz:
    18, Loop is parallelizable
        Accelerator kernel generated
        Generating Tesla code
        18, #pragma acc loop gang, vector(128) /* blockIdx.x threadIdx.x */
        20, Generating implicit reduction(+:pi)


PGI$ ./LeibnizDouble
     C: n=     1000000, elapsed time=0.1030000001 [sec], pi=3.14159165358977432447
OpenMP: n=     1000000, elapsed time=0.1560000032 [sec], pi=3.14159165358979208804
     C: n=    10000000, elapsed time=1.0219999552 [sec], pi=3.14159255358979150330
OpenMP: n=    10000000, elapsed time=0.0549999997 [sec], pi=3.14159255358979594419
     C: n=   100000000, elapsed time=10.2019996643 [sec], pi=3.14159264358932599492
OpenMP: n=   100000000, elapsed time=0.5230000019 [sec], pi=3.14159264358979539722
```

単精度と同様に速度向上を観察できます。

4-3 OpenMP

　このプログラムは繰り返しが多いため、OpenMPでも効果を発するのではないかと考えOpenMP用のコードも開発し、実験してみます。OpenMPに興味のない人は、本節は読み飛ばしてください。以降にソースリストを示します。

リスト 4.3 ●ソースリスト （020piLeibniz/LeibnizOmp.c）

```c
#include <stdio.h>
#include <math.h>
#include <time.h>

#include <omp.h>

//-------------------------------------------------------------
void Leibniz(const int n, const int omp)
{
    int i;
    clock_t start = clock();

    float pi = 0.0f;
    #pragma omp parallel for reduction(+:pi) if(omp)
    for (i = 0; i < n; i++)
    {
        pi += (float)(pow(-1, i) / (float)(2 * i + 1));
    }

    pi *= 4.0f;

    clock_t stop = clock();

    fprintf(stdout, " n=%11d,", n);
    fprintf(stdout, "  elapsed time=%.10f [sec], pi=%.20f\n",
        (float)(stop - start) / CLOCKS_PER_SEC, pi);
}

//-------------------------------------------------------------
int main()
{
    for(int n = 1000000; n <= 100000000; n *= 10)
```

```
    {
        fprintf(stdout, "     C:");
        Leibniz(n, 0);
        fprintf(stdout, "OpenMP:");
        Leibniz(n, 1);
    }

    return 0;
}
```

このプログラムをビルドし、実行した様子を次に示します。コンパイラは Visual Studio の cl コマンドを使用します。

```
C:\>cl /openmp /Fe:LeibnizOmp.exe LeibnizOmp.c
Microsoft(R) C/C++ Optimizing Compiler Version 19.14.26430 for x86
Copyright (C) Microsoft Corporation.  All rights reserved.

LeibnizOmp.c
Microsoft (R) Incremental Linker Version 14.14.26430.0
Copyright (C) Microsoft Corporation.  All rights reserved.

/out:LeibnizOmp.exe
LeibnizOmp.obj

C:\>LeibnizOmp
     C: n=    1000000, elapsed time=0.0230000000 [sec], pi=3.14159536361694335938
OpenMP: n=    1000000, elapsed time=0.0080000004 [sec], pi=3.14159488677978515625
     C: n=   10000000, elapsed time=0.2380000055 [sec], pi=3.14159679412841796875
OpenMP: n=   10000000, elapsed time=0.0649999976 [sec], pi=3.14159655570983886719
     C: n=  100000000, elapsed time=2.3110001087 [sec], pi=3.14159679412841796875
OpenMP: n=  100000000, elapsed time=0.6510000229 [sec], pi=3.14159679412841796875
```

OpenMP 化したプログラムと、C で逐次処理したプログラムは期待通りの結果を示しました。

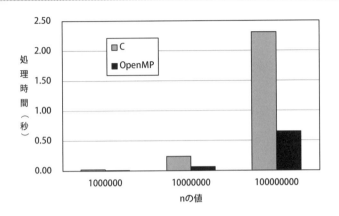

図4.3●nの値による処理時間の比較

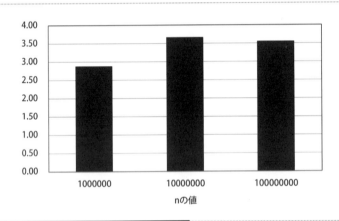

図4.4●逐次処理と並列処理の性能比較（C/OpenMP）

　CPUコアの数が4のCore i5プロセッサのパソコンを使用しましたので、ほぼ予想した結果が得られました。OpenMPで得られた速度向上は約3.5倍、OpenACCで得られた速度向上は約19倍です。しかもOpenACCで利用したGPUは旧型です。このように粒度が小さく繰り返しの多いプログラムであると、OpenACCは最新のGPUと組み合わせると大きな速度向上を期待できます。

4-4 PGI コンパイラの ta オプション

　本章で紹介したプログラムをコンパイルするときに、-ta オプションを指定している場合があります。これが何であるかは説明済みですが、どのように指定方法を判断するかの解説は行っていません。これを知るには、pgaccelinfo コマンドを使用します。以降に、3 つの異なる環境でこのコマンドを実行した様子を示します。

環境①

```
PGI$ pgaccelinfo

CUDA Driver Version:            9010

Device Number:                  0
Device Name:                    GeForce GTX 650
Device Revision Number:         3.0
Global Memory Size:             1073741824
Number of Multiprocessors:      2
Number of SP Cores:             384
Number of DP Cores:             128
Concurrent Copy and Execution:  Yes
Total Constant Memory:          65536
Total Shared Memory per Block:  49152
Registers per Block:            65536
Warp Size:                      32
Maximum Threads per Block:      1024
Maximum Block Dimensions:       1024, 1024, 64
Maximum Grid Dimensions:        2147483647 x 65535 x 65535
Maximum Memory Pitch:           2147483647B
Texture Alignment:              512B
Clock Rate:                     1071 MHz
Execution Timeout:              No
Integrated Device:              No
Can Map Host Memory:            Yes
Compute Mode:                   default
Concurrent Kernels:             Yes
ECC Enabled:                    No
Memory Clock Rate:              2500 MHz
Memory Bus Width:               128 bits
L2 Cache Size:                  262144 bytes
```

```
Max Threads Per SMP:        2048
Async Engines:              1
Unified Addressing:         Yes
Managed Memory:             Yes
PGI Compiler Option:        -ta=tesla:cc30
```

　この環境には GeForce GTX 650 が搭載されているのが分かります。最後の行に「-ta=tesla:cc30」が表示されています。このオプションをコンパイル時に指定すると、デバイスに最適化されたコンパイルが行われます。ただし、このような指定を行うと、ほかの環境や GPU を交換したときにバイナリが使えず、再度コンパイルが必要になる場合もあります。さらに、このオプションは PGI 社のコンパイラ特有のオプションで gcc や g++ では使用できません。

環境②

```
PGI$ pgaccelinfo

CUDA Driver Version:            9010

Device Number:                  0
Device Name:                    GeForce GTX 750 Ti
Device Revision Number:         5.0
Global Memory Size:             2147483648
Number of Multiprocessors:      5
Concurrent Copy and Execution:  Yes
Total Constant Memory:          65536
Total Shared Memory per Block:  49152
Registers per Block:            65536
Warp Size:                      32
Maximum Threads per Block:      1024
Maximum Block Dimensions:       1024, 1024, 64
Maximum Grid Dimensions:        2147483647 x 65535 x 65535
Maximum Memory Pitch:           2147483647B
Texture Alignment:              512B
Clock Rate:                     1084 MHz
Execution Timeout:              Yes
Integrated Device:              No
Can Map Host Memory:            Yes
Compute Mode:                   default
Concurrent Kernels:             Yes
ECC Enabled:                    No
Memory Clock Rate:              2700 MHz
```

```
Memory Bus Width:         128 bits
L2 Cache Size:            2097152 bytes
Max Threads Per SMP:      2048
Async Engines:            1
Unified Addressing:       Yes
Managed Memory:           Yes
Concurrent Managed Memory: No
PGI Compiler Option:      -ta=tesla:cc50
```

　この環境には GeForce GTX 750 Ti が搭載されています。最後の行に「-ta=tesla:cc50」が表示されています。このオプションをコンパイル時に指定すると、デバイスに最適化されたコンパイルが行われます。

環境③

```
PGI$ pgaccelinfo
No accelerators found.
Try C:¥xxx …xxx¥bin¥pgaccelinfo.exe -v for more information
```

　この環境には PGI 社のコンパイラを活用できる GPU が搭載されていません。OpenACC のプログラムを開発することは可能ですが、オフロード対象部分はホストでエミュレートされると予想されます。このような環境では -ta オプションは指定しないでください。

第 5 章

OpenACC とデータ

● ● ●

ヘテロジニアスなアーキテクチャを対象としているOpenACCでは、データを伴う処理でデバイスとホスト間のメモリ転送が発生します。本章では、OpenACCのデータに対する基本的な知識を説明します。

5 OpenACCとデータ

ここでは、OpenACCにおけるデータの扱いに関する基本的な考えを解説します。すでに簡単なOpenACCのデータを扱うプログラムを解説しましたが、ここでデータの管理を整理します。

OpenACCは、ヘテロジニアスなアーキテクチャを対象としているため、ある目的を達成するプログラムは、ホストとデバイス（アクセラレータ）が協調して処理を行います。これは、データを伴う処理では、デバイスとホスト間でメモリの転送が発生することを意味します。OpenACCは、この部分をコンパイラが自動的に処理するため使いやすいですが、それが災いして無駄な転送や間違ったコードを記述してしまうことがあります。ここでは、OpenACCのデータに対する基本的な知識を説明します。

以降に基本的なデータの転送関係を図で示します。ホストからデバイスへデータを転送し、デバイスで処理した結果をデバイスからホストへ転送するのが一般的です。

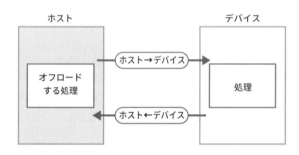

図5.1●基本的なデータの転送関係図

5-1 データの属性

OpenACCにおける変数のデータ属性には、以下の3つに分類されます。

predetermined（既定）

predeterminedのデータ属性を持つ変数は、forループのインデックスです。これまで示した例を参照すると分かるでしょうが、forループのインデックスが、どのように扱われるか何も指定していません。OpenACCでは、一般的にループ変数は、ループの各イテレーションを実行する各スレッドのプライベートな変数です。つまり、ループ変数は、ループを実行するスレッドにおいて「プライベート」な変数として扱われます。プライベート変数ですので、ほかのスレッ

ドとは独立して扱われます。なお、OpenACC 2.0 以降においては、ブロック内から呼び出されるプロシジャー内で宣言されている変数は、呼び出し元に属するプライベート変数として扱われます。これも predetermined な属性の変数として分類されます。何やら面倒そうに説明しましたが、要は for ループのインデックスは、特別な指定をしなくてもプライベート変数として扱われるということです。

implicitly determined（暗黙）

implicitly determined のデータ属性を持つ変数は、コンパイラがオフロードする部分の変数を調べ、デバイス側で使用する変数として暗黙にしたものを指します。これはコンパイラのメッセージを参照すると、どの変数が対象とされたか知ることができます。ただし、プログラムが明示的に data 構文などで指定した場合、明示的な指定が優先されます。

explicitly determined（明示的）

明示的に属性を指定する変数とは、data 構文などで指定されているものを指します。

5-2 データのライフタイム

データのライフタイム（寿命）について解説します。データのライフタイムは、データ領域と密接に関係します。以降に、データ領域の種類とライフタイムについて説明します。

data ディレクティブ

data ディレクティブによってデータ領域が定義される場合があります。そのような例では、data ディレクティブに出会ったときデータ領域が生成され、そのデータはプログラムが終了するまでがライフタイムです。

data 節を持つ kernels あるいは parallel ディレクティブ

明示的あるいは暗黙的な data 節を持つ kernels あるいは parallel ディレクティブに出会うと、データ領域が生成されます。この領域は、kernels あるいは parallel ディレクティブの対象ブロック内がライフタイムです。

プロシジャーコール

これは OpenACC 2.0 以降で追加された機能です。少し面倒ですので、簡単に解説します。オフロードされた領域から、プロシジャーコールすると、その時点で暗黙のデータ領域が生成されます。データ領域は、プロシジャーが終了した時点で終了します。ほかにも、OpenACC 2.0 以降では、デバイスで生成された静的データあるいはグローバルデータは、そのデバイスが切り離されるか、シャットダウンされるまでライフタイムが継続します。当面、OpenACC を理解できるまでは、プロシジャーの呼び出しなどは使わない方が良いでしょう。そのようなことを行うと、データ管理が面倒になります。

enter data と exit data ディレクティブ

OpenACC 2.0 から、任意の場所で、enter data と exit data ディレクティブを使用してデバイス上のデータを生成・削除することができるようになりました。この方法を使用すると、複雑なデータ寿命を分かりやすく管理できます。オフロードする期間とも無関係にライフタイムを指定できます。この機能はディレクティブだけでなく、同等なランタイム関数で使用することもできます。enter data ディレクティブに出会った時点で、指定されたデータがデバイス上のライフタイムが始まり、exit data ディレクティブに出会った時点で終了します。exit data ディレクティブや同等のランタイム関数が実行されない場合、プログラムが終了するまでそのライフタイムは継続します。便利な機能ですが、使用する予定のないデータをいつまでもデバイスに保持させるような間違いを起こしやすいでしょう。かつ、間違ったとしてもリソースを圧迫し性能に影響を与えるだけなので、間違いに気づきにくいでしょう。この機能を利用する際は、十分プログラムの設計を行うことを勧めます。

5-3 データ転送のタイミング

OpenACC では、ホストの処理の一部をオフロードしデバイス側で処理します。これは、ホストのデータをデバイスへ、あるいはデバイスのデータをホストへ転送しなければならないことを意味します。OpenCL などを使用すると、データ転送を明示的に記述するため、プログラム上の変数が、どちらに存在するか意識するのは簡単です。ところが、OpenACC は普通のプログラムにディレクティブを与えるだけで処理をオフロードできます。とても便利ですが、データがホストにあるのかデバイスにあるのか、あるいは複製が作られているのか分かりづらいときがありま

す。さらに、データのライフタイムが終わっているのか、続いているのかも分かりづらい場合もあります。ここでは、どのタイミングでデータの転送が発生するかについて解説します。

基本的なデータ転送

まず、基本的な例を使用してデータ転送のタイミングを解説します。コンパイラはkernelsディレクティブやparallelディレクティブに遭遇すると、並列領域内で使用している変数や配列の解析を行い、デバイス側で必要なものを転送するコードを生成します。また、並列領域のブロックが終わる場所で、デバイスからホストへデータを戻す必要のある変数などが存在したら、データを転送するコードを生成します。プログラマが明示的にdata節を指定していない場合、暗黙（implicitly determined）かつ自動的にコードは生成されます。

当然ですが、プログラムにdata構文が指定され、明示的（explicitly determined）に指定された変数などのデータ転送用のコードも生成されます。data構文の構造化ブロックが終了した時点で、デバイスからホストへデータを転送するコードを生成されるのも、前記と同様です。以降に概要を図で示します。

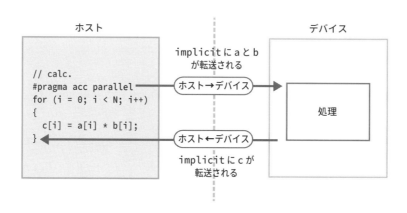

図5.2●基本的なデータ転送の概要図

dataディレクティブとデータ転送

dataディレクティブは、データ領域内でデバイス上に割り付けるスカラー、配列、部分配列を定義するためのものです。また、これらをデータ領域の入り口でホストからデバイスメモリに転送するものなのか、あるいは、領域の出口でデバイスからホストへ転送されるものなのかを含めて定義するのに使用します。

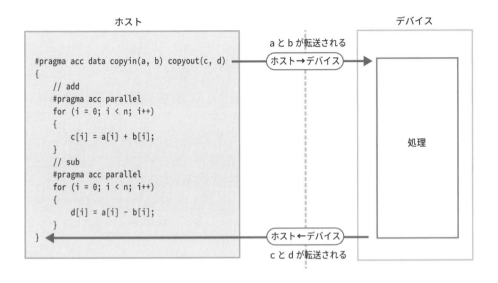

図5.3●dataディレクティブとデータ転送

なお、OpenACC 2.0以降では、従来の「CPUメモリ」あるいは「ホストメモリ」を「ローカルメモリ」という表現に変更しています。「ローカルメモリ」とは、「ローカルなスレッド」がアクセスするメモリを指し、ホスト上のメモリとは限りません。デバイス上でも同様な状況が発生します。

enter dataとexit dataディレクティブ

OpenACC 2.0で、enter dataとexit dataディレクティブでデバイス側のデータを生成・削除することが可能になりました。これまでのブロックで管理するのではなく、任意のタイミングでデバイス側のデータを柔軟に管理できます。この機能は、ランタイムの関数を用いても同じように制御できます。

enter dataディレクティブは、デバイス側にデータを転送したり、割り付けを行います。exit dataディレクティブは、デバイス側のデータをホスト側に転送、あるいはデバイス上のデータを削除するなどの処理を指定します。つまり、enter dataとexit dataディレクティブを対にして指定することによって、ホストとデバイスのデータを管理できます。これまでの方法では、オフロードする領域の入り口と出口に限定されていたデータ管理を任意のタイミングと位置で指定できます。

プログラムがenter dataディレクティブあるいは、acc_copyin、acc_createなどのラン

タイム関数を呼び出したとき、指定した配列などはデバイス上のライフタイムが開始されます。そのライフタイムは、exit dataディレクティブ、あるいは、acc_copyout、acc_deleteなどのランタイム関数が実行されるまでライフタイムは継続されます。exit dataディレクティブ、あるいは対応するランタイム関数が実行されない場合は、データのライフタイムはプログラム終了まで続きます。デバイスで不要なメモリは適切な位置で削除し、ライフタイムを終了させると有効にリソースを活用できるでしょう。

　以降にenter dataとexit dataディレクティブの使用例を示します。この例は、直前で紹介した例をenter dataとexit dataディレクティブで書き換えたものです。先の例と違うのは、ブロックを形成している必要がなく、途中に任意のコードを記述できる点です。

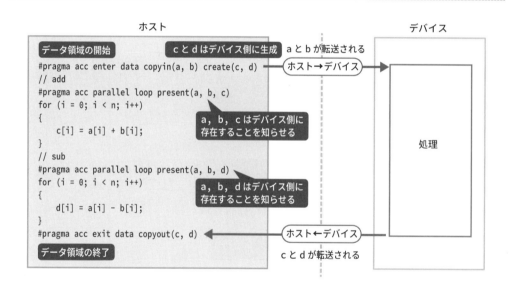

図5.4●enter dataディレクティブとexit dataディレクティブの使用例

　enter dataとexit dataディレクティブの間はデバイス側のライフタイムが続きますので、これまでのように静的にブロック内にデータのライフタイムが収まっている必要はありません。ダイナミックにenter dataディレクティブとexit dataディレクティブで管理されていれば、デバイス側のデータはホスト側から管理できます。以降に、少し複雑に管理している例を示します。この例では、ホストからデバイス側へのデータ転送はinitData関数で実行されます。ここで示すように、動的にenter dataとexit dataディレクティブで囲まれていれば十分で、静的に囲む必要はありません。細かな処理についてはソースコードを参照してください。

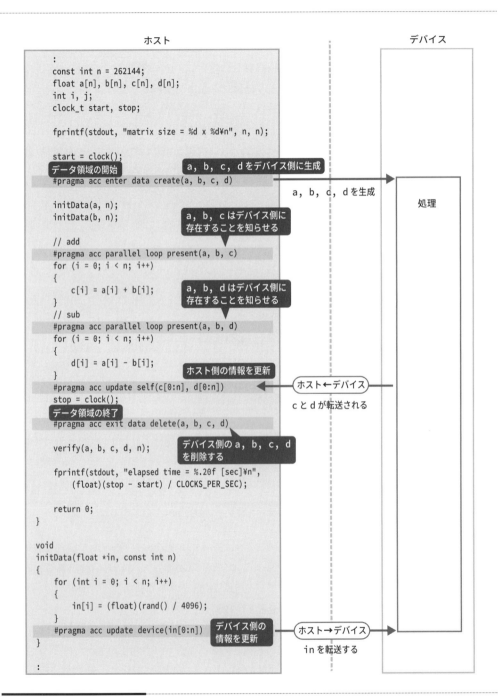

図5.5●複雑に管理している例

enter dataディレクティブは、データの削除を指示するexit dataディレクティブに到達するまでの間デバイスに割り付けた変数や配列などを定義するために使用します。このディレクティブは、ホストからデバイスへ転送する必要があるのか、あるいはexit dataディレクティブでデバイスからホストへ転送する必要があるのかを含めて指示します。このディレクティブで指定した変数や配列などのライフタイムは、enter dataディレクティブに対応するexit dataディレクティブまでの間です。なお、そのデータのライフタイム内に現れるOpenACC構文上においては、その対象となる変数をpresent節と同じ状態として扱われます。これはOpenACC 2.0の機能であるため、コンパイラのバージョンによっては提供されません。

5-4 実際のプログラム例

すでにOpenACCのアーキテクチャについては解説済みです。ここでは簡単で具体的な例を使用し、ホスト側とデバイス側で有効にデータを管理する例を紹介します。本節で紹介するプログラムは、2つの1次元配列aとbを加算して1次元配列cに格納し、2つの1次元配列aとbの減算を行い1次元配列dに格納します。

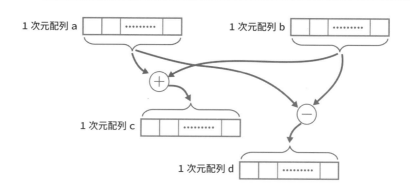

図5.6●プログラムの概要

5 OpenACC とデータ

この処理を単純に記述したプログラムを示します。

リスト 5.1 ●ソースリスト（030addSub/addSub.c）

```c
//
//  Add / Subtract two arrays and store the result in another array
//
//  (c)Copyright Spacesoft corp., 2018 All rights reserved.
//                          Hiro KITAYAMA
//
#include <stdio.h>
#include <stdlib.h>
#include <time.h>

// main
int
main(int argc, char* argv[])
{
    float *a, *b, *c, *d;
    clock_t start, stop;
    int i, j, n = 262144;

    if (argc > 1)
        n = atoi(argv[1]);

    fprintf(stdout, "matrix size = %d x %d\n", n, n);

    a = (float*)malloc(sizeof(float) * n);
    b = (float*)malloc(sizeof(float) * n);
    c = (float*)malloc(sizeof(float) * n);
    d = (float*)malloc(sizeof(float) * n);

    // initialize array
    for (i = 0; i < n; i++)
    {
        a[i] = (float)(i + 1000);
        b[i] = (float)i / 10.f;
    }


    start = clock();

    // add
    #pragma acc kernels
```

5-4 実際のプログラム例

```c
    for (i = 0; i < n; i++)
    {
        c[i] = a[i] + b[i];
    }
    // sub
    #pragma acc kernels
    for (i = 0; i < n; i++)
    {
        d[i] = a[i] - b[i];
    }

    stop = clock();


    fprintf(stdout, "elapsed time = %.20f [sec]\n",
        (float)(stop - start) / CLOCKS_PER_SEC);

    free(a);
    free(b);
    free(c);
    free(d);

    return 0;
}
```

網掛けした部分で1次元配列aとbを加算して、1次元配列cに格納し、1次元配列aとbの減算を行い1次元配列dに格納します。このプログラムをビルドした様子を示します。

```
PGI$ pgcc -acc -Minfo=accel -o addSub.exe addSub.c
main:
    40, Generating implicit copyin(b[:n])
        Generating implicit copyout(c[:n])
        Generating implicit copyin(a[:n])
    41, Complex loop carried dependence of a-> prevents parallelization
        Loop carried dependence of c-> prevents parallelization
        Loop carried backward dependence of c-> prevents vectorization
        Accelerator scalar kernel generated
        Accelerator kernel generated
        Generating Tesla code
        41, #pragma acc loop seq
    41, Complex loop carried dependence of b->,a-> prevents parallelization
```

```
            Loop carried dependence of c-> prevents parallelization
            Loop carried backward dependence of c-> prevents vectorization
     46, Generating implicit copyout(d[:n])
         Generating implicit copyin(b[:n],a[:n])
     47, Complex loop carried dependence of a->,b-> prevents parallelization
         Loop carried dependence of d-> prevents parallelization
         Loop carried backward dependence of d-> prevents vectorization
         Accelerator scalar kernel generated
         Accelerator kernel generated
         Generating Tesla code
         47, #pragma acc loop seq
     47, Loop carried dependence of d-> prevents parallelization
         Loop carried backward dependence of d-> prevents vectorization
```

ディレクティブは最小限の #pragma acc kernels のみ指定しています。このため、copyin や copyout は implicit に生成されています。また、loop ディレクティブも指定していないため、加算や減算処理は #pragma acc loop seq と解釈され並列化されません。ただ、このプログラムは、データがどのように処理されるかを観察するため、このまま実行することとします。このプログラムを実行してみましょう。

```
PGI$ ./addSub
matrix size = 262144 x 262144
elapsed time = 0.42399999499320983887 [sec]
```

このプログラムを PGI Profiler で覗いてみましょう。

5-4 実際のプログラム例

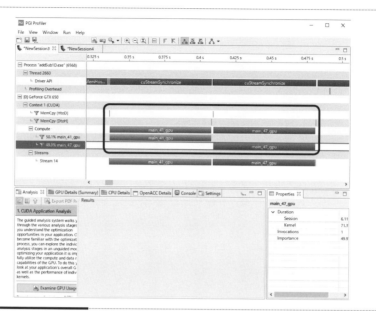

図5.7●PGI Profilerによる解析

枠の部分を拡大して示します。矢印で示す部分でデバイスからホスト、そしてホストからデバイスへの転送が発生しています。これは、データの管理をプログラムで行っていないため、無駄な転送が起きていることを示します。

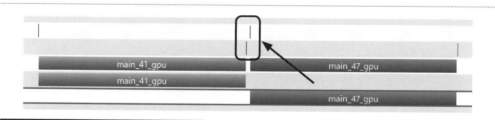

図5.8●ホストからデバイスへの転送の発生

次にdataディレクティブを指定し、ブロック内で行列のライフタイムが有効であることを示してみましょう。以降に、ソースリストを示します。先のプログラムと異なる部分のみを示します。

リスト 5.2 ●ソースリストの一部（030addSub/addSubData.c）

```
    ︙
    start = clock();
```

5 OpenACC とデータ

```
#pragma acc data copyin(a[:n], b[:n]) copyout(c[:n], d[:n])
{

    // add
    #pragma acc kernels
    for (i = 0; i < n; i++)
    {
        c[i] = a[i] + b[i];
    }
    // sub
    #pragma acc kernels
    for (i = 0; i < n; i++)
    {
        d[i] = a[i] - b[i];
    }

}

    stop = clock();
    ︙
```

1次元配列 a と b を加算して、1次元配列 c に格納し、続いて1次元配列 a と b の減算を行い1次元配列 d に格納します。このプログラムをビルドした様子を示します。

```
PGI$ pgcc -acc -Minfo=accel -o addSubData.exe addSubData.c
main:
    40, Generating copyin(a[:n],b[:n])
        Generating copyout(c[:n],d[:n])
    45, Complex loop carried dependence of b->,a-> prevents parallelization
        Loop carried dependence of c-> prevents parallelization
        Loop carried backward dependence of c-> prevents vectorization
        Accelerator scalar kernel generated
        Accelerator kernel generated
        Generating Tesla code
        45, #pragma acc loop seq
    45, Complex loop carried dependence of b-> prevents parallelization
        Loop carried backward dependence of c-> prevents vectorization
    51, Complex loop carried dependence of a->,b-> prevents parallelization
        Loop carried dependence of d-> prevents parallelization
        Loop carried backward dependence of d-> prevents vectorization
        Accelerator scalar kernel generated
```

```
            Accelerator kernel generated
            Generating Tesla code
        51, #pragma acc loop seq
    51, Complex loop carried dependence of b-> prevents parallelization
        Loop carried dependence of d-> prevents parallelization
        Loop carried backward dependence of d-> prevents vectorization
```

　このプログラムは data ディレクティブを追加したため、デバイスとホスト間のデータ転送は明示的に行われます。メッセージから、先のプログラムと比較し、加算と減算の間に存在した無駄なデータ転送がなくなっているのが分かるでしょう。このプログラムも PGI Profiler で覗いてみましょう。

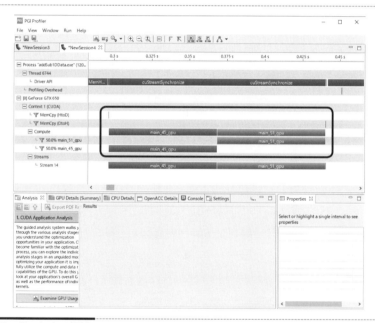

図5.9●PGI Profilerによる解析

枠の部分を拡大して示します。先のプログラムは、矢印で示す部分でデバイスからホスト、そしてホストからデバイスへの転送が発生していました。ところが、このプログラムでは、データの管理をプログラムで行っているため無駄な転送は消えています。

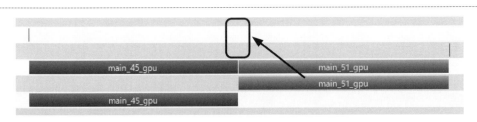

図5.10●無駄なデータ転送が発生しない

直接本節のデータ管理とは関係ありませんが、本節で紹介したプログラムのディレクティブの指定は効率的とはいえず、並列化が不十分です。このため、コンパイラはデータ依存を疑い並列化していない旨のメッセージを出力しています。そこで、このプログラムを少しだけ効率的に動作するようにディレクティブの与え方を変更してみましょう。以降に、修正後のソースリストを示します。

リスト5.3●ソースリストの一部（030addSub/addSubData2.c）

```
    :
    start = clock();

    #pragma acc data copyin(a[:n], b[:n]) copyout(c[:n], d[:n])
    {

        #pragma acc kernels
        {
            // add
            #pragma acc loop independent
            for (i = 0; i < n; i++)
            {
                c[i] = a[i] + b[i];
            }

            // sub
            #pragma acc loop independent
            for (i = 0; i < n; i++)
            {
                d[i] = a[i] - b[i];
```

```
            }
        }
    }
    stop = clock();
    ⋮
```

　dataディレクティブの部分は先のプログラムと同様です。異なるのはkernelsディレクティブに加算と減算を含め、それぞれのloopディレクティブにindependent指示句を指定し、処理にデータ依存がないことを示します。これによってコンパイラはループを並列化できます。以降に、このプログラムをビルドした様子を示します。

```
PGI$ pgcc -acc -Minfo=accel -o addSubData2 addSubData2.c
main:
    39, Generating copyin(a[:n],b[:n])
        Generating copyout(c[:n],d[:n])
    46, Loop is parallelizable
        Accelerator kernel generated
        Generating Tesla code
        46, #pragma acc loop gang, vector(128) /* blockIdx.x threadIdx.x */
    53, Loop is parallelizable
        Accelerator kernel generated
        Generating Tesla code
        53, #pragma acc loop gang, vector(128) /* blockIdx.x threadIdx.x */
```

　先ほどと違い、ループが並列化され、それぞれの2つループ用に別々のカーネルコードが生成されています。実際の処理速度も観察してみたところ、ディレクティブを変更しただけで約1.4倍高速化を観察できました。データ量や演算が増えると、さらに速度差は増すでしょう。コンパイラが並列化できないとメッセージを出力した場合、ディレクティブの与え方を変更するのは良い方法です。

第6章

2次元配列

本章では2次元配列を扱うOpenACCの例を紹介します。

6 2次元配列

6-1 行列の加算

　ここでは、最も単純と思われる行列の加算を行うプログラムを紹介します。2つの2次元配列（行列）を加算するプログラムを紹介します。2つの2次元配列 a と b を加算して2次元配列 c に格納します。

$$\begin{pmatrix} a_{11} & a_{12} & \cdots & a_{1m} \\ a_{21} & a_{22} & \cdots & a_{2m} \\ \vdots & \vdots & \ddots & \vdots \\ a_{n1} & a_{n2} & \cdots & a_{nm} \end{pmatrix} + \begin{pmatrix} b_{11} & b_{12} & \cdots & b_{1m} \\ b_{21} & b_{22} & \cdots & b_{2m} \\ \vdots & \vdots & \ddots & \vdots \\ b_{n1} & b_{n2} & \cdots & b_{nm} \end{pmatrix}$$

$$= \begin{pmatrix} a_{11}+b_{11} & a_{12}+b_{12} & \cdots & a_{1m}+b_{1m} \\ a_{21}+b_{21} & a_{22}+b_{22} & \cdots & a_{2m}+b_{2m} \\ \vdots & \vdots & \ddots & \vdots \\ a_{n1}+b_{n1} & a_{n2}+b_{n2} & \cdots & a_{nm}+b_{nm} \end{pmatrix}$$

　以降に、ソースリストを示します。

リスト 6.1 ●ソースリスト（040matAdd/add.c）

```c
//
//  add two matrixs and store the result in another matrix
//
//  (c)Copyright Spacesoft corp., 2018 All rights reserved.
//                      Hiro KITAYAMA
//
#include <stdio.h>
#include <stdlib.h>
#include <time.h>

// main
int
main(int argc, char* argv[])
{
    float **a, **b, **c;
    clock_t start, stop;
    int i, j, n = 4096;
```

```
    a = (float**)malloc(sizeof(float *) * n);
    b = (float**)malloc(sizeof(float *) * n);
    c = (float**)malloc(sizeof(float *) * n);
    for (i = 0; i < n; i++)
    {
        a[i] = (float*)malloc(sizeof(int) * n);
        b[i] = (float*)malloc(sizeof(int) * n);
        c[i] = (float*)malloc(sizeof(int) * n);
    }

    // initialize array
    for (j = 0; j < n; j++)
    {
        for (i = 0; i < n; i++)
        {
            a[j][i] = (float)(i + 1000);
            b[j][i] = (float)i / 10.f;
        }
    }


    start = clock();

    // calc.
    for (j = 0; j < n; j++)
    {
        for (i = 0; i < n; i++)
        {
            c[j][i] = a[j][i] + b[j][i];
        }
    }

    stop = clock();

    fprintf(stdout, "      C: ");
    fprintf(stdout, "elapsed time = %.20f [sec]¥n",
        (float)(stop - start) / CLOCKS_PER_SEC);


    start = clock();

    // calc.
#pragma acc kernels
```

6 2次元配列

```
    for (j = 0; j < n; j++)
    {
        for (i = 0; i < n; i++)
        {
            c[j][i] = a[j][i] + b[j][i];
        }
    }

    stop = clock();

    fprintf(stdout, "OpenACC: ");
    fprintf(stdout, "elapsed time = %.20f [sec]¥n",
        (float)(stop - start) / CLOCKS_PER_SEC);

    for (i = 0; i < n; i++)
    {
        free(a[i]);
        free(b[i]);
        free(c[i]);
    }
    free(a);
    free(b);
    free(c);

    return 0;
}
```

網掛けした部分で2次元配列aとbを加算して、2次元配列cに格納します。このプログラムをビルドした様子を示します。

```
PGI$ pgcc -acc -Minfo=all -o add add.c
main:
    61, Generating implicit copyin(a[:4096][:4096])
        Generating implicit copyout(c[:4096][:4096])
        Generating implicit copyin(b[:4096][:4096])
    62, Complex loop carried dependence of b->->,a->->,c->-> prevents parallelization
        Accelerator serial kernel generated
        Accelerator kernel generated
        Generating Tesla code
        62, #pragma acc loop seq
        64, #pragma acc loop seq
```

```
     62, Complex loop carried dependence of c->-> prevents parallelization
     64, Complex loop carried dependence of b->->,a->->,c->-> prevents parallelization
```

　最小限のディレクティブ #pragma acc kernels のみ指定しています。コンパイラは配列 a、b、c の依存関係が複雑と判断し並列化できないようです。データに関しては何も指定していませんが、copyin や copyout が自動で生成されています。また、loop ディレクティブも指定していないため、加算処理は並列化されません。このプログラムを実行してみましょう。

```
PGI$ ./add
      C: elapsed time = 0.03900000080466270447 [sec]
OpenACC: elapsed time = 0.14900000393390655518 [sec]
```

　ディレクティブの指定が不十分なため並列化されないこと、そして演算量が少ないため、普通に逐次処理する方が OpenACC を使うより高速です。
　次に、ディレクティブで loop を指定し、for ループ内を並列化できることをコンパイラに教えてみましょう。

リスト 6.2 ●ソースリストの一部（040matAdd/addIndependent.c）

```
    ⋮
    start = clock();

    // calc.
    #pragma acc kernels
    #pragma acc loop independent
    for (j = 0; j < n; j++)
    {
        #pragma acc loop independent
        for (i = 0; i < n; i++)
        {
            c[j][i] = a[j][i] + b[j][i];
        }
    }

    stop = clock();
    ⋮
```

6 2次元配列

　2つの for ループに対し #pragma acc loop independent を追加します。これでコンパイラは for の部分を並列できると判断します。このプログラムをビルドした様子を示します。

```
PGI$ pgcc -acc -Minfo=all -o addIndependent addIndependent.c
main:
    61, Generating implicit copyin(a[:4096][:4096])
        Generating implicit copyout(c[:4096][:4096])
        Generating implicit copyin(b[:4096][:4096])
    63, Loop is parallelizable
    66, Loop is parallelizable
        Accelerator kernel generated
        Generating Tesla code
        63, #pragma acc loop gang, vector(4) /* blockIdx.y threadIdx.y */
        66, #pragma acc loop gang, vector(32) /* blockIdx.x threadIdx.x */
```

　このプログラムは loop のディレクティブを追加したため、loop が並列化されます。ディレクティブを追加したため、並列化が行われたことがメッセージより読み取れます。このプログラムを実行してみましょう。

```
PGI$ ./addIndependent
     C: elapsed time = 0.03999999910593032837 [sec]
OpenACC: elapsed time = 0.14200000464916229248 [sec]
```

　プログラムは適切に翻訳されたようですが、実行速度はほとんど向上していません。やはり処理の負荷が軽すぎるのでしょう。処理量が少ないためか、逐次処理する方が OpenACC を使うより高速です。これは、OpenACC のオーバーヘッドのためと思われます。このように単純で演算量が少ない場合、OpenACC を使用せず、普通に逐次処理した方が高性能な場合もあります。この2つのプログラムを PGI Profiler で覗いてみましょう。最初の図が kernels ディレクティブのみを指定したもの、次が loop ディレクティブまで指定したものです。

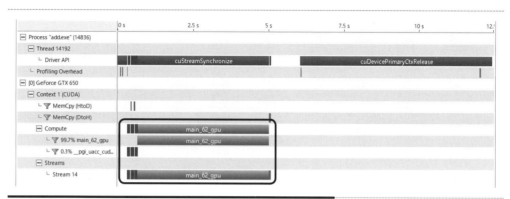

図6.1●PGI Profilerによる解析（kernelsディレクティブのみ指定）

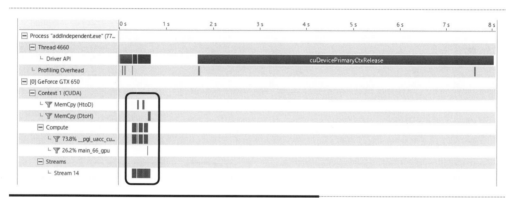

図6.2●PGI Profilerによる解析（loopディレクティブまで指定）

　PGI Profiler を使用すると、GPU の処理時間を観察することができます。最初のプログラムは、for 内が並列化されないため、GPU が長時間動作しています。2 番目はディレクティブでデータ間に依存がないことをコンパイラに教え、GPU の処理を並列化します。2 番目の方が GPU の処理時間が少なく、処理はすぐに終わっているようです。しかし、デバイス側の Driver API に非常に時間を要しているのが観察できます。なお、両者の表示は時間軸が多少異なっている点に、十分注意して観察してください。

　コンパイラのメッセージから、どのように記述するのが適しているか理解できたことと思います。処理時間は負荷が軽いため、あまり参考になっていません。ここで解説した手法を使って、自身で重い負荷のプログラムを開発し、両者の性能を比較してみるのも悪くないでしょう。

6-1-1 OpenMP

このようなプログラムは OpenMP の方が効果的ではないだろうかと考え、OpenMP も試してみました。OpenACC のディレクティブを OpenMP のディレクティブに書き換えたものを次に示します。

リスト 6.3 ● ソースリストの一部（040matAdd/addOmp.c）

```c
    ︙
    start = clock();

    // calc.
    #pragma omp parallel for
    for (j = 0; j < n; j++)
    {
        for (i = 0; i < n; i++)
        {
            c[j][i] = a[j][i] + b[j][i];
        }
    }

    stop = clock();
    ︙
```

このプログラムをビルド・実行した様子を示します。

```
PGI$ pgcc -mp -Minfo -o addOmp.exe addOmp.c
main:
      9, include "time.h"
         21, include "time.h"
            64, Parallel region activated
                Parallel loop activated with static block schedule
            72, Barrier
                Parallel region terminated
PGI$ ./addOmp
     C: elapsed time = 0.05700000002980232239 [sec]
OpenMP: elapsed time = 0.03500000014901161194 [sec]
```

このプログラムのように、演算量の少ないプログラムは OpenMP を使用する方が良好な結果

を得られるようです。それでも、並列化したプログラムと逐次処理したプログラムの速度差は僅かです。

6-2 行列の積

先の行列の加算は演算量が少ないため、OpenACC を有効に活用できたとは言えません。ここでは、比較的演算量の多い行列の積を求めるプログラムを紹介します。2 つの 2 次元配列 a と b を乗算し、結果を 2 次元配列 c に格納します。

$$
\begin{matrix} a \\ \begin{pmatrix} a_{11} & a_{12} & \cdots & a_{1m} \\ a_{21} & a_{22} & \cdots & a_{2m} \\ \vdots & \vdots & \ddots & \vdots \\ a_{n1} & a_{n2} & \cdots & a_{nm} \end{pmatrix} \end{matrix} \times \begin{matrix} b \\ \begin{pmatrix} b_{11} & b_{12} & \cdots & b_{1p} \\ b_{21} & b_{22} & \cdots & b_{2p} \\ \vdots & \vdots & \ddots & \vdots \\ b_{m1} & b_{m2} & \cdots & b_{mp} \end{pmatrix} \end{matrix} = \begin{matrix} c \\ \begin{pmatrix} c_{11} & c_{12} & \cdots & c_{1p} \\ c_{21} & c_{22} & \cdots & c_{2p} \\ \vdots & \vdots & \ddots & \vdots \\ c_{n1} & c_{n2} & \cdots & c_{np} \end{pmatrix} \end{matrix}
$$

$$c_{ij} = \sum_{k=1}^{m} a_{ik} \cdot b_{kj}$$

ソースリストを次に示します。

リスト 6.4 ●ソースリスト (045matMul/matMul.c)

```
          :
#include <stdio.h>
#include <stdlib.h>
#include <time.h>

// main
int
main(int argc, char* argv[])
{
    float **a, **b, **c, **hc;
    clock_t start, stop;
    int i, j, k, n = 256;

    if (argc > 1)
```

```c
        n = atoi(argv[1]);

    fprintf(stdout, "matrix size = %d x %d\n", n, n);

    a = (float **)malloc(sizeof(float *) * n);
    b = (float **)malloc(sizeof(float *) * n);
    c = (float **)malloc(sizeof(float *) * n);
    hc = (float **)malloc(sizeof(float *) * n);
    for (i = 0; i < n; i++)
    {
        a[i] = (float *)malloc(sizeof(float) * n);
        b[i] = (float *)malloc(sizeof(float) * n);
        c[i] = (float *)malloc(sizeof(float) * n);
        hc[i] = (float *)malloc(sizeof(float) * n);
    }

    // initialize array
    for (i = 0; i < n; i++)
    {
        for (j = 0; j < n; j++)
        {
            a[i][j] = (float)(rand() / 4096);
            b[i][j] = (float)(rand() / 4096);
        }
    }


    start = clock();

    // calc.
    for (i = 0; i < n; i++)
    {
        for (j = 0; j < n; j++)
        {
            float hcc = 0.0f;
            for (k = 0; k < n; k++)
            {
                hcc += a[i][k] * b[k][j];
            }
            hc[i][j] = hcc;
        }
    }

    stop = clock();
```

```
        fprintf(stdout, "      C: ");
        fprintf(stdout, "elapsed time = %.20f [sec]\n",
                (float)(stop - start) / CLOCKS_PER_SEC);


        start = clock();

        // calc.
        #pragma acc data copyout(c[:n][:n]) copyin(b[:n][:n],a[:n][:n])
        #pragma acc kernels
        #pragma acc loop independent
        for (i = 0; i < n; i++)
        {
            #pragma acc loop independent
            for (j = 0; j < n; j++)
            {
                float cc = 0.0f;
                #pragma acc loop reduction(+:cc)
                for (k = 0; k < n; k++)
                {
                    cc += a[i][k] * b[k][j];
                }
                c[i][j] = cc;
            }
        }

        stop = clock();

        fprintf(stdout, "OpenACC: ");
        fprintf(stdout, "elapsed time = %.20f [sec]\n",
                (float)(stop - start) / CLOCKS_PER_SEC);

        for (i = 0; i < n; i++)
        {
            for (j = 0; j < n; j++)
            {
                if (c[i][j] != hc[i][j])
                {
                    fprintf(stderr, "error!\n");
                    break;
                }
            }
        }
```

6 2次元配列

```
    for (i = 0; i < n; i++)
    {
        free(a[i]);
        free(b[i]);
        free(c[i]);
        free(hc[i]);
    }
    free(a);
    free(b);
    free(c);
    free(hc);

    return 0;
}
```

網掛けした部分で行列 a と b の積を計算し、結果を行列 c に格納します。このプログラムをビルドした様子を示します。

```
PGI$ pgcc -acc -ta=tesla:cc50 -Minfo=accel -o matMulAcc matMul.c
main:
    73, Generating copyin(b[:n][:n])
        Generating copyout(c[:n][:n])
        Generating copyin(a[:n][:n])
    76, Loop is parallelizable
    79, Loop is parallelizable
        Accelerator kernel generated
        Generating Tesla code
        76, #pragma acc loop gang, vector(4) /* blockIdx.y threadIdx.y */
        79, #pragma acc loop gang, vector(32) /* blockIdx.x threadIdx.x */
        83, #pragma acc loop seq
    83, Loop is parallelizable
```

並列化やデータ転送が行われるようにビルドされています。データコピーの無駄が出ないように、data ディレクティブも指定します。deta ディレクティブへ「copyin(b[:n][:n],a[:n][:n]) copyout(c[:n][:n])」を指定し、それぞれの転送が適切に行われるようにします。

このプログラムを実行してみましょう。

```
PGI$ ./matMulAcc 256
matrix size = 256 x 256
     C: elapsed time = 0.01799999922513961792 [sec]
OpenACC: elapsed time = 0.25699999928474426270 [sec]

PGI$ ./matMulAcc 512
matrix size = 512 x 512
     C: elapsed time = 0.14499999582767486572 [sec]
OpenACC: elapsed time = 0.25699999928474426270 [sec]

PGI$ ./matMulAcc 1024
matrix size = 1024 x 1024
     C: elapsed time = 1.40199995040893554688 [sec]
OpenACC: elapsed time = 0.33500000834465026855 [sec]

PGI$ ./matMulAcc 2048
matrix size = 2048 x 2048
     C: elapsed time = 35.97999954223632812500 [sec]
OpenACC: elapsed time = 0.87099999189376831055 [sec]

PGI$ ./matMulAcc 3072
matrix size = 3072 x 3072
     C: elapsed time = 168.39300537109375000000 [sec]
OpenACC: elapsed time = 2.21900010108947753906 [sec]
```

　小さな行列では普通に逐次処理する方がOpenACCを使うより高速です。これは、演算量がOpenACCのオーバーヘッドに比較して小さいためだと思われます。テストした環境では、行列の大きさが1024×1024以上であると、OpenACCで処理する方が逐次処理するより高速です。これは、演算量がOpenACCのオーバーヘッドに比較して大きくなったためだと思われます。

表6.1●実行結果

サイズ	256×256	512×512	1024×1024	2048×2048	3072×3072
C	0.0180000	0.1450000	1.4020000	35.9799995	168.3930054
OpenACC	0.2570000	0.2570000	0.3350000	0.8710000	2.2190001
性能	0.0700389	0.5642023	4.1850744	41.3088403	75.8868849

6 2次元配列

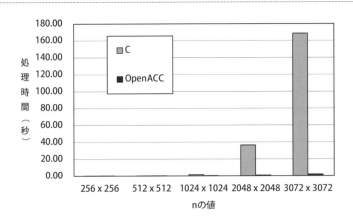

図6.3●nの値による処理時間の比較

OpenACCを利用した方が、行列のサイズが1024×1024になると約4.2倍高速に処理され、3072×3072になると約76倍高速に処理されます。

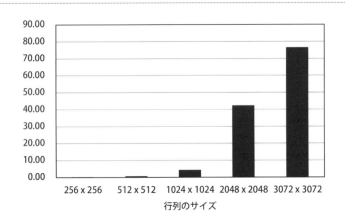

図6.4●逐次処理と並列処理の性能比較（C/OpenACC）

試しに-taオプションを外してビルドし、性能を評価してみます。まず、ビルドした様子を示します。

```
PGI$ pgcc -acc -Minfo=accel -o matMulAcc matMul.c
main:
     73, Generating copyin(b[:n][:n])
```

```
            Generating copyout(c[:n][:n])
            Generating copyin(a[:n][:n])
      76, Loop is parallelizable
      79, Loop is parallelizable
          Accelerator kernel generated
          Generating Tesla code
          76, #pragma acc loop gang, vector(4) /* blockIdx.y threadIdx.y */
          79, #pragma acc loop gang, vector(32) /* blockIdx.x threadIdx.x */
          83, #pragma acc loop seq
      83, Loop is parallelizable
```

コンパイルで表示されるメッセージに大きな違いはありません。このプログラムを実行してみましょう。

```
PGI$ ./matMulAcc 256
matrix size = 256 x 256
       C: elapsed time = 0.01799999922513961792 [sec]
OpenACC: elapsed time = 0.26600000262260437012 [sec]

PGI$ ./matMulAcc 512
matrix size = 512 x 512
       C: elapsed time = 0.14100000262260437012 [sec]
OpenACC: elapsed time = 0.27399998903274536133 [sec]

PGI$ ./matMulAcc 1024
matrix size = 1024 x 1024
       C: elapsed time = 1.45700001716613769531 [sec]
OpenACC: elapsed time = 0.34900000691413879395 [sec]

PGI$ ./matMulAcc 2048
matrix size = 2048 x 2048
       C: elapsed time = 36.61500167846679687500 [sec]
OpenACC: elapsed time = 0.86900001764297485352 [sec]

PGI$ ./matMulAcc 3072
matrix size = 3072 x 3072
       C: elapsed time = 168.68899536132812500000 [sec]
OpenACC: elapsed time = 2.21000003814697265625 [sec]
```

結果から言えることは、このプログラムにおいては -ta オプションは、性能にほとんど影響を

与えないということです。

表6.2●実行結果（-taオプションなし）

サイズ	256×256	512×512	1024×1024	2048×2048	3072×3072
C	0.0180000	0.1410000	1.4570000	36.6150017	168.6889954
OpenACC	0.2660000	0.2740000	0.3490000	0.8690000	2.2100000
性能	0.0676692	0.5145986	4.1747851	42.1346386	76.3298608

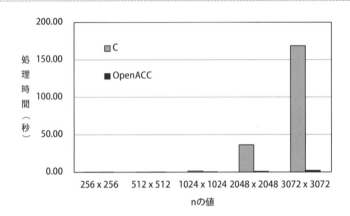

図6.5●nの値による処理時間の比較（-taオプションなし）

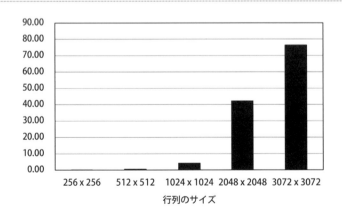

図6.6●逐次処理と並列処理の性能比較（-taオプションなし）

gcc と g++ でも試してみましょう。

```
$ gcc -fopenacc -o matMulAcc matMul.c
matMul.c: In function 'main':
matMul.c:73:47: error: array section is not contiguous in 'map' clause
     #pragma acc data copyout(c[:n][:n]) copyin(b[:n][:n],a[:n][:n])
                                               ^
matMul.c:73:47: error: array section is not contiguous in 'map' clause
matMul.c:73:29: error: array section is not contiguous in 'map' clause
     #pragma acc data copyout(c[:n][:n]) copyin(b[:n][:n],a[:n][:n])
                             ^

$ g++ -fopenacc -o matMulAcc matMul.c
matMul.c: In function 'int main(int, char**)':
matMul.c:73:58: error: array section is not contiguous in 'map' clause
     #pragma acc data copyout(c[:n][:n]) copyin(b[:n][:n],a[:n][:n])
                                                          ^
matMul.c:73:48: error: array section is not contiguous in 'map' clause
     #pragma acc data copyout(c[:n][:n]) copyin(b[:n][:n],a[:n][:n])
                                                ^
matMul.c:73:30: error: array section is not contiguous in 'map' clause
     #pragma acc data copyout(c[:n][:n]) copyin(b[:n][:n],a[:n][:n])
                              ^
```

gcc と g++ でコンパイルすると、配列部分が連続していないとエラーメッセージが表示されコンパイルは失敗します。メッセージの内容も map 指示句へ出されていますが、このプログラムで使用している指示句は copyin と copyout です。どうやら OpenMP の map 指示句に対するメッセージと混同しているように感じられます。

いずれにしても、このようなメモリの割り付け方はデータ転送に良い影響を与えないでしょう。このプログラムはデータ管理が最適な方法ではありません。2次元配列のメモリ割り付けのコードを参照すると分かりますが、行単位で割り付けているためメモリが連続していません。このため、メモリコピーで非効率な処理が行われることが予想されます。2次元配列を連続したメモリを確保するプログラムについては後述します。

第7章

1次元配列の処理
― 音響処理

本節では、OpenACCを利用したアプリケーションとして音響データの処理を行うプログラムを開発します。

7 1次元配列の処理 — 音響処理

OpenACCを利用した簡単な具体例を紹介します。これまでの章で、基本的なOpenACCの解説が終わりました。本章と次章で、より具体的な例を解説します。本章では、1次元の長大なデータを加工する例を紹介します。手短にある長大な1次元データとして、WAVファイルをダンプして利用しますが、特に音響に限った例ではありません。このためプログラムから音響ファイルを直接操作せず、WAVファイルをハンドリングするユーティリティをいくつか開発し、それでWAVファイルを一旦テキストファイル化します。本章のプログラムの入出力は、テキストファイルです。

OpenACCというと、粒度の小さい大規模な数値計算の例が多く存在しますが、音響や画像処理もループの塊ですので、OpenACCを応用するには手短な題材といえるでしょう。まず、いくつかの単純な音響操作を行うプログラムを、次にフィルタなどの単純な信号処理など実施するプログラムを紹介します。フィルタプログラムは、波形だけの処理ではなく、株価チャートなどの移動平均を求める処理へ応用することも可能です。

7-1 単純移動平均

単純移動平均を1次元配列へ実施するものを紹介します。移動平均は、時系列データを平滑化します。音声や画像などのデジタル信号処理に留まらず、金融分野や気象計測分野などで使われます。有限インパルス応答に対するローパスフィルタ（デジタルフィルタ）の一種です。ここでは、音声に対し、移動平均を行いローパスフィルタへ応用します。ただ、プログラムは単純に移動平均を行うだけですので、応用は扱う人やデータに依存します。

単純移動平均（Simple Moving Average、略してSMA）は、直近のn個のデータに、重み付けをせず単純に平均を求めます。たとえば、100データの単純移動平均とは、直近の100データの平均を求めるだけです。以降に、m番目で、n個分の単純移動平均を求める式を一般式で示します。

$$\text{SMA}_m = \frac{P_m + P_{m+1} + P_{m+2} + \cdots + P_{m+n-1}}{n} \tag{7.1}$$

単純移動平均であるため加重がありません、このため、毎回上式を実施する必要はなく、追加されるデータを加算し、範囲から外れる値を外すだけで以降の値を求めることができます。その様子を、一般式で以降に示します。

$$\text{SMA}_{m+1} = \text{SMA}_m - \frac{P_m}{n} + \frac{P_{m+n}}{n} \tag{7.2}$$

ただし、式(7.2)を用いると加重平均へ応用できないことと、OpenACCの評価に適切でないため、最初の式を使ってプログラムを開発します。最初の式を、ごく素直に一般のフィルタにしたものを図で示します。

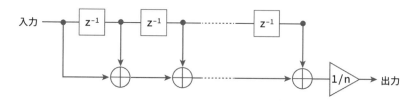

図7.1●式(7.1)のフィルタ図

以降に、ソースリストを示します。

リスト 7.1●ソースリスト（050sma/sma.c）

```
//
// sma:Simple Moving Average
//
// program <data file> <n:length>
// >sma wav.txt 16 > out.txt
//
// (c)Copyright Spacesoft corp., 2018 All rights reserved.
//                                 Kitayama, Hiroyuki
//
#include <stdio.h>
#include <stdlib.h>
#include <time.h>


//-----------------------------------------------------------------
//countLines
size_t
countLines(const char* fname)
{
    FILE   *fp;
    float data;
```

```c
    if ((fp = fopen(fname, "rt")) == NULL)
        return 0;
    
    int count = 0;
    while (fscanf(fp, "%f", &data) == 1)
        count++;
    
    fclose(fp);
    
    if (count <= 0)
        return 0;
    
    return count;
}

//----------------------------------------------------------------
//readData
void
readData(const char* fname, float * buf, const size_t length)
{
    FILE *fp;
    
    if ((fp = fopen(fname, "rt")) == NULL)
    {
        fprintf(stderr, "open faild: %s!", fname);
        return;
    }
    
    for (int i = 0; i < length; i++)
    {
        if (fscanf(fp, "%f", &buf[i]) != 1)
        {
            fprintf(stderr, "read faild: %s!", fname);
            break;
        }
    }
    fclose(fp);
}

//----------------------------------------------------------------
// main
int
main(int argc, char *argv[])
{
```

```
    float *d = NULL, *z = NULL;
    int dLength, smaLength;
    clock_t start, stop;

    if (argc != 3)
    {
        fprintf(stderr, "missing: <data> or <n>.¥n");
        return -1;
    }

    smaLength = atoi(argv[2]);
    if (smaLength <= 0)
    {
        fprintf(stderr, "[n] must be grater than 0.¥n");
        return -1;
    }
    dLength = (int)countLines(argv[1]);
    if (dLength <= 0)
    {
        fprintf(stderr, "read faild:%s.¥n", argv[2]);
        return -1;
    }

    d = (float *)malloc(sizeof(float) * (dLength + smaLength - 1));
    z = (float *)malloc(sizeof(float) * dLength);

    readData(argv[1], d, dLength);            // read data

    for (int i = dLength; i < dLength + smaLength; i++)
        d[i] = (float)0.0;


    start = clock();

    // do sma : simple moving sverage
    #pragma acc data copyin(d[:dLength+smaLength-1]) copyout(z[:dLength])
    {
        #pragma acc kernels
        #pragma acc loop independent
        for (int n = 0; n < dLength; n++)
        {
            float zz = (float)0.0;
            #pragma acc loop independent reduction(+:zz)
            for (int m = 0; m < smaLength; m++)
```

7 1次元配列の処理 — 音響処理

```
            {
                zz += d[n + m];
            }
            z[n] = zz / (float)smaLength;
        }
    }

    stop = clock();

    fprintf(stderr, "elapsed time = %.20f [sec]\n",
        (float)(stop - start) / CLOCKS_PER_SEC);


    // print result
    for (size_t n = 0; n < (size_t)dLength; n++)
    {
        fprintf(stdout, "%12.4f\n", z[n]);
    }

    free(d);
    free(z);

    return 0;
}
```

　このプログラムはデータを読み込み、指定された個数、あるいはデフォルトの値で単純移動平均処理を行います。

　このソースコードは逐次とOpenACCで共用するため、いくつかの#pragmaを含んでいます。いくつかの関数は、ほかのプログラムにも現れるので、ここに表でまとめます。

表7.1●使用する関数の説明

関数	説明
int countLines(　const char* fname)	テキストファイルの行数をカウントします。
void readData(　const char* 　fname, 　float* 　　　buf, 　const size_t length)	テキストファイルに格納されている数値データをfloat配列に読み込みます。 [引数]　fname　　テキストファイル名 　　　　buf　　　float配列 　　　　length　bufへ読み込むデータ数

countLines 関数は、引数で渡されたファイル名を使用し、そのファイルをオープンし格納されている行数を数えます。その値を呼び出し元に返します。ファイルには、1 行に 1 つの浮動小数点表記の数値が格納されています。

readData 関数は、引数の fname で指定されたファイルをオープンし、そのファイルから浮動小数点値を読み込み、float 型配列の buf へ格納します。引数の length は読み込むデータ数を示します。

main 関数を頭から順に説明します。このプログラムは、コマンドラインで処理対象ファイル名を受け取ります。argc をチェックし、引数が 2 つ指定されているか検査します。もし、2 つ指定されていなかったら、エラーを表示してプログラムを終了させます。1 番目の引数は処理対象の 1 次元データです。2 番目の引数には単純移動平均の範囲を指定します。atoi で int 型へ変換し smaLength へ設定します。smaLength の値が 0 未満の場合、エラーを表示してプログラムを終了させます。次に、countLines 関数を呼び出し、指定されたファイルに含まれる行数をカウントし、その結果を dLength へ格納します。この dLength と smaLength を使用し、求めたデータ読み込み用の配列 d と、結果を書き込む配列 z を割り付けます。以降に、dLength と smaLength と割り付けるサイズを図で示します。

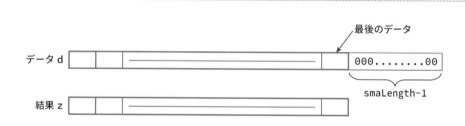

図7.2●dLengthとsmaLengthと割り付けるサイズ

readData 関数を呼び出し、浮動小数点値を配列 d へ読み込みます。これで準備が整いましたので単純移動平均処理を行います。単純移動平均とバッファの関係を図に示します。

7 1次元配列の処理 — 音響処理

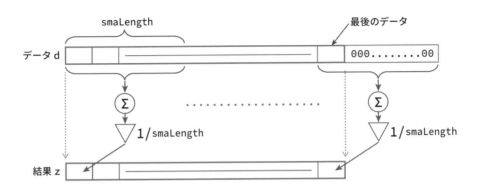

図7.3● 単純移動平均とバッファの関係

配列 z に格納されている全データを fprintf で標準出力に出力します。最後に、free 関数で割り付けたメモリを解放します。

■ 7-1-1　ビルド方法

このプログラムのソースコードは逐次と OpenACC の両方に対応しています。両者のコンパイルの例を示します。まず、OpenACC に対応させたビルドを示します。

```
PGI$ pgcc -acc -ta=tesla:cc50 -Minfo=accel -o smaAcc sma.c
main:
    102, Generating copyout(z[:dLength])
         Generating copyin(d[:smaLength+dLength-1])
    106, Loop is parallelizable
         Accelerator kernel generated
         Generating Tesla code
        106, #pragma acc loop gang, vector(128) /* blockIdx.x threadIdx.x */
        110, #pragma acc loop seq
    110, Loop is parallelizable
```

次に、逐次に対応させてビルドします。

```
PGI$ pgcc -fast -Minfo=accel -o sma sma.c
```

7-1-2 実行

このプログラムを実行するには、1次元で適当に変動のあるデータを必要とします。以降に実際に使用したデータの一部を示します。与えるデータは浮動小数点形式で、1行に1データを格納したテキストファイルでなければなりません。

```
対象データ（input.txt）
    ︙
  -953.0000
  -888.0000
  -645.0000
  -437.0000
  -215.0000
  -130.0000
  -142.0000
  -165.0000
  -357.0000
  -538.0000
  -677.0000
  -916.0000
 -1041.0000
 -1081.0000
 -1019.0000
    ︙
```

まず、OpenACCに対応させたプログラムへ移動平均のサンプル数に4096と32768を与えた例を示します。

```
PGI$ smaAcc input.txt  4096 > smaAcc_out.txt
elapsed time = 3.48399996757507324219 [sec]


PGI$ smaAcc input.txt  32768 > smaAcc32768_out.txt
elapsed time = 23.95800018310546875000 [sec]
```

次に、同様の移動平均のサンプル数を逐次処理プログラムに与えた例を示します。

```
PGI$ sma input.txt  4096 > sma_out.txt
elapsed time = 6.04099988937377929688 [sec]
```

```
PGI$ sma input.txt  32768 > sma32768_out.txt
elapsed time = 47.40700149536132812500 [sec]
```

　ここでは、音の格納されている wav ファイルを浮動小数点形式へ変換し、テキスト形式で格納したファイルを使用しました。この例では OpenACC を使用した方が、約 2 倍高速化しています。以降に、移動平均の範囲を 4096 と 32768 を指定し、逐次と OpenACC で実行速度を計測した結果を示します。

表7.2●実行結果

移動平均長	4096	32768
逐次（秒）	6.0409999	47.4070015
OpenACC（秒）	3.4840000	23.9580002
性能比較	1.7339265	1.9787545

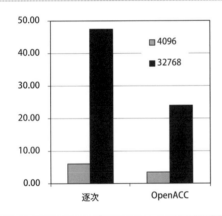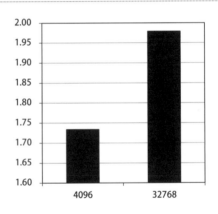

図7.4●nの値による処理時間と逐次処理/並列処理の性能比較（C/OpenACC）

　OpenACC の方が明らかに高速ですが、1 つの指標でしかありません。移動平均の範囲、そしてシステムの CPU や搭載している GPU によって上記の値は変化します。

■ 7-1-3　スペクトル

　このプログラムは音源に対して移動平均処理を行いました。これは、タップ数が 4096 と 32768 の平滑化フィルタと考えることもできます。そこで、入力波形と処理後の波形の周波数ス

ペクトルを観察してみましょう。スペクトルの周波数軸は 20 kHz まで、軸は対数表示とします。

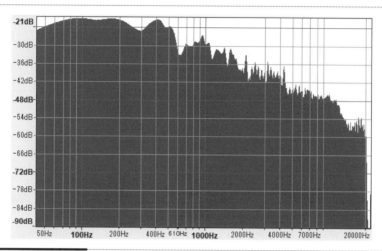

図7.5●入力波形のスペクトル

次に、移動平均範囲に 4096 を指定して処理した結果の周波数スペクトルを示します。

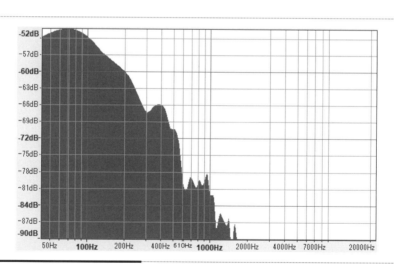

図7.6●移動平均範囲4096のスペクトル

同様に、移動平均範囲に 32768 を指定して処理した結果の周波数スペクトルを示します。

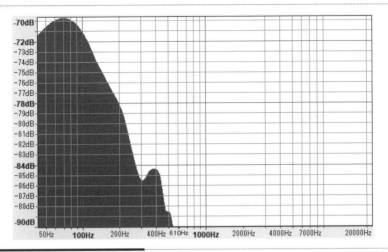

図7.7●移動平均範囲32768のスペクトル

高域が減衰しておるのが分かります。移動平均の範囲（タップ数）が多くなるほど、高域が大きく減衰します。

7-2 積和でフィルタ

先ほどのプログラムを拡張して加重移動平均を行わせても良いのですが、それでは面白くないためFIRフィルタを開発することとします。プログラム自体は、加重移動平均と違いはなく、与える係数が変わるだけです。与える係数を変更すれば加重移動平均を求めることができます。

このプログラムは、一般的なデジタルフィルタ（FIR）を、ごく素直に積和で実現したプログラムです。本節で開発するプログラムを、図で一般のフィルタ形式にしたものを示します。

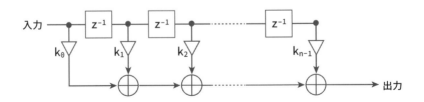

図7.8●開発するプログラムのフィルタ形式

そもそもFIRは、周波数軸に対するフィルタです。真面目にFIRを時間軸で記述するより、データを周波数軸に変換してから処理すれば、演算量を大幅に削減できるはずです。本来ならFFTを使用した例が良いのでしょうが、本節の目的はFIRの高速化ではなくOpenACCの解説です。このため、素直にFIRを記述する例を示します。FFTを使った場合でも、オーバーラップアッド法などを行いますので、その部分で同じようにOpenACCを使うことができるため、FFTを使用する場合でも、本節の解説は無駄にはなりません。

本節で紹介するプログラムは、上図を忠実に記述します。このため、1つの結果を得るために係数の数だけ積和が必要です。このため、処理時間は係数が多くなるに従い非常に長くなります。このプログラムは、フィルタ自体に特定の機能を持たせず、データも係数も外部からテキスト形式で受け取ります。以降に、ソースリストを示します。

リスト7.2●ソースリスト（051fir/fir.c）

```c
//
// fir
//
// program <data file> <k file>
// >fir wav.txt k.txt > out.txt
//
// (c)Copyright Spacesoft corp., 2018 All rights reserved.
//                                 Kitayama, Hiroyuki
//
#include <stdio.h>
#include <stdlib.h>
#include <time.h>


//-----------------------------------------------------------------
//countLines
size_t
countLines(const char* fname)
{
    FILE   *fp;
    float data;

    if ((fp = fopen(fname, "rt")) == NULL)
        return 0;

    int count = 0;
    while (fscanf(fp, "%f", &data) == 1)
        count++;
```

```c
        fclose(fp);

        if (count <= 0)
            return 0;

        return count;
    }

    //-----------------------------------------------------------------
    //readData
    void
    readData(const char* fname, float * buf, const size_t length)
    {
        FILE *fp;

        if ((fp = fopen(fname, "rt")) == NULL)
        {
            fprintf(stderr, "open faild: %s!", fname);
            return;
        }

        for (int i = 0; i < length; i++)
        {
            if (fscanf(fp, "%f", &buf[i]) != 1)
            {
                fprintf(stderr, "read faild: %s!", fname);
                break;
            }
        }
        fclose(fp);
    }

    //-----------------------------------------------------------------
    // main
    int
    main(int argc, char *argv[])
    {
        float *d = NULL, *k = NULL, *z = NULL;
        int dLength, kLength;
        clock_t start, stop;

        if (argc != 3)
        {
```

```
        fprintf(stderr, "missing: <data> or <parameter>.¥n");
        return -1;
    }

    dLength = (int)countLines(argv[1]);
    kLength = (int)countLines(argv[2]);
    if (dLength <= 0 || kLength <= 0)
    {
        fprintf(stderr, "read faild:%s or %s.¥n", argv[1], argv[2]);
        return -1;
    }

    d = (float *)malloc(sizeof(float) * (dLength + kLength - 1));
    k = (float *)malloc(sizeof(float) * kLength);
    z = (float *)malloc(sizeof(float) * dLength);

    readData(argv[1], d, dLength);          // read data
    readData(argv[2], k, kLength);          // read param

    for (int i = dLength; i < dLength + kLength; i++)
        d[i] = (float)0.0;


    start = clock();

    // do fir
    #pragma acc data copyin(d[:dLength+kLength-1], k[:kLength]) copyout(z[:dLength])
    {
        #pragma acc kernels
        #pragma acc loop independent
        for (int n = 0; n < dLength; n++)
        {
            float zz = (float)0.0;
            #pragma acc loop independent
            for (int m = 0; m < kLength; m++)
            {
                zz += (k[m] * d[n + m]);
            }
            z[n] = zz;
        }
    }
    stop = clock();

    fprintf(stderr, "elapsed time = %.20f [sec]¥n",
```

```
        (float)(stop - start) / CLOCKS_PER_SEC);


    // print result
    for (size_t n = 0; n < (size_t)dLength; n++)
    {
        fprintf(stdout, "%12.4f¥n", z[n]);
    }

    free(d);
    free(k);
    free(z);

    return 0;
}
```

このプログラムは、係数とデータを読み込み、FIR処理を行います。countLines 関数と readData 関数は前節と同じです。

このプログラムには、2つのプログラム引数を与えます。それぞれのファイルには、1行に1つの浮動小数点表記の数値が格納されています。最初の引数は、加工したいデータが格納されている波形のデータです。2番目の引数は、1番目の波形にFIR処理を行うための係数です。以降に、処理の概要を図で示します。

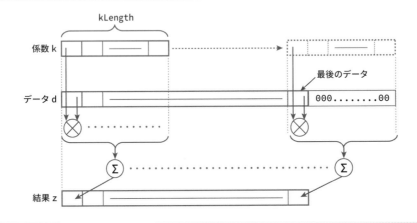

図7.9●処理の概要

main 関数は、最初に引数の数をチェックします。適切な引数が与えられていない場合、エ

ラーを表示してプログラムを終了させます。countLines 関数で、データファイルと係数ファイルをカウントします。この値を使用し、データ用、係数用、処理結果用の float 配列を割り付けます。データ用の配列長は、本来の要素数に「係数長 − 1」を足した要素数を割り付けます。readData 関数でデータと係数を割り付けた配列に読み込みます。データ用配列の末尾に余計に割り付けていますので、その部分へ 0 を設定します。

　続く for ループは、最初に示したデジタルフィルタの図そのものです。短い行数ですが、1 つの解を求めるのに、係数分の積和を行わなければなりません。係数の長さが多くなるほど、飛躍的に演算量が増加します。ここまでの処理について、以降に図で示します。

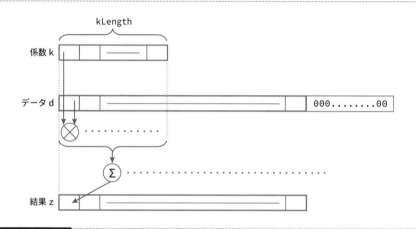

図7.10●最初のデータ

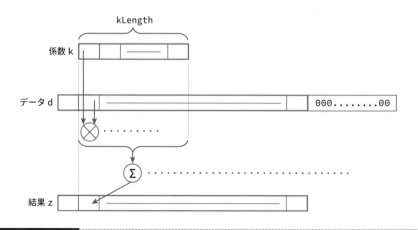

図7.11●2番目のデータ

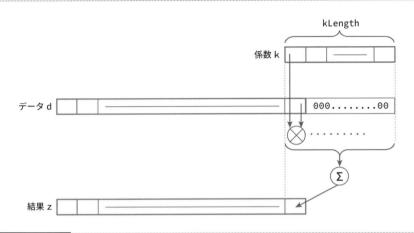

図7.12●最後のデータ

処理が終わったら、結果を stdout へ出力します。データをファイルに保存したい場合、リダイレクトしてください。最後に、確保したメモリを破棄します。

7-2-1 ビルドと実行

このプログラムのソースコードは逐次と OpenACC の両方に対応しています。両者のコンパイルの例を示します。まず、OpenACC に対応させたビルドを示します。

```
PGI$ pgcc -acc -ta=tesla:cc50 -Minfo=accel -o firAcc fir.c
main:
     99, Generating copyin(d[:dLength+kLength-1],k[:kLength])
         Generating copyout(z[:dLength])
    103, Loop is parallelizable
         Accelerator kernel generated
         Generating Tesla code
        103, #pragma acc loop gang /* blockIdx.x */
        107, #pragma acc loop vector(128) /* threadIdx.x */
        109, Generating implicit reduction(+:zz)
    107, Loop is parallelizable
```

1番内側の zz は積和の総和を保持します。このため、正確にはディレクティブに reduction(+:zz) が必要です。このような分かりやすいものはコンパイラが自動で補ってくれ

ることがメッセージから推察できます。安全を考えるなら、明示的に reduction を与えるべきでしょう。

次に、逐次に対応させてビルドします。

```
PGI$ pgcc -Minfo=accel -o fir fir.c
```

プログラムの実行方法は、プログラム名に続きデータファイル名と係数ファイル名を指定します。処理結果は stdout に表示されます。データは 0 〜 20 kHz の信号を、周波数 44.1 kHz、ビット数 16 でサンプリングしたものです。この値が浮動小数点形式（実数）のテキストで格納されています。係数も、浮動小数点形式のテキストで格納されています。この例では、カットオフ周波数に 200 Hz と 1500 Hz を指定したバンドストップフィルタの係数を与えます。まず、処理に使用したデータファイルの一部を示します。

```
    ⋮
 -953.0000
 -888.0000
 -645.0000
 -437.0000
 -215.0000
 -130.0000
 -142.0000
 -165.0000
 -357.0000
 -538.0000
 -677.0000
 -916.0000
-1041.0000
-1081.0000
-1019.0000
    ⋮
```

次に、カットオフ周波数 200 Hz と 1500 Hz を指定したバンドストップフィルタの係数を示します。タップ数は 4095 です。

```
2.105886610083220e-05
1.908833115478183e-05
1.679461989931984e-05
```

```
    1.428462211760454e-05
    1.167473305117646e-05
    9.085573185034580e-06
    6.636510910340696e-06
    4.440236391870517e-06
    2.597632916083213e-06
    1.193178780777285e-06
    2.910889946266993e-07
   -6.762724995877926e-08
    1.329413130598979e-07
    8.828535012690737e-07
    2.146734437816413e-06
    3.865350103387505e-06
    5.958267764677660e-06
    8.327830014003316e-06
    1.086185014964115e-05
    1.344211596113675e-05
        ︙
```

それでは、OpenACCに対応させたプログラムの実行例を示します。

```
PGI$ firAcc input.txt  BEF_200-1500Hz_4095_k.txt > firAcc_out.txt
elapsed time = 2.39199995994567871094 [sec]
```

同じ引数を与えた逐次処理プログラムの結果は次の通りです。

```
PGI$ fir input.txt  BEF_200-1500Hz_4095_k.txt > fir_out.txt
elapsed time = 42.56499862670898437500 [sec]
```

　実行結果から分かるように、この例では、OpenACCを利用すると約17.8倍の高速化が図られています。性能はアプリケーション、CPUやGPU、および演算量によって変動します。使用した環境と、このプログラムではOpenACCの効果を顕著に感じることができます。

　先ほどと同様にスペクトルを表示してみましょう。このプログラムは周波数軸に対するプログラムですので、前節よりスペクトルは明確に指定した範囲の減衰が観察できるはずです。まず、入力波形と処理後の波形の周波数スペクトルを観察してみましょう。バンドストップの帯域を低い周波数の狭い範囲を指定したため、横軸（周波数軸）が対数表示では見にくくなるためリニアで表示します。

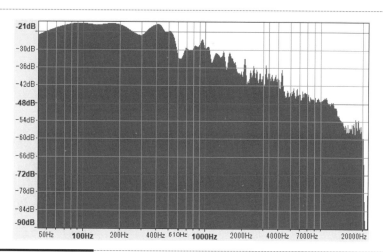

図7.13●入力波形のスペクトル

　200〜1500 Hzを阻止するバンドストップフィルタ[1]の係数を与えた処理結果を示します。最初に逐次処理で得られた結果を示します。

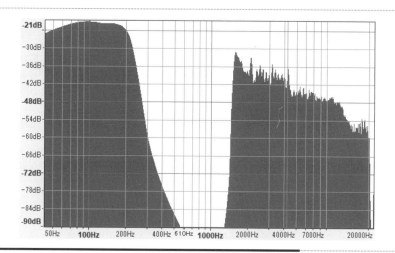

図7.14●200〜1500 Hzを阻止するバンドストップフィルタ（逐次処理）

　同様に、OpenACCで得られた結果の周波数スペクトルを示します。

※1　band-stop filter、帯域除去フィルタ。band-rejection filterと呼ぶ場合もある。

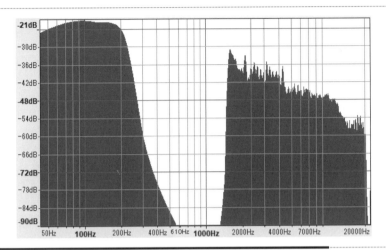

図7.15●200〜1500 Hzを阻止するバンドストップフィルタ（OpenACC対応）

逐次であれOpenACCであれ200〜1500 Hzの帯域が阻止されています。

時間軸
　本節のプログラムは簡単にするため時間軸を厳密に考慮していません。たとえば、普通に再生された音を、順に配列に格納した場合、要素 d[n] から考えると要素 d[n+1] は、未来のデータです。ただし、この関係はデータの格納順と時間軸を明確に規定しておかないと逆になる場合もあります。現実のプログラムを開発する場合、データの並びと時間軸に十分注意してください。係数の並びも同様の注意が必要です。

第8章

2次元の具体例

●●●

前章で1次元の具体例を紹介しました。本章では、2次元配列を扱う具体例を紹介します。画像フィルタや幾何変換なども紹介します。

8-1 2次元配列生成

　2次元配列を生成するプログラムを紹介します。このプログラムは、行列のサイズを引数で受け取り、中心を 0 とした cos カーブの値を各要素に格納します。各要素の値は 0.0 〜 255.0 へ正規化されます。これは生成された行列を視覚化したときに、人間に正常に生成されたことを観察しやすくしたためです。

　このプログラムは、画像の中心が高い値で、周辺に向かうほど、ある法則に従い値が小さくなる行列を生成します。四角形に外接する円を想定し、半径を π と規定します。画素の中心からの距離を求め、(π − 中心からの距離) を cos へ与えることによって、行列位置の値を決定します。中心からの処理対象画素の距離は、行列の位置を [y, x]、中心座標を [centerY, centerX] とした場合、$\sqrt{(centerX-x)^2 + (centerY-y)^2}$ で求めることができます。この値を $distance$ と定義すると、cos へ与える値は、$(\sqrt{(X_c-X)^2 + (Y_c-Y)^2}/distance) \times \pi$ で求めることができます。この値を θ' と定義します。このままでは $\cos(\theta')$ は -1.0 〜 1.0 を返しますので、これを 0.0 〜 1.0 へ正規化し、さらに 255.0 を乗算します。最終的に各要素は 0.0 〜 255.0 の値を保持します。このような値を保持する float の tbl[y][x] を生成します。以降に、生成される tbl 配列を可視化したものと、行列の中心部を横方向に移動した際の値の変化を図で示します。

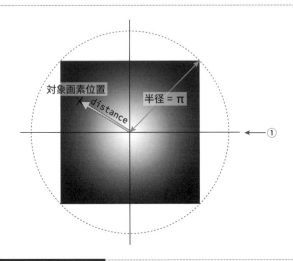

図8.1●生成される配列を可視化したもの

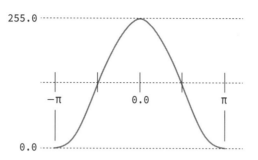

図8.2●行列の中心部を横方向に移動した際の値の変化

以降に、ソースリストを示します。

リスト 8.1●ソースリスト（060creTable/creCosTbl.c）

```c
//
// create cos table
//
// (c)Copyright Spacesoft corp., 2018 All rights reserved.
//                         Kitayama, Hiroyuki
//
#include <stdio.h>
#include <math.h>
#include <time.h>

#define PI   3.14159265358979323846

//-----------------------------------------------------------------
// main
int
main(int argc, char *argv[])
{
    double **tbl;
    int size = 4096, i, x, y, centerX, centerY;

    clock_t start, stop;

    if (argc > 1)
    {
        size = atoi(argv[1]);
```

8 2次元の具体例

```c
    }

    tbl = (double **)malloc(sizeof(double *) * size);
    for (i = 0; i < size; i++)
    {
        tbl[i] = (double *)malloc(sizeof(double) * size);
    }

    centerX = centerY = size / 2;



    start = clock();

    double radius = sqrt(pow(centerX, 2) + pow(centerY, 2));

    #pragma acc data copyout(tbl[:size][:size])
    {
        #pragma acc kernels
        #pragma acc loop independent
        for (y = 0; y < size; y++)
        {
            #pragma acc loop independent
            for (x = 0; x < size; x++)
            {
                // distance from center
                double distance = sqrt(pow(centerY - y, 2) + pow(centerX - x, 2));
                // radius=π, current radian
                double radian = (distance / radius) * (double)PI;
                // cosθ, normalize -1.0～1.0 to  0～1.0
                double Y = (cos(radian) + 1.0) / 2.0;
                // normalize (Y) 0～1.0 to 0.0～255.0
                tbl[y][x] = Y * 255.0f;
            }
        }
    }

    stop = clock();



    fprintf(stderr, "elapsed time = %.20f [sec]\n",
        (float)(stop - start) / CLOCKS_PER_SEC);
```

```
    // print result
    if (argc < 3)
    {
        fprintf(stdout, "%d %d 1\n", size, size);
        for (y = 0; y < size; y++)
        {
            for (x = 0; x < size; x++)
            {
                fprintf(stdout, "%3d\n", (int)tbl[y][x]);
            }
        }
    }

    for (i = 0; i < size; i++)
    {
        free(tbl[i]);
    }
    free(tbl);

    return 0;
}
```

このプログラムは、何も引数を与えないと4096×4096の行列を生成します。その結果をstdoutへテキストファイルとして出力しますので、結果が必要な場合はファイルへリダイレクトしてください。生成する行列のサイズを外部から与えたい場合は、引数に与えてください。なお、このプログラムはサイズの大きな行列を生成すると、stdoutへの出力量が大量になるため、第2引数を与えると出力を抑止できます。これは性能評価だけを行いたいときのために用意した機能です。

このプログラムのソースコードは逐次とOpenACCの両方に対応しています。両者のコンパイルの例を示します。まず、OpenACCに対応させたビルドを示します。

```
PGI$ pgcc -acc -Minfo=accel -ta=tesla:cc50 -o creCosTblAcc creCosTbl.c
main:
     42, Generating copyout(tbl[:size][:size])
     46, Loop is parallelizable
     49, Loop is parallelizable
         Accelerator kernel generated
         Generating Tesla code
     46, #pragma acc loop gang, vector(4) /* blockIdx.y threadIdx.y */
```

8　2次元の具体例

```
        49, #pragma acc loop gang, vector(32) /* blockIdx.x threadIdx.x */
```

次に、逐次に対応させてビルドします。

```
PGI$ pgcc -Minfo=accel -o creCosTbl creCosTbl.c
```

さっそく、それぞれのプログラムを実行させてみましょう。まず、OpenACCを使用したプログラムで、2048×2048〜8192×8192の行列を生成します。

```
PGI$ ./creCosTblAcc 2048 > 2048Acc.txt
elapsed time = 0.282000000524520874023 [sec]

PGI$ ./creCosTblAcc 4096 > 4096Acc.txt
elapsed time = 0.388999999856948852539 [sec]

PGI$ ./creCosTblAcc 8192 > 8192Acc.txt
elapsed time = 0.782999992370605468750 [sec]
```

同様の処理をOpenACCを使用せず、逐次プログラムで、2048×2048〜8192×8192の行列を生成します。

```
PGI$ ./creCosTbl 2048 > 2048.txt
elapsed time = 0.103000000119209289551 [sec]

PGI$ ./creCosTbl 4096 > 4096.txt
elapsed time = 0.405000001192092895508 [sec]

PGI$ ./creCosTbl 8192 > 8192.txt
elapsed time = 1.536999940872192382812 [sec]
```

オーバーヘッドのせいなのか、2048×2048ではOpenACCを使用したプログラムの方が低速です。このサイズより小さいものはOpenACCを使用する方が低速になるのを観察できます。4096×4096以上になると、OpenACCを使用する方が高速になるのも同時に観察しました。これらはGPUの性能やメモリコピーのオーバーヘッドが影響しているのだろうと想像できます。以降に、サイズと性能の関係をグラフに示します。

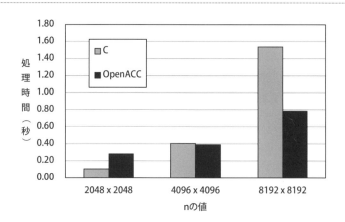

図8.3● サイズと処理時間

縦軸は処理に要した時間を示します。このため、高さが高いほど処理に時間を要したことを示しています。これでは、OpenACC で処理したときと、普通に逐次処理したときの性能比較ができにくいため、性能の関係を以下のグラフに示します。

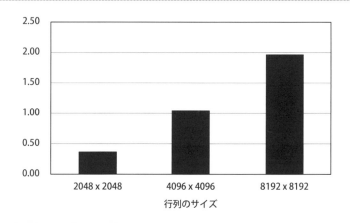

図8.4● 逐次処理と並列処理の性能比較（C/OpenACC）

　2048 × 2048 では、OpenACC を使用すると C 言語で普通に逐次処理したときに比べ約 36 ％の性能でしかなく、OpenACC を使用する意味はないでしょう。4096 × 4096 では、両者間に性能差はほぼ観察できません。8192 × 8192 では、OpenACC を使用すると、C 言語で普通に逐次処理したときに比べ約 2 倍の性能向上を観察できます。サイズを大きくしていくと OpenACC

8 2次元の具体例

を使用する方が有利ですが、GPUが十分なメモリを搭載していないと、大きなサイズではメモリエラーが発生する場合もあります。

　以降に、引数に512を与えて実行した例の処理結果を示します。1行目はデータの性質を表します。横幅、縦幅、そしてチャンネル数を表します。ここでは「512 512 1」ですので、512×512で1チャンネルの行列であることを示します。

```
512 512 1
  0
  0
  0
  0
  ⋮
 25
 25
 25
 26
 26
 26
 26
 27
 27
 27
 28
  ⋮
```

このデータをBitmapファイルへ変換し、可視化したものを示します。

図8.5●可視化したデータ

中心をcos 0で得た値に255を乗じ、周辺の対角線上の頂点にcos πに255を乗じた結果が設定されているようです。

中心から対角線の頂点までの距離をπとしましたが、この値を、たとえば2π、6π、10πに変更すると異なる効果が得られます。

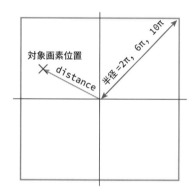

図8.6●中心からの距離を変更する

以降に、中心から対角線の頂点までの距離を2πへ変更したソースリストを示します。

```
    ⋮
    double radius = sqrt(pow(centerX, 2) + pow(centerY, 2));

    #pragma acc data copyout(tbl[:size][:size])
    {
        #pragma acc kernels
        #pragma acc loop independent
        for (y = 0; y < size; y++)
        {
            #pragma acc loop independent
            for (x = 0; x < size; x++)
            {
                // distance from center
                double distance = sqrt(pow(centerY - y, 2) + pow(centerX - x, 2));
                // radius=π, current radian
                double radian = (distance / radius) * (double)PI * 2;
                // cosθ, normalize -1.0～1.0 to  0～1.0
                double Y = (cos(radian) + 1.0) / 2.0;
                // normalize (Y) 0～1.0 to 0.0～255.0
```

```
                    tbl[y][x] = Y * 255.0f;
                }
            }
        }
        ⋮
```

距離を2π、6π、10πに変更して得られた処理結果をそれぞれ可視化したものを、次に示します。

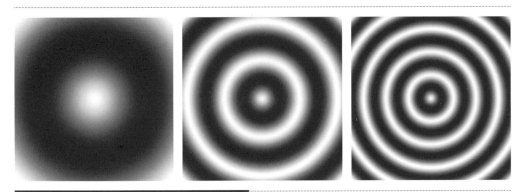

図8.7●距離を変更して得られた処理結果の可視化

画像の中心を移動できますが、このプログラムは画像の原点と中心座標を共用しています。それぞれを別の変数で管理すると、原点を移動するだけで、コサインカーブした画像の中心を移動できます。

8-2 メモリ割り付け法の変更

さて、リスト8.1のプログラムは多次元配列を使用しています。そもそもC/C++言語は、他言語のような多次元配列を言語としてサポートしておらず、配列の配列で実現します。先のプログラムでも、ポインタの配列で各横方向の要素の配列を確保し、そのポインタをポインタの配列で保持しています。つまり、使用した行列のメモリは連続していません。このような例でdataディレクティブを使用すると、デバイスとホスト間のメモリ転送の効率が落ちることが懸念されます。そこで本節では、連続したメモリを確保する例を示します。先のプログラムと異なる部分のソースリストを次に示します。

リスト 8.2 ●ソースリスト （060creTable/creCosTbl2D1D.c）

```c
int
main(int argc, char *argv[])
{
    double *tbl;
    int size = 4096, i, x, y, centerX, centerY;

    clock_t start, stop;

    if (argc > 1)
    {
        size = atoi(argv[1]);
    }

    tbl = (double *)malloc(sizeof(double) * size * size);

    centerX = centerY = size / 2;


    start = clock();

    double radius = sqrt(pow(centerX, 2) + pow(centerY, 2));

    #pragma acc data copyout(tbl[:size*size])
    {
        #pragma acc kernels
        #pragma acc loop independent
        for (y = 0; y < size; y++)
        {
            #pragma acc loop independent
            for (x = 0; x < size; x++)
            {
                // distance from center
                double distance = sqrt(pow(centerY - y, 2) + pow(centerX - x, 2));
                // radius=π, current radian
                double radian = (distance / radius) * (double)PI;
                // cosθ, normalize -1.0～1.0 to  0～1.0
                double Y = (cos(radian) + 1.0) / 2.0;
                // normalize (Y) 0～1.0 to 0.0～255.0
                tbl[y*size+x] = Y * 255.0f;
            }
        }
```

```
        }
        :
```

　先のプログラムの tbl はポインタのポインタでした。そして、各横方向をそれぞれ割り付けたのでメモリは細かく分断され、次の図に示すように不連続です。

図8.8●メモリは細かく分断される

　本節のプログラムは、すべての要素を格納できるメモリを確保し、それぞれの要素にアクセスするにはインデックスを工夫します。このプログラムは、全体のメモリを一括して連続して割り付けます。

図8.9●メモリを一括して連続して割り付ける

　どちらのプログラムも、すべてのメモリをホストとデバイス間で交換します。しかし、先のプログラムでは以下のように data ディレクティブを指定しました。

```
#pragma acc data copyout(tbl[:size][:size])
```

　このように指定すると、コンパイラは size で指定されたメモリを size 回転送するため、メモリ転送は細かく分割されてしまいます。それに対して、本節のプログラムでは以下のように

data ディレクティブを指定します。

```
#pragma acc data copyout(tbl[:size*size])
```

このように指定すると、コンパイラは size*size で指定されたメモリ量を 1 回で転送します。現実的にはハードウェアやソフトウェアの実装次第で分割されることもありますが、論理的には 1 回のタイミングで転送することが可能です。ただし、このように記述すると、配列の要素にアクセスする場合、先のプログラムは

```
tbl[y][x] = Y * 255.0f;
```

で可能ですが、本節のプログラムでは

```
tbl[y*size+x] = Y * 255.0f;
```

のように記述しなければなりません。
　両方を満足させるには、以下のような方法で良いのではないかと考える人もいるでしょう。

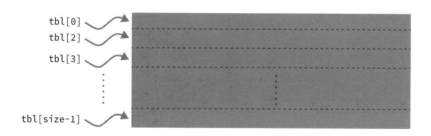

図8.10●アドレスをホストとデバイス間で共有

　しかし、よく考えると分かりますが、この方法はアドレスをホストとデバイス間で共有することを意味します。GPU プログラミングでは、メモリのアクセスについて日々拡張が行われており、デバイスとホスト間でメモリ空間を統合する方向にあります。このような機能を使用すると、より効率的なプログラムを記述できるでしょう。しかし、まだ実装は途上であり不十分ですので、ここではそのようなメモリ空間統合の例は紹介しません。
　さて、この 2 つのプログラムのメモリの転送をプロファイラで観察してみましょう。まず、最初のプログラムを示します。

8 2次元の具体例

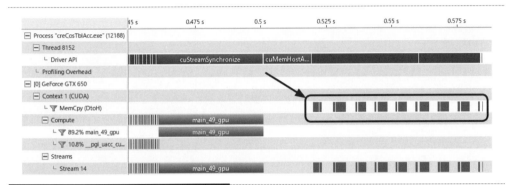

図8.11●最初のプログラムのメモリ転送の様子

DtoHの表示は、デバイスからホストへメモリの転送が発生していることを示します。つまり、GPUで処理が終了した後、処理したメモリをホストへ転送します。この部分を拡大してみましょう。

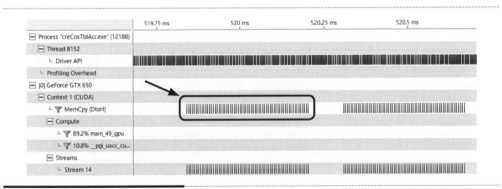

図8.12●メモリ転送発生部分の拡大図

拡大してみると分かりますが、ひとかたまりの転送ではなく、小さな転送がいくつも発生していることが分かります。これは、dataディレクティブをそのように指定したためです。さらに拡大してみましょう。

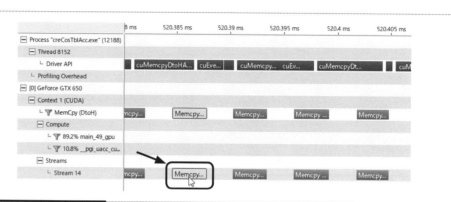

図8.13● さらに拡大した様子

拡大した1つを選択し、内容を確認してみましょう。どれでも良いので選択します。すると、右下のPropertiesのウィンドウに細かな情報が表示されます。

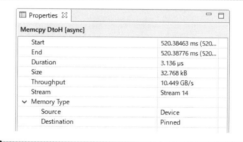

図8.14● 1つの転送の内容

表示から分かるように、Sizeは32.768 kBです。これは、プログラムの横の要素数が4,096で、各要素はdoubleなので、「4,096 × sizeof(double) = 4,096 × 8 = 32,768バイト」です。表示は「32.768 kB」なのでディレクティブの指定と一致します。

次に、1次元配列を使用したプログラムのメモリの転送を、プロファイラで観察してみましょう。

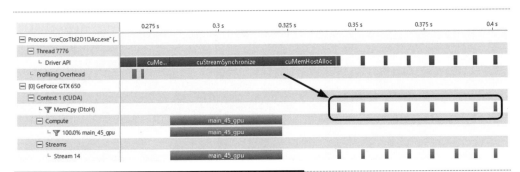

図8.15●1次元配列を使用したプログラムのメモリ転送の様子

　こちらもDtoHの表示がいくつか表示されます。これは、デバイスからホストへメモリの転送が発生していることを示します。この部分を拡大してみましょう。

図8.16●前図のメモリ転送発生部分の拡大図

　先ほどのプログラムは、拡大すると細かな転送の集合でしたが、このプログラムは、細かく分割されません。これは、dataディレクティブをそのように指定したためと思われます。拡大した1つを選択し、内容を確認してみましょう。右下のPropertiesのウィンドウに細かな情報が表示されます。

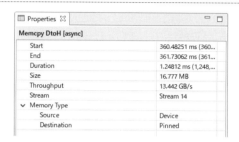

図8.17●1つの転送の内容

　Sizeには16.777 MBが表示されています。最初の図を見るとDtoHの転送が8回発生しています。そこで、1回の転送が16,777,216バイトだとすると、8回転送していますので、16,777,216 × 8 = 134,217,728バイトです。配列の大きさは「4,096 × 4,096 × sizeof(double) = 4,096 × 4,096 × 8 = 134,217,728バイト」で上記の計算と一致します。

　つまり、2番目のプログラムがデータ転送は効率良く動作します。データが多いほど性能差が顕著になると思われるので、両者を8,192 × 8,192の行列を使って動作させてみます。

```
PGI$ ./creCosTblAcc 8192 > 8192Acc.txt
elapsed time = 0.871999997901916503906 [sec]

PGI$ ./creCosTbl2D1DAcc 8192 > 8192Acc.txt
elapsed time = 0.646000002765655517578 [sec]
```

　メモリを一括で割り付けた方が、最初のプログラムと比較し、約1.34倍高速化しています。ちなみにOpenACCを使用しないプログラムの実行例を以降に示します。

```
PGI$ ./creCosTbl 8192 > 8192.txt
elapsed time = 1.542000005531311035156 [sec]
```

　この結果から、1次元のOpenACCを利用した場合と、OpenACCを利用しない場合の性能は、OpenACCを利用した方が約2.38倍高速です。この性能差は行列が大きくなるほど、さらにGPUが高速になるほど顕著になる可能性が高いです。以降に処理に要した時間をグラフで示します。高さが低いほど高速です。

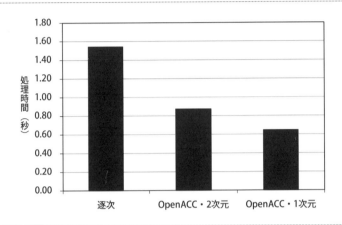

図8.18●処理時間の比較

8-3 ネガティブ

　行列（画像、あるいは2次元配列）のネガティブ処理を行うプログラムを紹介します。画像処理で考えるとネガティブ処理ですが、行列を操作するOpenACCプログラムと考えることができます。ネガティブ処理とは、色の明暗を反転させ、ネガフィルムのような画像を得る処理です。ネガティブ処理を一般式で記述すると以下のように表せます。

　　変換後の値 = 最大値 − 変換前の値

　このプログラムは、テキストで格納されているデータを読み込み、輝度が格納されている各要素を下記のように変更します。

　　変換後の値 = 255 − 変換前の値

　処理の概念を以降に示します。画像の処理を行いますが、画像データは行列そのものですので、OpenACCのサンプルプログラムに適しているでしょう。

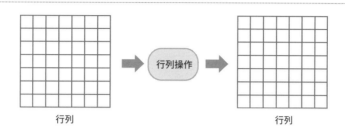

図8.19●処理の概念

プログラムの入力画像と処理結果の画像も示します。

図8.20●入力画像と処理結果の画像

以降に、ソースリストを示します。

リスト 8.3●ソースリスト（061nagative/neg.c）

```
//
// negative
//
// (c)Copyright Spacesoft corp., 2018 All rights reserved.
//                       Hiro KITAYAMA
//
#include <stdio.h>
#include <stdlib.h>
#include <time.h>

//----------------------------------------------------------------
```

8 2次元の具体例

```c
// read data
float*
readImgData(char* fname, int* W, int* H)
{
    FILE *fp;
    int width, height, ch;
    float data;

    if ((fp = fopen(fname, "rt")) == NULL)
    {
        fprintf(stderr, "faild file open %s\n", fname);
        return NULL;
    }

    if (fscanf(fp, "%d %d %d", &width, &height, &ch) != 3)
    {
        fprintf(stderr, "failed read file %s\n", fname);
        return NULL;
    }
    *W = width;
    *H = height;

    if (ch != 1)
    {
        fprintf(stderr, "ch != 1.");
        return NULL;
    }
    unsigned int datasize = sizeof(float)*width*height;
    float * in = (float *)malloc(datasize);

    for (int y = 0; y < height; y++)
    {
        for (int x = 0; x < width; x++)
        {
            if (fscanf(fp, "%f", &data) != 1)
            {
                fprintf(stderr, "failed read data %s\n", fname);
                return NULL;
            }
            in[y*width + x] = data;
        }
    }

    fclose(fp);
```

```c
        return in;
}

//-----------------------------------------------------------------
// effect
float*
effect(const float* in, const int width, const int height)
{
    int y, x;
    clock_t start, stop;

    start = clock();

    unsigned int datasize = sizeof(float)*width*height;
    float* out = (float *)malloc(datasize);

    #pragma acc parallel loop independent copyin(in[:width*height]) ¥
                                          copyout(out[:width*height])
    for (y = 0; y < height; y++)    // dest y coord
    {
        #pragma acc loop independent
        for (x = 0; x < width; x++)// dest x coord
        {
            out[y*width + x] = 255.0f - in[y*width + x];
        }
    }

    stop = clock();

    fprintf(stderr, "elapsed time = %.20f [sec]¥n",
        (float)(stop - start) / CLOCKS_PER_SEC);

    return out;
}

//-----------------------------------------------------------------
// main
int
main(int argc, char* argv[])
{
    int width, height;
    float* in = NULL;
```

8 2次元の具体例

```c
    if (argc < 2)
    {
        fprintf(stderr, "no <input>");
        return -1;
    }

    if ((in = readImgData(argv[1], &width, &height)) == NULL)
    {
        return -1;
    }

    float* out = effect(in, width, height);
    if (out == NULL)
    {
        fprintf(stderr, "error: effect!\n");
        return -1;
    }

    if (argc < 3)
    {
        fprintf(stdout, "%d %d 1\n", width, height);
        for (int y = 0; y < height; y++)
        {
            for (int x = 0; x < width; x++)
            {
                fprintf(stdout, "%d\n", (int)out[y*width + x]);
            }
        }
    }

    if (in != NULL)
        free(in);

    if (out != NULL)
        free(out);

    return 0;
}
```

　readImgData 関数は、テキストファイルに格納された画像データを読み込みます。テキストフォーマットは前節のプログラムが書き込んだものと同様です。最初の行に「横幅 縦幅 チャンネル数」が格納されています。参考のために、ここで使用したファイルの先頭と最後の部分を示

します。

```
256 256   1
 43
 54
 54
 49
 58
 45
 52
 78
  ⋮
118
120
137
167
171
154
```

　先頭行に続いて、「横幅 × 縦幅」分のデータが1行に、1つずつ格納されています。順番は、左上から右に進み、1列が終わると、次の行に移ります。画像でたとえると、単純に左上から右下に向かって順に格納されています。ただ、本節のプログラムは単に各要素の値を変更するだけですので、並びなどについて意識する必要はありません。この関数は、プログラムを単純化するためチャンネル数は1のみサポートします。複数チャンネルへ対応するのは難しくありませんが、チャンネル数は1のみのグレイスケールの画像を扱うこととします。

　`effect`関数は、ネガティブ処理をOpenACCで記述します。引数で入力行列（配列）、横幅、そして縦幅を受け取ります。まず、結果を格納するメモリサイズを求め、それを`malloc`で割り付けます。OpenACCの`data`ディレクティブでホストとデバイス間のメモリ転送を指定し、`kernels`を指定しGPUで処理させます。そのままでは、ループが並列化されませんので、`loop independent`を与え、データに依存関係がないことを明示的に示し、処理順に順序性がないことをコンパイラに知らせます。最後に、処理に要した時間を表示します。

　`main`関数を説明します。このプログラムは引数に入力ファイルが必要です。入力ファイルが指定されていれば、`readImgData`関数を呼び出し、`float`配列`in`に読み込み、縦横の幅を`width`と`height`に受け取ります。処理結果を格納するメモリを割り付け、そのアドレスを`out`へ設定します。変換処理は`effect`関数を呼び出して行います。最後に、処理結果を`stdout`へ出力します。なお、このプログラムは、サイズの大きな行列を生成すると`stdout`への出力量が大量になるため、第2引数を与えることで出力を抑止できます。これは性能評価だけを行いたいときのために用意した機能です。このプログラムが出力するデータは入力フォーマットと同じ

です。

　これまで同様、このプログラムのソースコードは逐次とOpenACCの両方に対応しています。両者のコンパイルの例を示します。まず、OpenACCに対応させたビルドを示します。

```
PGI$ pgcc -acc -Minfo=accel -ta=tesla:cc50 -o negAcc neg.c
effect:
    73, Generating copyout(out[:height*width])
        Generating copyin(in[:height*width])
        Accelerator kernel generated
        Generating Tesla code
    74, #pragma acc loop gang /* blockIdx.x */
    77, #pragma acc loop vector(128) /* threadIdx.x */
    77, Loop is parallelizable
```

次に、逐次に対応させてビルドします。

```
PGI$ pgcc -Minfo=accel -o neg neg.c
```

　いくつか画像を変更し、逐次とOpenACC対応のプログラムで実行してみました。しかし、負荷が軽すぎるため、速度に関してはOpenACCを使用するアドバンテージは感じませんでした。インテル社 Core i5-6600 プロセッサを搭載したパソコンにGTX 750Tiを搭載したパソコンで実行した様子を示します。

```
PGI$ ./negAcc /Utils/2d_data/shouwa.txt > negAcc.txt
elapsed time = 0.293000001263618469238 [sec]

PGI$ ./neg /Utils/2d_data/shouwa.txt > neg.txt
elapsed time = 0.016000000075995922089 [sec]
```

　負荷が軽すぎるため、OpenACCを使用したプログラムの性能が低いです。しかし、演算処理の多いプログラムや大きな行列を使うと、また違った特性を観察できるでしょう。少なくとも、このプログラムは、行列（画像）処理用の良いOpenACCのサンプルとなるでしょう。
　以降に、いくつかの実行例を示します。

図8.21●入力画像と処理結果の例（1）

図8.22●入力画像と処理結果の例（2）

以降に、Ubuntu上で実行した一連の手順を示します。

```
$ g++ -o dumpBmpGray dumpBmpGray.cpp Cbmp.cpp    # BMPをテキストへ変換するプログラムをビルド

$ ./dumpBmpGray cat.bmp > cat.txt                # BMPをテキストへ変換
4160 x 2336, 1 ch
.
$ gcc -fopenacc -o negAcc neg.c                  # 本節のプログラムをビルド

$ ./negAcc cat.txt > neg.txt                     # 本節のプログラムを実行
elapsed time = 0.03386700153350830078 [sec]

$ g++ -o text2Bmp text2Bmp.cpp Cbmp.cpp          # テキストをBMPへ変換するプログラムをビルド
```

```
$ ./text2Bmp neg.txt neg.bmp                    # テキストを BMP へ
```

以降に入力画像と、処理結果を示します。

図8.23●Ubuntu上での実行例

8-4 フィルタ

　行列（画像、あるいは2次元配列）へデジタルフィルタ処理を行う例を紹介します。フィルタはオペレータの値を変更するだけで、いろいろなフィルタへ応用可能です。ここではエッジを検出するフィルタの一種であるラプラシアンを紹介します。プログラムの入力と処理結果を視覚化して示します。

図8.24●画像処理例

ソースリストを次に示します。前節のプログラムと共通点が多いため、一部のみ示します。

リスト 8.4 ●ソースリスト（062filter/filter.c）

```c
            ⋮
float*
effect(const float* in, const int width, const int height)
{
    int y, x;
    clock_t start, stop;
    float filter[][] =
    {
        { -1.0,  -1.0,  -1.0 },
        { -1.0,   8.0,  -1.0 },
        { -1.0,  -1.0,  -1.0 },
    };
    const int filtersize = sizeof(filter[0])/sizeof(filter[0][0]);

    start = clock();

    int size = width * height;
    unsigned int datasize = sizeof(float)*size;
    float* out = (float *)malloc(datasize);

    #pragma acc parallel loop collapse(2) gang vector ¥
            copyin(filter, in[:size]) copyout(out[:size])
    for (y = filtersize / 2; y < height - (filtersize / 2); y++)
        for (x = filtersize / 2; x < width - (filtersize / 2); x++)
        {
            float data = 0.0;
            #pragma acc loop independent
            for (int fy = 0; fy < filtersize; fy++)
            {
                long iy = y - (filtersize / 2) + fy;
                #pragma acc loop independent reduction(+:data)
                for (int fx = 0; fx < filtersize; fx++)
                {
                    long ix = x - (filtersize / 2) + fx;

                    data += filter[fy][fx] * in[iy*width + ix];
                }
            }
            data = data <   0.0 ?   0.0: data;
            data = data > 255.0 ? 255.0: data;
```

```
            out[y * width + x] = data;
        }

    stop = clock();

    fprintf(stderr, "elapsed time = %.20f [sec]\n",
        (float)(stop - start) / CLOCKS_PER_SEC);

    return out;
}

//-----------------------------------------------------------------
// main
int
main(int argc, char* argv[])
{
    :
```

readImgData関数とmain関数は前節とまったく同じですので、省略します。

effect関数は、フィルタ処理をOpenACCで処理します。引数で入力行列（配列）、横幅、そして縦幅を受け取ります。まず、結果を格納するメモリサイズを求め、それをmallocで割り付けます。ここまでは以前の節と同様です。以降に、処理の概要を図で示します。

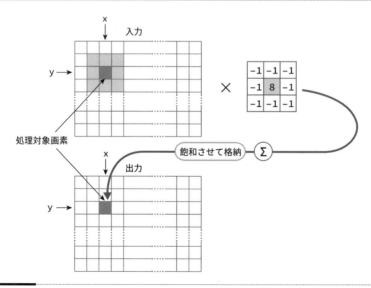

図8.25●処理の概要

フィルタカーネルを書き換えるだけで、いろいろなフィルタに対応できます。カーネルのサイズは可変ですが、縦横のサイズは同一でなければなりません。説明が簡単になるようにフィルタカーネルを関数内に持たせましたが、引数で渡すようにすれば関数の汎用度はさらに増すでしょう。

これまで同様、このプログラムのソースコードは逐次とOpenACCの両方に対応しています。両者のコンパイルの例を示します。まず、OpenACCに対応させたビルドを示します。

```
PGI$ pgcc -acc -Minfo=accel -ta=tesla:cc50 -o filterAcc filter.c
effect:
    81, Generating copyin(filter[:][:])
        Generating copyout(out[:size])
        Generating copyin(in[:size])
        Accelerator kernel generated
        Generating Tesla code
        83, #pragma acc loop gang, vector(128) collapse(2) /* blockIdx. */
        84,    /* blockIdx.x threadIdx.x collapsed */
        88, #pragma acc loop seq
        92, #pragma acc loop seq
    88, Loop is parallelizable
    92, Loop is parallelizable
```

プログラムが若干複雑になったのと、ディレクティブの与え方でいくつかのループが seq で処理されます。このプログラムは kernels ディレクティブを使用せず parallel ディレクティブを使用します。そして、一緒に data ディレクティブなども指定しています。次節のプログラムは、データ領域を作成し、kernels ディレクティブ、そして loop ディレクティブを指定しています。処理が異なるため単純比較はできませんが、このプログラムと比較し、並列化の程度を比較してください。

さて、次に逐次に対応させてビルドします。

```
PGI$ pgcc -Minfo=accel -o filter filter.c
```

いくつか画像を変更し、逐次とOpenACC対応のプログラムで実行してみました。しかし、負荷が軽すぎるため、速度に関してはOpenACCを使用するアドバンテージは感じませんでした。インテル社 Core i5-6600 プロセッサを搭載したパソコンに GTX 750Ti を搭載したパソコンで実行した様子を示します。

```
PGI$ ./filterAcc shouwa.txt > filterAcc.txt
elapsed time = 0.27500000596046447754 [sec]

PGI$ ./filter shouwa.txt > filter.txt
elapsed time = 0.24199999868869781494 [sec]
```

単純に注目要素の上下左右の要素の積和を行うだけで、重い処理ではありません。そのため、OpenACCの利用による速度向上は観察できません。しかし、処理の範囲や演算量が変わると速度向上を期待できるでしょう。

以降に、いくつかのデータを処理し、それらの処理前と処理後の結果を視覚化して示します。実際の処理結果は配列をテキストファイルとして出力しますので、ビットマップへ変換するプログラムで視覚化します。

図8.26●視覚化した処理例（1）

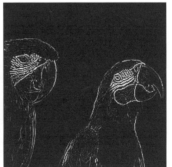

図8.27●視覚化した処理例（2）

このプログラムは gcc でコンパイルするとエラーとなります。以降に、gcc でコンパイルしたときのメッセージを示します。

```
$ gcc -fopenacc -o filter filter.c
filter.c: In function 'effect':
filter.c:67:11: error: array type has incomplete element type 'float[]'
     float filter[][] =
           ^~~~~~
filter.c:67:11: note: declaration of 'filter' as multidimensional array must have
bounds for all dimensions except the first
filter.c:82:23: error: 'filter' does not have a mappable type in 'map' clause
                copyin(filter, in[:size]) copyout(out[:size])
                       ^
```

エラーになる原因は、6-2 節「行列の積」で解説したものとは異なりますが、多次元配列の宣言にあります。pgcc だけでなく gcc などでもビルドしたければ、多次元配列の宣言を以前解説したように変更すると良いでしょう。

8-5 幾何変換

行列（画像、あるいは 2 次元配列）の位置を幾何学的に変換するプログラムを紹介します。ここでは、行列の中心を原点に回転します。与えた行列を、引数で指定した角度分、時計方向に回転します。以降に、プログラムの動作の概要を図で示します。

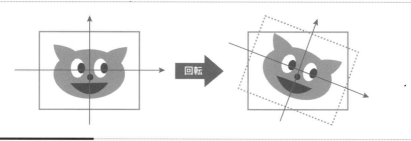

図8.28●プログラムの動作概要

実際に本節のプログラムで処理した例を示します。

　　　　原画像　　　　　　　　　　　処理後

図8.29●画像処理例

以降に、ソースリストを示します。

リスト 8.5 ●ソースリスト（063rotate/rotateBilinear.c）

```c
//
// rotate
//
// (c)Copyright Spacesoft corp., 2018 All rights reserved.
//                            Hiro KITAYAMA
//
#include <stdio.h>
#include <stdlib.h>
#include <math.h>
#include <time.h>

#ifndef M_PI
#define M_PI 3.14159265358979f             // pi
#endif //M_PI

#define radian2degree(a) ((a)/M_PI*180.0)   // radian to degree
#define degree2radian(a) ((a)/180.0*M_PI)   // degree to radian

//----------------------------------------------------------------
// read data
float*
readImgData(char* fname, int* W, int* H)
```

```c
{
    FILE *fp;
    int width, height, ch;
    float data;

    if ((fp = fopen(fname, "rt")) == NULL)
    {
        fprintf(stderr, "faild file open %s\n", fname);
        return NULL;
    }

    if (fscanf(fp, "%d %d %d", &width, &height, &ch) != 3)
    {
        fprintf(stderr, "failed read file %s\n", fname);
        return NULL;
    }
    *W = width;
    *H = height;

    if (ch != 1)
    {
        fprintf(stderr, "ch != 1.");
        return NULL;
    }
    unsigned int datasize = sizeof(float)*width*height;
    float * in = (float *)malloc(datasize);

    for (int y = 0; y < height; y++)
    {
        for (int x = 0; x < width; x++)
        {
            if (fscanf(fp, "%f", &data) != 1)
            {
                fprintf(stderr, "failed read data %s\n", fname);
                return NULL;
            }
            in[y*width + x] = data;
        }
    }

    fclose(fp);

    return in;
}
```

8 2次元の具体例

```
//-----------------------------------------------------------------
// rotate
float*
effect(const float* in, const int width, const int height, const float degree)
{
    unsigned int datasize = sizeof(float)*width*height;
    float* out = (float *)malloc(datasize);
    int outY, outX;
    clock_t start, stop;

    //float radian = (float)degree2radian(360.0f - degree);// counter clockwise
    float radian = (float)degree2radian(degree);    // clockwise

    int yc = height / 2;     // y center
    int xc = width / 2;      // x center

    start = clock();

    #pragma acc data copyin(in[:width*height]) copyout(out[:width*height])
    {
    #pragma acc kernels
    #pragma acc loop independent
    for (outY = -yc; outY < height - yc; outY++)     // dest y coord
    {
        #pragma acc loop independent
        for (outX = -xc; outX < width - xc; outX++)// dest x coord
        {
            float inY = (float)(outX*sin(radian) + outY * cos(radian));
            float inX = (float)(outX*cos(radian) - outY * sin(radian));

            int inFixY = inY > 0.0f ? (float)floor(inY + 0.5f)
                                    : (float)(-1.0*floor(fabs(inY) + 0.5));
            int inFixX = inX > 0.0f ? (float)floor(inX + 0.5f)
                                    : (float)(-1.0*floor(fabs(inX) + 0.5));

            float q = inY - (float)inFixY;
            float p = inX - (float)inFixX;

            inFixX += xc;
            inFixY += yc;
            int oX = outX + xc;
            int oY = outY + yc;
```

```
                int dstX = oX;
                int dstY = oY * width;
                int dst = dstY + dstX;

                if (inFixY >= 0 && inFixY < height - 1
                    && inFixX >= 0 && inFixX < width - 1)
                {
                    int srcX0 = inFixX;
                    int srcX1 = srcX0 + 1;
                    int srcY0 = inFixY * width;
                    int srcY1 = srcY0 + width;

                    int src00 = srcY0 + srcX0;
                    int src01 = srcY0 + srcX1;
                    int src10 = srcY1 + srcX0;
                    int src11 = srcY1 + srcX1;

                    float data = (1.0f - q)*((1.0f - p)*(float)in[src00]
                                            + p * (float)in[src01])
                                 + q * ((1.0f - p)*(float)in[src10]
                                            + p * (float)in[src11]);

                    if (data > 255.0f) data = 255.0f;
                    if (data < 0.0f) data = 0.0f;
                    out[dst] = data;
                }
                else
                {
                    out[dst] = 255.0f;
                }
            }
        }
    }

    stop = clock();

    fprintf(stderr, "elapsed time = %.20f [sec]¥n",
        (float)(stop - start) / CLOCKS_PER_SEC);

    return out;
}
```

readImgData 関数は、前節で紹介した関数と同じです。

effect 関数は、行列（画像）の回転を OpenACC で処理します。引数で入力行列（配列）、横幅、縦幅、そして回転角度を受け取ります。回転角度をθとして、どのように処理するか示します。回転した画像から原画像へ、座標を逆変換して処理します。

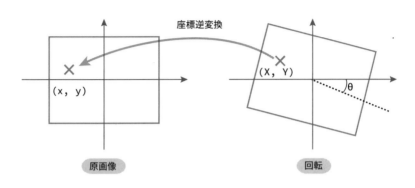

図8.30●原画像への逆変換の様子

まず、結果を格納するメモリサイズを求め、それを malloc で割り付けます。次に、回転角度（弧度単位）をラジアンへ変換します。そして、yc と xc に行列（画像）の中心を求めます。これは、この関数が画像の中心を原点に回転するためです。以降の回転処理は画素単位で処理します。このため、OpenACC の data ディレクティブでホストとデバイス間のメモリ転送を指定し、kernels を指定し GPU で処理させます。そのままではループが並列化されませんので、loop independent を与えてデータに依存関係がないことを明示的に示し、コンパイラへ処理の順序性がないことを知らせます。以降の処理で、θ だけ時計方向へ回転します。任意の点 (X_c, Y_c) を中心に、(x, y) を θ だけ時計方向に回転したときの新しい座標 (X, Y) は、次の式で表すことができます。これは順方向です。

$$X = (x - X_c)\cos\theta + (y - Y_c)\sin\theta + X_c$$
$$Y = -(x - X_c)\sin\theta + (y - Y_c)\cos\theta + Y_c$$

逆変換は次の式で表すことができます。画像を回転させるということは、出力画像の各ピクセル値を入力画像中のピクセルから以下の式に従ってサンプリングすることと等価です。

$$x = (X - X_c)\cos\theta - (Y - Y_c)\sin\theta + X_c$$
$$y = (X - X_c)\sin\theta + (Y - Y_c)\cos\theta + Y_c$$

求めた座標(inY, inX)は小数点を持つ2次元の情報です。ほとんどの場合、この(inY, inX)は、

元の画像の画素間に位置します。つまり元の特定の画素と一致することはありません。以降に図を示しますが、(inY, inX)は、原画像のA、B、CそしてDの中間に位置します。

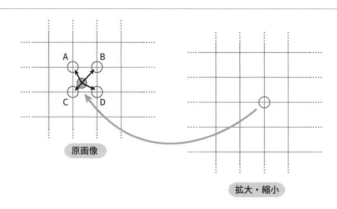

図8.31●逆変換で求めた座標

簡単に処理するには、最も近い画素を採用しても構いません。しかし、それでは画像の品質が低下しますので線形補間を採用します。線形補間は、近傍の画素との距離によって変換後の画素値を算出する方法です。以降の図に求めた座標と原画像の座標の関係を示します。

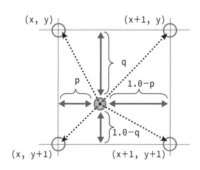

図8.32●線形補間

原画像上の座標 (x,y) にある画素の値を $\mathrm{in}(x,y)$ とすれば、逆変換で求めた座標 $(x+p, y+q)$ の線形補間による値 out は次の式で計算できます。この式からも分かるように、より近い位置にある画素の値が結果により強く影響します。

$$\mathrm{out} = (1.0-q) \times \{(1.0-p) \times \mathrm{in}(x,y) + p \times \mathrm{in}(x+1,y)\}$$
$$+ q \times \{(1.0-p) \times \mathrm{in}(x,y+1) + p \times \mathrm{in}(x+1,y+1)\}$$

なお、結果を格納する画像サイズを原画像に合わせたため、回転によって表示枠から外れる部分はクリップされます。求めた座標（inY, inX）が、元の画像範囲外を指す場合があります。そのようなときは無条件にRGBに対応する要素に255.0を格納します。これは、回転後に表示するものがない場合、白色を設定することを意味します。

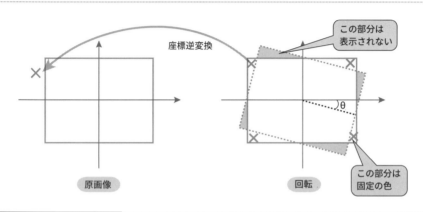

図8.33●変換による表示の変化

最後に、main関数を説明します。このプログラムは、引数に入力ファイルが必要です。入力ファイルが指定されていれば、readImgData関数を呼び出し、float配列inに読み込み、縦横の幅をwidthとheightに受け取ります。さらに、回転角度が指定されていたら、atofで変換後、float型のdegreeへ設定します。回転角度が指定されていない場合、デフォルトの33.3°が使用されます。次に、処理結果を格納するメモリを割り付け、outへ設定します。変換処理はeffect関数で行われます。最後に、処理結果をstdoutへ出力します。なお、このプログラムはサイズの大きな行列を生成すると、stdoutへの出力量が大量になるため、第3引数を与えると出力を抑止できます。これは性能評価だけを行いたいときのために用意した機能です。このプログラムが出力するデータは入力フォーマットと同じです。

途中にroundする処理がありますが、コンパイラがC99に対応しているとは限らないため、roundf関数を使用せず、自身で記述します。コンパイラがC99に対応しているようであれば、

```
int inFixY = inY > 0.0f ? (float)floor(inY + 0.5f)
                        : (float)(-1.0*floor(fabs(inY) + 0.5));
int inFixX = inX > 0.0f ? (float)floor(inX + 0.5f)
                        : (float)(-1.0*floor(fabs(inX) + 0.5));
```

は、roundfを使用し、下記のように記述して構いません。

```
    int inFixY = (int)roundf(inY);        // source y coord
    int inFixX = (int)roundf(inX);        // source x coord
```

網掛けした部分が、これまでの OpenCL のカーネルコードに相当します。そのカーネルコードを疑似的に記述した例を示します。

```
__kernel void
affineTrans(const int width,
            const int height,
            const float degree,
            __global const unsigned char* in,
            __global unsigned char* out)
{
    size_t x=get_global_id(0);
    size_t y=get_global_id(1);

    float radian=radians(degree);          // 反時計方向

    int yc=height/2;                       // y center
    int xc=width/2;                        // x center
    int outY=y-yc;                         // dest y coord
    int outX=x-xc;                         // dest x coord

    float inY=(float)(outX*sin(radian)+outY*cos(radian));
    float inX=(float)(outX*cos(radian)-outY*sin(radian));

    int inFixX=(int)round(inX);            // source y coord
    int inFixY=(int)round(inY);            // source x coord

    float q=inY-(float)inFixY;
    float p=inX-(float)inFixX;

    inFixX+=xc;
    inFixY+=yc;

    int dst=y*width+x;

    if(inFixY>=0 && inFixY<(height-1)
            && inFixX>=0 && inFixX<(width-1))
    {
        int data;

        int srcX0=inFixX;
```

```
            int srcX1=srcX0+1;
            int srcY0=inFixY*width;
            int srcY1=srcY0+width;


            int src00=srcY0+srcX0;
            int src01=srcY0+srcX1;
            int src10=srcY1+srcX0;
            int src11=srcY1+srcX1;

            data=(int)((1.0f-q)*((1.0f-p)*(float)in[src00+0]
                                  +p*(float)in[src01+0])
                        +q*((1.0f-p)*(float)in[src10+0]
                                  +p*(float)in[src11+0]));

            out[dst]=convert_uchar_sat(data);
        }
        else
        {
            out[dst]=255;
        }
}
```

　これまでのGPUを利用するプログラムは、GPUのソースリストを用意しコンパイルし、そのバイナリをGPUへ転送する必要がありました。しかし、OpenACCを利用すると、ホストのコードにディレクティブを指定するだけで、コンパイラが一連の処理を自動的に行います。この疑似コードが、先の網掛けした部分と類似していることが分かると思います。

　これまで同様、このプログラムのソースコードは逐次とOpenACCの両方に対応しています。両者のコンパイルの例を示します。まず、OpenACCに対応させたビルドを示します。

```
PGI$ pgcc -acc -Minfo=accel -ta=tesla:cc50 -o rotateBilinearAcc rotateBilinear.c
effect:
    86, Generating copyout(out[:height*width])
        Generating copyin(in[:height*width])
    90, Loop is parallelizable
    93, Loop is parallelizable
        Accelerator kernel generated
        Generating Tesla code
        90, #pragma acc loop gang, vector(4)  /* blockIdx.y threadIdx.y */
        93, #pragma acc loop gang, vector(32) /* blockIdx.x threadIdx.x */
```

次に、逐次に対応させてビルドします。

```
PGI$ pgcc -Minfo=accel -o rotateBilinear rotateBilinear.c
```

逐次処理とOpenACC対応のプログラムを実行した様子を示します。インテル社Core i5-6600プロセッサとGTX 750Tiを搭載したパソコンで実行します。

```
PGI$ ./rotateBilinearAcc shouwa.txt > rotateBilinearAcc.txt
elapsed time = 0.29899999499320983887 [sec]

PGI$ ./rotateBilinear shouwa.txt > rotateBilinear.txt
elapsed time = 0.31600001454353332520 [sec]
```

負荷が軽すぎるため速度に関してはOpenACCを使用するアドバンテージは感じませんでしたが、それでも若干、OpenACCを使用したプログラムの性能が高いです。

以降に、いくつかの実行した様子と、処理結果を視覚化して示します。

```
PGI$ ./rotateBilinearAcc Lenna.txt 320.5 > LennaAcc.txt
elapsed time = 0.25900000333786010742 [sec]
```

図8.34●入力と処理結果の視覚化（1）

```
PGI$ ./rotateBilinearAcc cat2.txt 10.3 > cat2Acc.txt
elapsed time = 0.30899998545646667480 [sec]
```

図8.35●入力と処理結果の視覚化（2）

8-6 カラー画像対応フィルタ

すでに紹介した2次元配列を処理するプログラムをカラー画像へ対応させてみましょう。

8-6-1 ガウシアン

8-4節「フィルタ」で紹介したプログラムを拡張し、カラー画像にガウシアンフィルタ処理を行います。このプログラムも、行列（画像、あるいは2次元配列）へデジタルフィルタ処理を行います。フィルタはオペレータの値を変更するだけで、いろいろなフィルタへ応用可能です。ここではガウシアン処理を行う2次元フィルタを紹介します。プログラムの入力と処理結果を視覚化して示します。

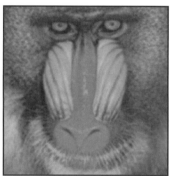

図8.36●視覚化した処理例

以降に、ソースリストを示します。

リスト8.6●ソースリスト（064colorFilter/colorFilter.c）

```c
//
// color filter
//
// (c)Copyright Spacesoft corp., 2018 All rights reserved.
//                       Hiro KITAYAMA
//
#include <stdio.h>
#include <stdlib.h>
#include <time.h>

//----------------------------------------------------------------
// read data
float*
readImgData(char* fname, int* W, int* H, int *C)
{
    FILE *fp;
    int width, height, ch;
    float r, g, b;

    if ((fp = fopen(fname, "rt")) == NULL)
    {
        fprintf(stderr, "faild file open %s\n", fname);
        return NULL;
    }
```

```c
    if (fscanf(fp, "%d %d %d", &width, &height, &ch) != 3)
    {
        fprintf(stderr, "failed read file %s¥n", fname);
        return NULL;
    }
    *W = width;
    *H = height;
    *C = ch;

    if (ch != 3)
    {
        fprintf(stderr, "ch != 3.");
        return NULL;
    }
    unsigned int datasize = sizeof(float)*width*height * ch;
    float * in = (float *)malloc(datasize);

    for (int y = 0; y < height; y++)
    {
        for (int x = 0; x < width; x++)
        {
            if (fscanf(fp, "%f %f %f", &b, &g, &r) != 3)
            {
                fprintf(stderr, "failed read data %s¥n", fname);
                return NULL;
            }
            in[(y*width + x)*ch + 0] = b;
            in[(y*width + x)*ch + 1] = g;
            in[(y*width + x)*ch + 2] = r;
        }
    }

    fclose(fp);

    return in;
}

//----------------------------------------------------------------
// effect
float*
effect(const float* imgData, const int width, const int height, const int ch)
{
    int y, x;
    clock_t start, stop;
```

```
    float filter[][] =
    {
        { 1.0 / 256.0,  4.0 / 256.0,  6.0 / 256.0,  4.0 / 256.0, 1.0 / 256.0 },
        { 4.0 / 256.0, 16.0 / 256.0, 24.0 / 256.0, 16.0 / 256.0, 4.0 / 256.0 },
        { 6.0 / 256.0, 24.0 / 256.0, 36.0 / 256.0, 24.0 / 256.0, 6.0 / 256.0 },
        { 4.0 / 256.0, 16.0 / 256.0, 24.0 / 256.0, 16.0 / 256.0, 4.0 / 256.0 },
        { 1.0 / 256.0,  4.0 / 256.0,  6.0 / 256.0,  4.0 / 256.0, 1.0 / 256.0 }
    };
    const int filtersize = sizeof(filter[0])/sizeof(filter[0][0]);

    start = clock();

    int size = width * height*ch;
    unsigned int datasize = sizeof(float)*size;
    float* out = (float *)malloc(datasize);

    int step = width * ch;
    float blue, green, red;

#pragma acc parallel loop collapse(2) gang vector ¥
            copyin(filter, imgData[:size]) copyout(out[:size])
    for (y = filtersize / 2; y < height - (filtersize / 2); y++)
    {
        for (x = filtersize / 2; x < width - (filtersize / 2); x++)
        {
            float blue = 0.0, green = 0.0, red = 0.0;
            #pragma acc loop independent
            for (int fy = 0; fy < filtersize; fy++)
            {
                long iy = y - (filtersize / 2) + fy;
                #pragma acc loop independent ¥
                    reduction(+:blue) reduction(+:green) reduction(+:red)
                for (int fx = 0; fx < filtersize; fx++)
                {
                    long ix = x - (filtersize / 2) + fx;

                    blue  += filter[fy][fx] * imgData[iy*step + ix * ch + 0];
                    green += filter[fy][fx] * imgData[iy*step + ix * ch + 1];
                    red   += filter[fy][fx] * imgData[iy*step + ix * ch + 2];
                }
            }
            blue  = blue  <   0.0 ?   0.0: blue;
            blue  = blue  > 255.0 ? 255.0: blue;
            green = green <   0.0 ?   0.0: green;
```

8 2次元の具体例

```
            green = green > 255.0 ? 255.0: green;
            red   = red   <   0.0 ?   0.0: red;
            red   = red   > 255.0 ? 255.0: red;
            out[y * step + x * ch + 0] = blue;
            out[y * step + x * ch + 1] = green;
            out[y * step + x * ch + 2] = red;
        }
    }

    stop = clock();

    fprintf(stderr, "elapsed time = %.20f [sec]\n",
        (float)(stop - start) / CLOCKS_PER_SEC);

    return out;
}

//----------------------------------------------------------------
// main
int
main(int argc, char* argv[])
{
    int width, height, ch;
    float* in = NULL;

    if (argc < 2)
    {
        fprintf(stderr, "no <input>");
        return -1;
    }

    if ((in = readImgData(argv[1], &width, &height, &ch)) == NULL)
    {
        return -1;
    }

    float* out = effect(in, width, height, ch);
    if (out == NULL)
    {
        fprintf(stderr, "error: effect!\n");
        return -1;
    }

    if (argc < 3)
```

```
    {
        fprintf(stdout, "%d %d 3¥n", width, height);
        for (int y = 0; y < height; y++)
        {
            for (int x = 0; x < width; x++)
            {
                fprintf(stdout, "%d %d %d¥n",
                    (int)out[(y*width + x)*ch + 0],
                        (int)out[(y*width + x)*ch + 1],
                            (int)out[(y*width + x)*ch + 2]);
            }
        }
    }

    if (in != NULL)
        free(in);

    if (out != NULL)
        free(out);

    return 0;
}
```

　基本的にネガティブ処理のプログラムをカラー対応させたものです。細々した点の変更が必要ですので、その部分を解説します。

　`readImgData` 関数は、テキストファイルに格納された画像データを読み込みます。これまでと違いテキストフォーマットは、以降に示すように1行にデータが3つ記録されています。最初の行に「横幅 縦幅 チャンネル数」が格納されています。参考のために、ここで使用したファイルの先頭と最後の部分を示します。

```
256 256 3
 57 22 82
 62 32 96
 65 30 97
 62 26 92
 68 36 98
 58 21 89
  ⋮
102  91 185
104 107 211
129 144 229
```

8 2次元の具体例

```
123 149 234
110 130 221
```

　先頭行に続いて、「横幅 × 縦幅」分のデータが1行に、3つずつ格納されています。順番は、左上から右に進み、1列が終わると、次の行に移ります。画像でたとえると、単純に左上から右下に向かって順に格納されています。この関数は、チャンネル数は3のみサポートします。各数値は、青（B）、緑（G）、そして赤（R）の色成分の値です。

　effect 関数は、フィルタ処理をOpenACCで処理します。引数で入力行列（配列）、横幅、縦幅、そしてチャンネル数を受け取ります。まず、結果を格納するメモリサイズを求め、それを malloc で割り付けます。フィルタ処理に使用するカーネルは関数内で配列として宣言します。このカーネルのサイズや値を変更すると、ほかのフィルタへ適用させることが可能です。準備ができたら、OpenACC の data ディレクティブでホストとデバイス間のメモリ転送を指定し、kernels を指定しGPUで処理させます。最後に、処理に要した時間を表示します。以降に、この関数の処理概要を図で示します。

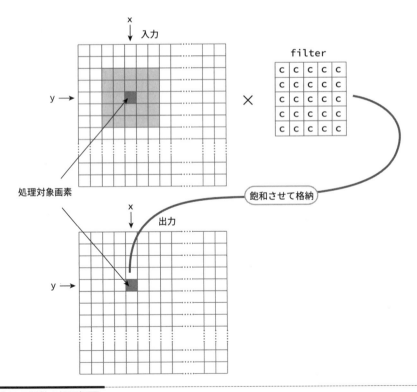

図8.37●この関数の処理概要

フィルタカーネルを書き換えるだけで、いろいろなフィルタに対応できます。カーネルのサイズも可変ですが、必ず縦横のサイズは同一でなければなりません。説明が簡単になるようにフィルタカーネルを関数内に持たせましたが、引数で渡すようにすれば関数の汎用度はさらに増すでしょう。なお、この関数は出力配列の上下左右のいくつかに書き込みを行わないため、周辺の値は不定です。この値を定数に設定したければ、自身で書き込んでください。本書ではプログラムが分かりにくくなるため、このような細かい処理は省きます。

main関数を説明します。このプログラムは、引数に入力ファイルが必要です。入力ファイルが指定されていれば、readImgData関数を呼び出し、float配列inに読み込み、縦横の幅をwidthとheightへ、そしてチャンネル数をchへ受け取ります。処理結果を格納するメモリを割り付け、outへ設定します。変換処理はeffect関数を呼び出して処理します。最後に、処理結果をstdoutへ出力します。なお、このプログラムはサイズの大きな行列を生成すると、stdoutへの出力量が大量になるため、第2引数を与えると出力を抑止できます。これは性能評価だけを行いたいときのために用意した機能です。このプログラムが出力するデータは入力フォーマットと同じです。単に値が変わるだけです。

これまで同様、このプログラムのソースコードは逐次とOpenACCの両方に対応しています。両者のコンパイルの例を示します。まず、OpenACCに対応させたビルドを示します。

```
PGI$ pgcc -acc -Minfo=accel -ta=tesla:cc50 -o colorFilterAcc colorFilter.c
effect:
     89, Generating copyin(filter[:][:])
         Generating copyout(out[:size])
         Generating copyin(imgData[:size])
         Accelerator kernel generated
         Generating Tesla code
         91, #pragma acc loop gang, vector(128) collapse(2) /* blockIdx. */
         93,   /* blockIdx.x threadIdx.x collapsed */
         97, #pragma acc loop seq
        102, #pragma acc loop seq
     97, Loop is parallelizable
    102, Loop is parallelizable
```

次に、逐次に対応させてビルドします。

```
PGI$ pgcc -Minfo=accel -o rotateBilinear rotateBilinear.c
```

逐次処理とOpenACC対応のプログラムを実行した様子を示します。インテル社Core i5-6600プロセッサとGTX 750Tiを搭載したパソコンで実行します。

```
PGI$ ./colorFilterAcc  /2d_data/cat2Color.txt > cat2ColorAcc.txt
elapsed time = 0.39300000667572021484 [sec]

PGI$ ./colorFilter     /2d_data/cat2Color.txt > cat2Color.txt
elapsed time = 0.69099998474121093750 [sec]
```

若干負荷が増えたのとデータサイズを大きくしたため、OpenACCを使用したプログラムが逐次処理したプログラムに比べ、約1.75倍高速に処理されます。

図8.38●入力と処理結果の視覚化(1)

小さなデータを処理したとき、どのように性能へ影響が現れるか試してみましょう。

```
PGI$ ./colorFilterAcc  /2d_data/MandrillColor.txt > MandrillColorAcc.txt
elapsed time = 0.25999999046325683594 [sec]

PGI$ ./colorFilter     /2d_data/MandrillColor.txt > MandrillColor.txt
elapsed time = 0.00400000018998980522 [sec]
```

データサイズを小さくすると、処理の負荷が激減するのに、メモリコピーなどのオーバーヘッドはそれほど変わらないため、OpenACCを使用したプログラムが性能は悪くなるようです。

図8.39●入力と処理結果の視覚化（2）

■ 8-6-2　エッジを強調

　先ほどのプログラムを少し変更して、画像のエッジを強調するプログラムを紹介します。effect関数を汎用的に記述してあったため、フィルタの宣言を変更するだけでエッジ強調へ対応できます。以降に、変更部分だけのソースリストを示します。

リスト 8.7 ●ソースリストの一部（064colorFilter/sharpen.c）

```c
        :
    fclose(fp);

    return in;
}

//----------------------------------------------------------------
// effect
float*
effect(const float* imgData, const int width, const int height, const int ch)
{
    int y, x;
    clock_t start, stop;
    float filter[][] =
    {
        { -1.0,  -1.0,  -1.0 },
        { -1.0,   9.0,  -1.0 },
        { -1.0,  -1.0,  -1.0 },
    };
```

```
const int filtersize = sizeof(filter[0])/sizeof(filter[0][0]);

start = clock();
```

入力と出力、そして filter の関係を図に示します。

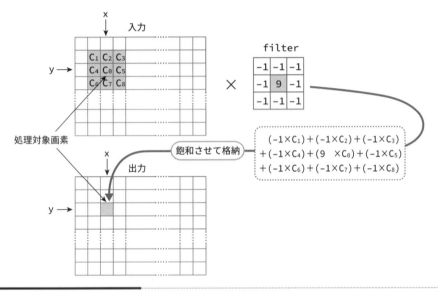

図8.40●入力と出力、filterの関係

先のフィルタのカーネルサイズは 5 × 5 でしたが、ここでは 3 × 3 に変更します。3 × 3 のオペレータを分解すると、以下のように表現できます。

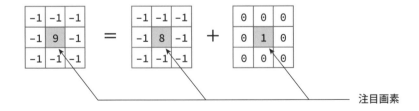

図8.41●3×3オペレータの分解

画像のエッジを強調する処理は、ラプラシアンフィルタの結果と原画像の和であることが分かります。

これまで同様、このプログラムのソースコードは逐次と OpenACC の両方に対応しています。両者のコンパイルの例を示します。まず、OpenACC に対応させたビルドを示します。

```
PGI$ pgcc -acc -Minfo=accel -ta=tesla:cc50 -o sharpenAcc sharpen.c
effect:
    87, Generating copyin(filter[:][:])
        Generating copyout(out[:size])
        Generating copyin(imgData[:size])
        Accelerator kernel generated
        Generating Tesla code
    89, #pragma acc loop gang, vector(128) collapse(2) /* blockIdx. */
    91,   /* blockIdx.x threadIdx.x collapsed */
    95, #pragma acc loop seq
   100, #pragma acc loop seq
    95, Loop is parallelizable
   100, Loop is parallelizable
```

次に、逐次に対応させてビルドします。

```
PGI$ pgcc -Minfo=accel -o rotateBilinear rotateBilinear.c
```

逐次処理と OpenACC 対応のプログラムを実行した様子を示します。インテル社 Core i5-6600 プロセッサと GTX 750Ti を搭載したパソコンで実行します。

```
PGI$ ./sharpenAcc /Utils/2d_data/cat2Color.txt > cat2ColorAcc.txt
elapsed time = 0.35299998521804809570 [sec]

PGI$ ./sharpen    /Utils/2d_data/cat2Color.txt > cat2Color.txt
elapsed time = 0.31600001454353332520 [sec]
```

データサイズが大きいにも関わらず、OpenACC を使用したプログラムと逐次処理したプログラムに性能差がみられません。これは演算対象の要素数が減っているためです。先のプログラムは、1 つの要素値を求めるのに 5×5 のオペレータを使用したのに対し、このプログラムは、1

つの要素値を求めるのに 3 × 3 のオペレータを使用しています。

図8.42●入力と処理結果の視覚化（1）

小さなデータを処理したとき、どのように性能へ影響が現れるか試してみましょう。

```
PGI$ ./sharpenAcc /Utils/2d_data/ParrotsColor.txt > ParrotsColorAcc.txt
elapsed time = 0.238999992609024047845 [sec]

PGI$ ./sharpen    /Utils/2d_data/ParrotsColor.txt > ParrotsColor.txt
elapsed time = 0.00200000009499490261 [sec]
```

　データサイズを小さくすると、処理の負荷が激減するため、メモリコピーなどのオーバーヘッドが全体に対する影響が大きくなり OpenACC を使うと性能が低下します。これはデータ量が多くなり、負荷が増大すると OpenACC の効果が大きくなることの裏返しです。以降に、処理結果を示します。

図8.43●入力と処理結果の視覚化（2）

画像を変更した結果も示します。

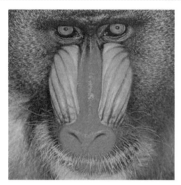 

図8.44●入力と処理結果の視覚化（3）

このプログラムも以前のプログラムと同様、filter配列が2次元になっています。そこで、2次元配列で宣言している部分を1次元に書き換えたものを示します。ソースリストを次に示します。

リスト8.8●ソースリスト（064colorFilter/sharpen2.c）

```c
//
// sharpen - 2
//
// (c)Copyright Spacesoft corp., 2018 All rights reserved.
//                    Hiro KITAYAMA
//
#include <stdio.h>
#include <stdlib.h>
#include <math.h>
#include <time.h>

//----------------------------------------------------------------
// read data
float*
readImgData(char* fname, int* W, int* H, int *C)
{
    FILE *fp;
    int width, height, ch;
    float r, g, b;

    if ((fp = fopen(fname, "rt")) == NULL)
```

8 2次元の具体例

```c
    {
        fprintf(stderr, "faild file open %s¥n", fname);
        return NULL;
    }

    if (fscanf(fp, "%d %d %d", &width, &height, &ch) != 3)
    {
        fprintf(stderr, "failed read file %s¥n", fname);
        return NULL;
    }
    *W = width;
    *H = height;
    *C = ch;

    if (ch != 3)
    {
        fprintf(stderr, "ch != 3.");
        return NULL;
    }
    unsigned int datasize = sizeof(float)*width*height * ch;
    float * in = (float *)malloc(datasize);

    for (int y = 0; y < height; y++)
    {
        for (int x = 0; x < width; x++)
        {
            if (fscanf(fp, "%f %f %f", &b, &g, &r) != 3)
            {
                fprintf(stderr, "failed read data %s¥n", fname);
                return NULL;
            }
            in[(y*width + x)*ch + 0] = b;
            in[(y*width + x)*ch + 1] = g;
            in[(y*width + x)*ch + 2] = r;
        }
    }

    fclose(fp);

    return in;
}

//----------------------------------------------------------------
// effect
```

```
float*
effect(const float* imgData, const int width, const int height, const int ch)
{
    int y, x;
    clock_t start, stop;
    float filter[] =
    {
        -1.0, -1.0, -1.0,
        -1.0,  9.0, -1.0,
        -1.0, -1.0, -1.0
    };
    const int filtersize = (int)sqrt((double)(sizeof(filter)/sizeof(filter[0])));

    start = clock();

    int size = width * height*ch;
    unsigned int datasize = sizeof(float)*size;
    float* out = (float *)malloc(datasize);

    int step = width * ch;
    float blue, green, red;

    #pragma acc parallel loop collapse(2) gang vector ¥
            copyin(filter, imgData[:size]) copyout(out[:size])
    for (y = filtersize / 2; y < height - (filtersize / 2); y++)
    {
        for (x = filtersize / 2; x < width - (filtersize / 2); x++)
        {
            float blue = 0.0, green = 0.0, red = 0.0;
            #pragma acc loop independent
            for (int fy = 0; fy < filtersize; fy++)
            {
                long iy = y - (filtersize / 2) + fy;
                #pragma acc loop independent ¥
                    reduction(+:blue) reduction(+:green) reduction(+:red)
                for (int fx = 0; fx < filtersize; fx++)
                {
                    long ix = x - (filtersize / 2) + fx;

                    blue  += filter[fy*filtersize+fx] * imgData[iy*step+ix*ch + 0];
                    green += filter[fy*filtersize+fx] * imgData[iy*step+ix*ch + 1];
                    red   += filter[fy*filtersize+fx] * imgData[iy*step+ix*ch + 2];
                }
            }
```

8 2次元の具体例

```c
                blue  = blue  <   0.0 ?   0.0: blue;
                blue  = blue  > 255.0 ? 255.0: blue;
                green = green <   0.0 ?   0.0: green;
                green = green > 255.0 ? 255.0: green;
                red   = red   <   0.0 ?   0.0: red;
                red   = red   > 255.0 ? 255.0: red;
                out[y * step + x * ch + 0] = blue;
                out[y * step + x * ch + 1] = green;
                out[y * step + x * ch + 2] = red;
            }
        }

        stop = clock();

        fprintf(stderr, "elapsed time = %.20f [sec]\n",
            (float)(stop - start) / CLOCKS_PER_SEC);

        return out;
    }

    //---------------------------------------------------------------
    // main
    int
    main(int argc, char* argv[])
    {
        int width, height, ch;
        float* in = NULL;

        if (argc < 2)
        {
            fprintf(stderr, "no <input>");
            return -1;
        }

        if ((in = readImgData(argv[1], &width, &height, &ch)) == NULL)
        {
            return -1;
        }

        float* out = effect(in, width, height, ch);
        if (out == NULL)
        {
            fprintf(stderr, "error: effect!\n");
            return -1;
```

```
        }

        if (argc < 3)
        {
            fprintf(stdout, "%d %d 3\n", width, height);
            for (int y = 0; y < height; y++)
            {
                for (int x = 0; x < width; x++)
                {
                    fprintf(stdout, "%d %d %d\n",
                        (int)out[(y*width + x)*ch + 0],
                          (int)out[(y*width + x)*ch + 1],
                            (int)out[(y*width + x)*ch + 2]);
                }
            }
        }

        if (in != NULL)
            free(in);

        if (out != NULL)
            free(out);

        return 0;
    }
```

網掛けした部分が直前のプログラムと異なる点です。単に filter を 2 次元から 1 次元へ変更しただけです。本プログラムを、pgcc でビルドした様子を示します。OpenACC を指定したものと、指定しないものも結果を diff で比較し、違いがないことも確認します。

```
PGI$ pgcc -acc -Minfo=accel -ta=tesla:cc50 -o sharpen2Acc sharpen2.c
effect:
     88, Generating copyin(filter[:])
         Generating copyout(out[:size])
         Generating copyin(imgData[:size])
         Accelerator kernel generated
         Generating Tesla code
     90, #pragma acc loop gang, vector(128) collapse(2) /* blockIdx. */
     92,   /* blockIdx.x threadIdx.x collapsed */
     96, #pragma acc loop seq
    101, #pragma acc loop seq
```

```
        96, Loop is parallelizable
       101, Loop is parallelizable

PGI$ ./sharpen2Acc /2d_data/cat2Color.txt > cat2ColorAcc.txt
elapsed time = 0.37000000476837158203 [sec]


PGI$ ./text2Bmp cat2ColorAcc.txt cat2ColorAcc.bmp


PGI$ pgcc -Minfo=accel -o sharpen2 sharpen2.c


PGI$ ./sharpen2    /2d_data/cat2Color.txt > cat2Color.txt
elapsed time = 0.30300000309944152832 [sec]


PGI$ ./text2Bmp cat2Color.txt cat2Color.bmp


PGI$ diff cat2ColorAcc.bmp cat2Color.bmp
```

第 9 章

ディレクティブ（指示文）

OpenACC は、OpenMP などと同様にディレクティブ（指示文）を指定することでプログラムの動作を指示します。本書は Fortran には言及しませんので、C/C++ 言語で使用する #pragma について解説します。基本的には、C/C++ 言語の #pragma を理解すれば FORTRAN も同様に理解できます。多少の違いはありますが、どちらか一方を理解すれば十分です。コンパイラが OpenACC をサポートしていないか無効の場合、その #pragma は無視され、通常の逐次プログラムとして解釈されます。

9 ディレクティブ（指示文）

構文

C/C++ 言語の OpenACC ディレクティブは #pragma を使用します。以降に構文を示します。

```
#pragma acc directive-name [clause [[,] clause] ...]
```

区切りは C/C++ 言語の pragma の規定通りです。FORTRAN では以下のような構文を使用します。

```
!$acc directive-name [clause [[,] clause] ...]
```

- directive-name　　ディレクティブ
- clause　　節

本書では FORTRAN の記述については解説しませんので、FORTRAN を利用する人は OpenACC の仕様書を参照してください。

9-1 Accelerator Compute ディレクティブ

ホストからデバイス側に処理をオフロードするためのディレクティブは parallel ディレクティブと kernels ディレクティブです。

■ 9-1-1　parallel ディレクティブ（構文）

このディレクティブは、デバイス側[1]で並列実行を開始させるためのディレクティブです。

---

[1] アクセラレータ側とも言う、たいていの場合 GPU。

構文

```
#pragma acc parallel  [clause [[,] clause] ...]
{
ブロック
}
```

・clause　　節（以降も同様）

clause（節）

```
async [( int-expr )]
wait [( int-expr-list )]
num_gangs( int-expr )
num_workers( int-expr )
vector_length( int-expr )
device_type( device-type-list )     : OpenACC 2.0
if( condition )
reduction( operator : var-list )
copy( var-list )
copyin( var-list )
copyout( var-list )
create( var-list )
present( var-list )
present_or_copy( var-list )
present_or_copyin( var-list )
present_or_copyout( var-list )
present_or_create( var-list )
deviceptr( var-list )
private( var-list )
firstprivate( var-list )
default( none or present )          : OpenACC 2.0
```

・int-expr　　　　　　　整数式
・int-expr-list　　　　整数式のリスト
・device-type-list　　デバイスタイプのリスト
・operator : var-list　リダクションを参照のこと
・condition　　　　　　条件
・var-list　　　　　　　変数のリスト

説明

プログラムが parallel ディレクティブに出会うと、その対象ブロックをオフロードします。デバイス側で実行するために、1 つ以上の gang が生成されます。そして、gang 当たりの worker、worker 当たりの vector が決まります。gang、worker、そして vector については明示的に指定できますが、自身が使用するシステムやアプリケーションの性質などを把握し、かつ OpenACC に慣れるまではコンパイラやシステムに任せるのが無難です。

async 節が指定されていない場合、並列領域の最後でデータや制御の同期が行われます。async 節が指定されていないときは、すべてのカーネル（ブロック内の処理）が終了するまでホスト側は停止します。

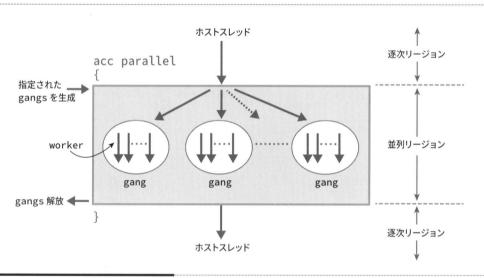

図9.1 ● parallel ディレクティブの動作

9-1-2 kernelsディレクティブ

このディレクティブは、デバイス側で実行するカーネルを指定するためのディレクティブです。

構文

```
#pragma acc kernels  [clause [[,] clause] ...]
{
   ブロック
}
```

clause（節）

```
async [( int-expr )]
wait [( int-expr-list )]
device_type( device-type-list )     : OpenACC 2.0
if( condition )
copy( var-list )
copyin( var-list )
copyout( var-list )
create( var-list )
present( var-list )
present_or_copy( var-list )
present_or_copyin( var-list )
present_or_copyout( var-list )
present_or_create( var-list )
deviceptr( var-list )
default( none )                     : OpenACC 2.0
```

説明

　kernelsディレクティブで指定したブロックを、デバイス側のカーネルに分解しコンパイルします。ネストされたループは異なるカーネルに分解されるのが一般的です。

　async節が指定されていない場合、並列領域の最後でデータや制御の同期が行われます。async節が指定されていないときは、すべてのカーネル（ブロック内の処理）が終了するまでホスト側は停止します。

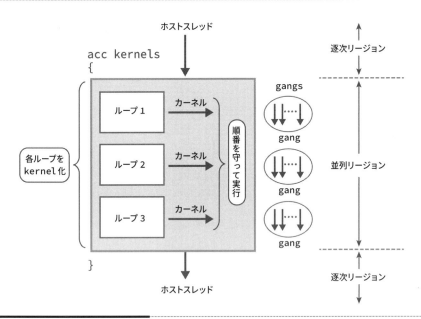

図9.2●kernels ディレクティブの動作

9-1-3　parallel ディレクティブと kernels ディレクティブの節

　parallel ディレクティブと kernels ディレクティブに指定できる節（clause）を対比して、表で示します。節の違いで、両ディレクティブの用法の違いも想像できるでしょう。

表9.1●parallelディレクティブとkernelsディレクティブに指定できる節

parallel ディレクティブ	kernels ディレクティブ	備考
async [(int-expr)]	async [(int-expr)]	後述。
wait [(int-expr-list)]	wait [(int-expr-list)]	後述。
num_gangs(int-expr)		後述。
num_workers(int-expr)		後述。
vector_length(int-expr)		後述。
device_type(device-type-list)	device_type(device-type-list)	OpenACC 2.0。後述。
if(condition)	if(condition)	後述。
reduction(operator : var-list)		後述。
copy(var-list)	copy(var-list)	

parallel ディレクティブ	kernels ディレクティブ	備考
copyin(var-list)	copyin(var-list)	
copyout(var-list)	copyout(var-list)	
create(var-list)	create(var-list)	
present(var-list)	present(var-list)	
present_or_copy(var-list)	present_or_copy(var-list)	
present_or_copyin(var-list)	present_or_copyin(var-list)	
present_or_copyout(var-list)	present_or_copyout(var-list)	
present_or_create(var-list)	present_or_create(var-list)	
deviceptr(var-list)	deviceptr(var-list)	
private(var-list)		後述。
firstprivate(var-list)		後述。
default(none or present)	default(none)	OpenACC 2.0。後述。

　これらのうちの主要な節（clause）について解説します。いくつかの節は両ディレクティブの片方にしか指定できません。初心者が理解しておく必要性の高いものは丁寧に説明しますが、そうでないものは簡便に説明するか省略します。

　データの管理を行う copy、copyin 節などのデータの転送や割り付けに関する節については、次節「data ディレクティブ」で解説します。それ以外については、OpenACC の理解が進んだときに、OpenACC の仕様書を参照してください。また、各節の詳細を知りたい場合も OpenACC の仕様書を参照してください。

if 節

　if 節は、parallel や kernels ディレクティブではオプションです。もし if 節がなければ、コンパイラはデバイス上で実行するためのコードを生成します。if 節が現れると、デバイス上で実行可能なコードとホストで実行可能な 2 つのコードを生成します。1 つはデバイスで実行するためのコード、もう 1 つはホストで実行するためのコードです。if の条件が真であれば、デバイス上で、そうでなければホストで実行します。条件が真とは、C/C++ の場合は条件判定が 0 以外のとき、Fortran では .true. であるときです。

async 節

　async 節は、parallel や kernels ディレクティブではオプションです。async 節を指定した場合、対応するブロックは非同期に処理されます。async 節が存在しない場合、対応するブロックが実行されるまでホストの処理は待たされます。つまり、async 節が存在しない場合、オ

フロードされる部分は同期して動作します。

　async 節が存在し引数が指定されている場合、引数は整数の式でなければなりません。この整数は、非同期で実行される処理の待機や同期を取る際に、wait 指示文などと対にして使用されます。これらの具体例については、サンプルプログラムを使って解説します。なお、async 節は引数なしで指定することもできます。そのような場合、プログラムで使用されている async 引数と異なる値を使用します。

　同じ引数値を持つ非同期処理は、ホスト側が実行する順にデバイス上で実行されます。つまり、ホストとは非同期ですが、同じ引数値を持つ非同期処理はデバイス上の処理順は保証されます。異なる引数値を持つ非同期処理は、非同期にデバイス上で実行されます。ホストが複数のスレッドを持ち、それぞれで同じデバイスを共有している場合、より複雑になりますので、そのようなケースは OpenACC の仕様書を参照してください。async 節に関しては理解するのが簡単ではないため、サンプルプログラムで後述します。

wait 節

　wait 節は、オプションの節です。wait 節は async 節と対になって非同期の処理を同期させるのに使用します。wait 節を指定した場合、非同期実行キュー（async 節に指定した値）のすべての処理が完了するまで待機します。wait 節が存在し引数が指定されている場合、引数は整数の式でなければなりません。この整数は、対象となる async 節で指定した値と同じでなければなりません。同じ引数値を持つ非同期処理は、ホスト側が実行する順にデバイス上で実行されます。つまり、ホストとは非同期ですが、デバイス上の処理順は順序が保証されます。異なる引数値を持つ非同期処理は、非同期にデバイス上で実行されます。なお、wait 節は引数なしで指定することもできます。そのような場合、対応する非同期実行キューすべての処理が完了するまで待機します。ホストが複数のスレッドを持ち、それぞれで同じデバイスを共有している場合、より複雑になりますので、そのようなケースは OpenACC の仕様書を参照してください。wait 節に関しては理解するのが簡単ではないため、これらの具体例はサンプルプログラムを使って後述します。

num_gangs 節

　num_gangs 節は、parallel ディレクティブのみに許される節です。与えられた整数（式）は、並列領域を実行する並列 gang の数を定義します。num_gangs 節が与えられていない場合、実装依存となりそのデフォルトが使用されます。

num_workers 節

num_workers 節は、parallel ディレクティブのみに許される節です。与えられた整数（式）は、その領域を実行する gang 内のワーカ数を定義します。num_workers 節が与えられていない場合、実装依存となりそのデフォルトが使用されます。

vector_length 節

vector_length 節は、parallel ディレクティブのみに許される節です。与えられた整数(式)は、ワーカ内のベクトルまたは SIMD 演算で使うベクトル長です。vector_length 節が与えられていない場合、実装依存となりそのデフォルトが使用されます。このベクトル長は、loop ディレクティブ上の vector 節を指定したループに対して適用されます。また、コンパイラによる自動ベクトル化されるループに対しても適用されます。

private 節

private 節は、parallel ディレクティブのみに許される節です。コンパイラは、private 節のリスト上に記述された変数のコピーが、各 gang に作られることを宣言します。OpenMP を習得している人は、OpenMP の private と同じように考えてよいです。

firstprivate 節

firstprivate 節は、parallel ディレクティブのみに許される節です。コンパイラは、firstprivate 節のリスト上に記述された変数のコピーが、各 gang に作られることを宣言します。そして、そのコピーは、parallel 構文に出会ったときに、ホストの値で初期化されます。OpenMP を習得している人は、OpenMP の firstprivate と同じように考えてよいです。

reduction 節

reduction 節は、parallel ディレクティブのみに許される節です。本節は、1 つ以上のスカラー変数のリダクション処理を指定します。配列を指定したくなる場合もありますが、スカラー変数しか指定できませんので注意してください。各変数は、各 gang に対し、プライベートな変数を作成し、初期化を行います。その領域の最後で、その値はリダクション処理により集合されます。この集合された値は、オリジナル変数へ設定されます。リダクションの結果は領域の最後で有効となります。以下に、リダクション可能な処理を列挙します。C/C++ においては、int、float、double、complex データ型の演算がサポートされます。Fortran では、integer、real、double precision、complex のデータ型がサポートされます。OpenMP を習得して

いる人は、OpenMPのreductionと同じように考えてよいです。

表9.2●reduction可能な処理

C/C++		FORTRAN	
演算子	初期値	演算子	初期値
+	0	+	0
*	1	*	1
max	least	max	least
min	largest	min	largest
&	~0	iand	all bits on
|	0	ior	0
^	0	ieor	0
&&	1	.and.	.true.
||	0	.or.	.false.
		.eqv.	.true.
		.neqv.	.false

device_type節（OpenACC 2.0）

device_type節は、オプションの節です。この節を使って複数の異なるデバイスに対して節を指定できます。device_type節への引数の指定方法は、デバイスをコンマで区切り指定します。任意のデバイスを指定するにはアスタリスクで指定します。本書はデバイス特有な指定は行いませんので、詳細についてはOpenACCの仕様書を参照してください。

default節（OpenACC 2.0）

default節は、オプションの節です。default(none)は、コンパイラに対してデータの属性を暗黙に決定しないように知らせます。対象となるのは、parallelディレクティブとkernelsディレクティブに、data節で明示的に指定したものだけでなく、parallelディレクティブとkernelsディレクティブでコンパイラが自動的に解釈したデータ、さらにdeclareディレクティブで指定されたデータも含みます。また、default(present)を指定した場合、parallelディレクティブとkernelsディレクティブで使用している変数や配列に対し、これらがpresent節が暗黙に指定されたものとして扱います。詳細についてはOpenACCの仕様書を参照してください。

9-2 data ディレクティブ

このディレクティブは、デバイス側で実行する部分の入り口で、ホスト側からデバイス側へデータ転送を、出口でデバイス側からへホスト側へのデータ転送を指定します。

データがどのように管理されるか、また data ディレクティブなどについて解説します。OpenACC のデータの扱いについては、第 5 章「OpenACC とデータ」で概要を解説済みです。ここでは、それぞれの詳細を解説します。

■ 9-2-1 構文

```
#pragma acc data    [clause [[,] clause] ...]
{
  ブロック
}
```

・clause　　　　　　節（以降も同様）

clause（節）

```
if( condition )
copy( var-list )
copyin( var-list )
copyout( var-list )
create( var-list )
present( var-list )
present_or_copy( var-list )
present_or_copyin( var-list )
present_or_copyout( var-list )
present_or_create( var-list )
deviceptr( var-list )
```

・condition　　　　　条件
・var-list　　　　　　変数のリスト

9 ディレクティブ（指示文）

■ 9-2-2　説明

　データはデバイス側とホスト側に割り付けられ、必要に応じてホストからデバイス（H→D）、デバイスからホスト（D→H）へ転送されます。dataディレクティブは、オフロードする部分で、ホストとデバイス間でメモリ転送、またデバイス側にメモリ割り付けなどを指示します。デバイスのメモリに割り付けるのは、スカラー、配列、部分配列などです。このディレクティブは、データがオフロードする部分の入り口でホスト側からデバイス側に転送されるものなのか、オフロードする部分の出口でデバイス側からホスト側へ転送するものなのかを含めて定義するのに使用します。

　OpenACC 2.0以降では、「ホストメモリ」を「ローカルメモリ」と呼ぶようになりました。本書では、細かい用語の使用法にはこだわらず、分かりやすい解説を目指します。「ローカルメモリ」とは、「ローカルなスレッド」がアクセスするメモリを指します。ローカルなスレッドとは、OpenACCディレクティブの指すブロックを実行するスレッドです。先に説明しましたように、たいていの場合デバイス側（アクセラレータ）のスレッドを指しますが、ホストのスレッドで実行される場合もあります。OpenACC 2.0以降に、ネストされた並列領域のサポートがなされたことにより、ホスト側のメモリだけの概念ではなくなったため、この用語が使われます。少しややこしいので、OpenACCに慣れるまでは、余計なことは考えず、基本的にOpenACCディレクティブが指す部分はデバイス側へオフロードされ、当然オフロードされる処理が使用するメモリはデバイス側、それ以外はホスト側で実行され、使用されるメモリもホスト側のメモリと考えておくと良いでしょう。最初から細かい部分まで考慮すると、理解を阻害するでしょう。

　図に示すように、dataディレクティブに続くブロックを、データ領域と呼びます。一般的にデータ領域の入り口と出口でデータ転送が発生します。

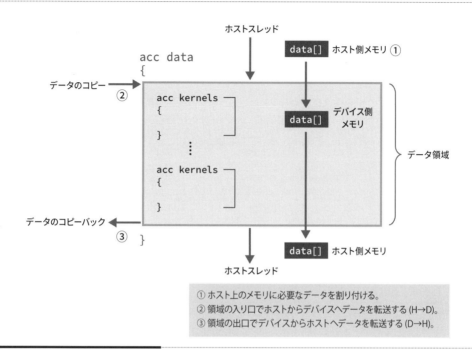

図9.3●dataディレクティブの役割

9-2-3　節の説明

dataディレクティブなどに指定できる節を解説します。初心者が理解しておく必要性の高いものは丁寧に説明しますが、そうでないものは概要を説明するか、あるいは省略します。OpenACCの理解が進み、各節の詳細を知りたい場合はOpenACCの仕様書を参照してください。

if 節

if節はオプションの節です。if節がない、あるいは条件が真の場合、デバイス側にメモリ割り付けデータ移動のコードを生成します。条件が真とは、C/C++の場合は条件判定が0以外のとき、FORTRANでは.true.であるときです。if節が存在し条件が真でない場合、メモリ割り付けデータや移動のコードは生成しません。

copy 節

copy節は、指定された変数、配列などをデバイスとホスト間でデータ転送する必要があるこ

とを示します。オフロードする領域へ入る前にホストからデバイスへ転送し、領域が完了したときにデバイスからホストへ転送します。部分配列が指定された場合、その部分のみが転送されます。dataディレクティブやAccelerator Computeディレクティブでcopy節が指定された場合、指定された変数、配列などをデバイスへ割り付け、さらにホストからデバイスへ転送し、オフロードされた処理が完了したときに（データ領域の終了時に）デバイスからホストへデータ転送します。もし、デバイスがローカルスレッドとメモリを共有する場合、本節に指定したデータは共有され、データはデバイスに割り付けされず転送も行われません。このため、ホストで処理される場合、データの管理に間違いがあっても問題が顕在化しませんので注意が必要です。

copyin節

　copyin節は、指定された変数、配列などをホストからデバイスへ転送する必要があることを示します。オフロードする領域へ入る前にホストからデバイスへデータを転送します。copyin節に指定した変数、配列、部分配列などは、デバイス側で当該配列などの値が変更されても、デバイスからホストへのコピーバックは行われません。部分配列が指定された場合、その部分のみが転送されます。dataディレクティブやAccelerator Computeディレクティブでcopyin節が指定された場合、指定された変数、配列などをデバイスへ割り付け、さらにホストからデバイスへデータを転送します。もし、デバイスがローカルスレッドとメモリを共有する場合、本節に指定したデータは共有され、データはデバイスに割り付けされず転送も行われません。

copyout節

　copyout節は、指定された変数、配列などをデバイスからホストへ転送する必要があることを示します。オフロードする領域が完了したときにデバイスからホストへデータを転送します。copyout節に指定した変数、配列、サブ配列などは、ホストで変更されていても、ホストからデバイスへの転送は行われません。サブ配列（部分配列）が指定された場合、その部分のみが転送されます。dataディレクティブやcomputeディレクティブでcopyout節が指定された場合、本節に指定された変数、配列などをデバイスへ割り付けますが転送は行いません。当該データ領域が完了したら、デバイスからホストへデータを転送します。もし、デバイスがローカルスレッドとメモリを共有する場合、本節に指定したデータは共有され、データはデバイスに割り付けされず転送も行われません。

create節

　create節は、指定された変数、配列などをデバイスで割り付ける必要があることを示し、データ転送は行いません。オフロードする領域へ入る前にcreate節に指定した変数、配列、サ

ブ配列などを、デバイス側で割り付けます。これらの配列などは、ホストの値はデバイス側で必要とせず、また、当該配列などの値が変更されても、デバイスからホストへのコピーバックは行われません。完全にデバイス側で使用するだけです。data ディレクティブや parallel ディレクティブや kernels ディレクティブで本節が指定された場合、その領域の入り口で当該データの割り付けが行われます。また、当該領域が完了すると、当該データの解放が行われます。もし、デバイスがローカルスレッドとメモリを共有する場合、本節に指定したデータは共有され、データはデバイスに割り付けされません。

present 節

　present 節は、指定された変数、配列などがすでにデバイス上に存在することを示します。すでに変数、配列などがデバイス側に存在していてもコンパイラは認識できない場合があります。そのようなときに present 節の指定がないと無駄な割り付けやデータ転送が発生します。指定した変数、配列などがデバイス上に存在しないと、プログラムはエラーを起こします。もし、「データライフタイム」内で、部分配列を指定する場合、present 節は同じ部分配列あるいは、部分配列の適切なサブセットである部分配列を指定しなければなりません。もし、present 節で指定した部分配列がデータライフタイム内に指定された部分配列の部分ではない配列要素を含むものであった場合、ランタイムエラーとなりプログラムは終了します。なお、present 節の指定を行わなかった場合、無駄な処理が行われますがプログラムは正常に動作します。

present_or_copy 節

　present_or_copy 節は、pcopy と略すことができます。present_or_copy 節に指定された変数、配列などがすでにデバイス上に存在するかテストし、存在するなら何も行いません。もし、デバイス上に存在しないなら、copy と同じ動作を行います。デバイス上に存在する場合、present 節へ指定した場合と同様です。ホストとデバイスのメモリが共有されている場合、指定された変数、配列などに対し特別な処理は行いません。

present_or_copyin 節

　present_or_copyin 節は、pcopyin と略すことができます。present_or_copyin 節に指定された変数、配列などがすでにデバイス上に存在するかテストし、存在するなら何も行いません。もし、デバイス上に存在しないなら、copyin と同じ動作を行います。デバイス上に存在する場合、present 節へ指定した場合と同様です。ホストとデバイスのメモリが共有されている場合、指定された変数、配列などに対し特別な処理は行いません。

present_or_copyout 節

　present_or_copyout 節は、pcopyout と略すことができます。present_or_copyout 節に指定された変数、配列などがすでにデバイス上に存在するかテストし、存在するなら何も行いません。もし、デバイス上に存在しないなら、pcopyout と同じ動作を行います。デバイス上に存在する場合、present 節へ指定した場合と同様です。ホストとデバイスのメモリが共有されている場合、指定された変数、配列などに対し特別な処理は行いません。

present_or_create 節

　present_or_create 節は、pcreate と略すことができます。present_or_create 節に指定された変数、配列などがすでにデバイス上に存在するかテストし、存在するなら何も行いません。もし、デバイス上に存在しないなら、create と同じ動作を行います。デバイス上に存在する場合、present 節へ指定した場合と同様です。ホストとデバイスのメモリが共有されている場合、指定された変数、配列などに対し特別な処理は行いません。

■ 9-2-4　data 指示句におけるサブ配列（部分配列）の指定方法

　まず、配列を data ディレクティブ、あるいは copy 節などに指定する場合の基本的な考えを示します。配列を転送する場合、添字の長さ（各次元の要素数）の指定方法が、配列のメモリ割り付け方法によって異なります。まず、malloc などで動的に割り付けられた配列を data ディレクティブで指定する場合、その次元の長さは明示的に指定しなければなりません。静的に宣言されたグローバルな配列は、コンパイラがそのサイズを理解できるためメモリを転送するコードをコンパイラが生成できます。ところが、動的に割り付けられた配列の大きさは、実行時にならないと大きさが分かりません。このため、プログラマが明示的に、コンパイラに長さを指示しなければなりません。もし、動的に割り付けた配列の長さを明示的に指定しない場合、コンパイラはエラーメッセージをコンパイル時に出力します。もちろん、静的に割り付けた配列の長さを明示的に指定しても構いませんが、ケアレスミスの元となりかねませんので、静的に割り付けてコンパイラが長さを把握している配列は、名前だけを指定することを推奨します。

　さて、本節の主題に移りましょう。配列を data ディレクティブ、あるいは copy 節などに指定するとき、その一部[2]だけを転送すればよい場合があります。そのような場合は、ブラケット内に開始位置と、長さを指定します。たとえば以降に示すような形式です。

　a[5:n]　　最初の 5 が配列の開始位置で、「:」に続く n が長さです。この指定した範囲が転送

※2　部分配列、あるいはサブ配列と呼ぶ。

の対象となります。

a[:n]　　最初の値を指定しなかった場合、開始位置は 0 と解釈します。
a[5:]　　2 番目の引数がない場合、指定された位置から配列の最後までが対象となります。

ある特定の部分だけを指定したい場合は、最初の書式で指定します。たとえば、部分配列 a[5:n] は、要素 a[5]、a[6]、…、a[5+n-1] を意味します。

深く考えず配列名を指定すると、特定の部分のみ更新すればよい場合でも毎回配列すべてのデータ転送が発生します。プログラム上の誤りではありませんが、大幅に性能低下する可能性がありますので、よく考えてプログラミングしましょう。

9-3　enter data と exit data ディレクティブ（OpenACC 2.0）

データがどのように管理されるか、また data ディレクティブなどについて解説します。OpenACC のデータの扱いについては概要を第 5 章「OpenACC とデータ」で解説済みです。ここでは、enter data ディレクティブと exit data ディレクティブについて詳細を解説します。

9-3-1　enter data ディレクティブ

構文

```
#pragma acc enter data   [clause [[,] clause] ...]
```

・clause　　　　節（以降も同様）

clause（節）

```
async [( int-expr )]
wait [( int-expr-list )]
if( condition )
copyin( var-list )
create( var-list )
```

9-3-2 exit data ディレクティブ

構文

```
#pragma acc exit data  [clause [[,] clause] ...]
```

clause（節）

```
async [( int-expr )]
wait [( int-expr-list )]
if( condition )
finalize
copyout( var-list )
delete( var-list )
```

- int-expr　　　　　整数式
- int-expr-list　　　整数式のリスト
- condition　　　　条件
- var-list　　　　　変数のリスト

説明

　enter dataディレクティブは、データの解放を指示するexit dataディレクティブに到達するまでの間、あるいはプログラムが終了するまで、デバイス側にスカラー、配列、部分配列を割り付けるために指定します。enter dataディレクティブで、データ領域の入り口でホストからデバイスへ転送されるものか、あるいはexit dataディレクティブの時点でデバイスからホストへ転送されるものなのかを指示するのに使用します。データのライフタイムは、enter dataディレクティブから、それに対応するexit dataディレクティブまでの間、もしくはプログラムが終了するまでです。そのデータのライフタイム中に現れるOpenACCディレクティブにおいては、その対象となるデータはpresent節と同じ状態として扱われます。これはOpenACC 2.0の機能です。

　OpenACC 1.0 では、ブロックでデータ領域を定義し、データのコピーも指定します。

```
#pragma acc data copyin(in[:n]) copyout(out[:n])
{
```

```
    … ブロック …
}
```

OpenACC 2.0 では、データ領域の開始（enter data）とデータ領域の終了（exit data）を任意の場所に記述できます。

```
#pragma acc enter data copyin(in[:n]) create(out[:n])
    …
#pragma acc exit data delete(in[:n])
    …
#pragma acc exit data copyout(out[:n])
    …
```

このようなことから、OpenACC 1.0 では、データのライフタイムは、1つのブロックのみに制約されました。OpenACC 2.0 では、データのライフタイムはブロックにとらわれず、自由にライフタイムを設定できます。

```
void foo(…)
{
    #pragma acc enter data copyin(in[:n]) create(out[:n])
    …
}
…
void bar(…)
{
    #pragma acc exit data copyout(out[:n])
    …
}
```

9-3-3 enter data ディレクティブと exit data ディレクティブの節

enter data ディレクティブと exit data ディレクティブに指定できる clause（節）を対比して表で示します。節の違いで、両ディレクティブの用法の違いも想像できるでしょう。

表9.3●enter dataディレクティブとexit dataディレクティブに指定できる節

enter data ディレクティブ	exit data ディレクティブ
async [(int-expr)]	async [(int-expr)]
wait [(int-expr-list)]	wait [(int-expr-list)]

enter data ディレクティブ	exit data ディレクティブ
`if( condition )`	`if( condition )`
`copyin( var-list )`	
`create( var-list )`	
	`finalize`
	`copyout( var-list )`
	`delete( var-list )`

■ 9-3-4 節（clause）の説明

enter data と exit data ディレクティブに指定できる節を解説します。初心者が理解しておく必要性の高いものは丁寧に説明しますが、そうでないものは簡便に説明するか省略します。OpenACC の理解が進み、各節の詳細を知りたい場合は OpenACC の仕様書を参照してください。

if 節

if 節はオプションの節です。if 節は、9-2 節「data ディレクティブ」で解説済みです。if 節がない、あるいは条件が真の場合、デバイス側にメモリ割り付け、データ移動、そして割り付け終了のコードを生成します。条件が真とは、C/C++ の場合は条件判定が 0 以外のとき、FORTRAN では .true. であるときです。if 節が存在し条件が真でない場合、デバイス側へのメモリ割り付け、データ移動、そして割り付け終了のコードは生成しません。

async 節と wait 節

async 節と wait 節は、すでに 9-1 節「Accelerator Compute ディレクティブ」で解説済みですが、ここでは、データ転送や割り付けからの観点で解説します。async 節は parallel ディレクティブ、kernels ディレクティブ、enter data ディレクティブ、exit data ディレクティブ、update ディレクティブあるいは wait ディレクティブとともに指定可能な節です。async 節が指定されていないとき、ホストは当ディレクティブが終了するまで待ちます。wait 節の場合は、対応する非同期実行キューの処理が完了するまで待ちます。詳細は、OpenACC の仕様書を参照してください。

data 節

copyin、copyout、create などのデータ転送や割り付けに関しては、9-2 節「data ディレクティブ」を参照してください。データ領域へ入るときに、すでに当該データがデバイス上に存在して

いた場合、データは生成されませんが、内部的にそのデータに対する「参照カウント」を1つ増加させます。exit dataディレクティブに指示されると、データの「参照カウント」を1つ減らし、そのカウントがゼロであればデータはデバイスから削除されます。

finalize 節

指定されたデータの「参照カウント」をゼロにセットして、データを削除します。

delete 節

delete節は、exit dataディレクティブで使用されます。ここで指定された変数、配列、部分配列などはホストメモリへのコピーバックが行われず、デバイスの割り付けを終了します。もし、デバイスがホストと共有するメモリを有するものであるときは、delete節は何も行いません。

9-4 データ管理のサンプル

いくつかdataディレクティブ、enter dataディレクティブ、そしてexit dataディレクティブなどを利用したデータ管理を行う簡単なサンプルプログラムを紹介します。

まず、データの管理をコンパイラへ任せた例を示します。

```
#include <stdio.h>
#include <stdlib.h>

#define n    65536

int main()
{
    float x[n], y[n];

    for (int i = 0; i < n; i++)
        x[i] = (float)rand();

    float a = (float)rand();
```

```
    #pragma acc kernels          //   x: ホスト → デバイス
    for (int i = 0; i < n; i++)
    {
       y[i] = a * x[i];
    }                            //   y: デバイス → ホスト

    for (int i = 0; i < 10; i++)
    {
        printf("y[%d] = %.10f¥n", i, y[i]);
    }
    return 0;
}
```

以降に、このプログラムをコンパイルしたときのメッセージを示します。

```
PGI$ pgcc -acc -Minfo=accel -o sample01 sample01.c
main:
    15, Generating implicit copyout(y[:])
        Generating implicit copyin(x[:])
    16, Loop is parallelizable
        Accelerator kernel generated
        Generating Tesla code
    16, #pragma acc loop gang, vector(128) /* blockIdx.x threadIdx.x */
```

単純なプログラムでは、コンパイラが自動的でデータ転送のコードを挿入します。この例のコンパイルメッセージを見ると、ホストとデバイス間のデータ転送が implicit に生成されています。さらに、ループが並列化されたこと、そしてカーネルコードが生成されているのが分かります。

次に、implicit に生成されているデータ転送を、明示的に copyin 節や copyout 節で指示したコードを示します。

```
#include <stdio.h>
#include <stdlib.h>

#define n    65536

int main()
```

```c
{
    float x[n], y[n];

    for (int i = 0; i < n; i++)
        x[i] = (float)rand();

    float a = (float)rand();

    #pragma acc kernels copyin(x) copyout(y)     // 明示的に指定
    for (int i = 0; i < n; i++)
    {
        y[i] = a * x[i];
    }

    for (int i = 0; i < 10; i++)
    {
        printf("y[%d] = %.10f¥n", i, y[i]);
    }
    return 0;
}
```

以降に、このプログラムをコンパイルしたときのメッセージを示します。

```
PGI$ pgcc -acc -Minfo=accel -o sample02 sample02.c
main:
    15, Generating copyout(y[:])
        Generating copyin(x[:])
    16, Loop is parallelizable
        Accelerator kernel generated
        Generating Tesla code
        16, #pragma acc loop gang, vector(128) /* blockIdx.x threadIdx.x */
```

今度は、dataディレクティブを使用したソースリストを示します。この例では、配列の範囲も明示的に指定します。

```c
#include <stdio.h>
#include <stdlib.h>

#define n     65536

int main()
```

```c
{
    float x[n], y[n];

    for (int i = 0; i < n; i++)
        x[i] = (float)rand();

    float a = (float)rand();

    #pragma acc data copyin(x[0:n]) copyout(y[0:n]) // ↓データ領域
    {
        #pragma acc kernels
        for (int i = 0; i < n; i++)
        {
            y[i] = a * x[i];
        }
    }                                                // ↑データ領域

    for (int i = 0; i < 10; i++)
    {
        printf("y[%d] = %.10f\n", i, y[i]);
    }
    return 0;
}
```

以降に、このプログラムをコンパイルしたときのメッセージを示します。

```
PGI$ pgcc -acc -Minfo=accel -o sample03 sample03.c
main:
    15, Generating copyout(y[:])
        Generating copyin(x[:])
    18, Loop is parallelizable
        Accelerator kernel generated
        Generating Tesla code
        18, #pragma acc loop gang, vector(128) /* blockIdx.x threadIdx.x */
```

直前のプログラムを、enter data ディレクティブと exit data ディレクティブで記述したソースリストを示します。

```c
#include <stdio.h>
#include <stdlib.h>
```

```c
#define n    65536

int main()
{
    float x[n], y[n];

    for (int i = 0; i < n; i++)
        x[i] = (float)rand();

    float a = (float)rand();

    #pragma acc enter data copyin(x[:n]) create(y[:n])

    #pragma acc kernels present(x, y)    // ←データのライフをコンパイラへ教える
    for (int i = 0; i < n; i++)
    {
        y[i] = a * x[i];
    }

    #pragma acc exit data  copyout(y[:n])

    for (int i = 0; i < 10; i++)
    {
        printf("y[%d] = %.10f¥n", i, y[i]);
    }
    return 0;
}
```

以降に、このプログラムをコンパイルしたときのメッセージを示します。

```
PGI$ pgcc -acc -Minfo=accel -o sample04 sample04.c
main:
    15, Generating enter data copyin(x[:])
        Generating enter data create(y[:])
    17, Generating present(x[:],y[:])
    18, Loop is parallelizable
        Accelerator kernel generated
        Generating Tesla code
        18, #pragma acc loop gang, vector(128) /* blockIdx.x threadIdx.x */
    23, Generating exit data copyout(y[:])
```

enter dataディレクティブとexit dataディレクティブを使用すると、データのライフサイクルを柔軟に管理できます。代わりにコンパイラにデータのライフを教える必要があります。たとえば、ここではkernelsディレクティブにpresent節を指定し、リストに指定した配列がデバイスに存在することをコンパイラへ教えています。ちなみに、このpresent節を指定し忘れたときのメッセージを示します。

```
PGI$ pgcc -acc -Minfo=accel -o sample04noPresent sample04noPresent.c
main:
    15, Generating enter data copyin(x[:])
        Generating enter data create(y[:])
    17, Generating implicit copyin(x[:])
        Generating implicit copyout(y[:])
    18, Loop is parallelizable
        Accelerator kernel generated
        Generating Tesla code
        18, #pragma acc loop gang, vector(128) /* blockIdx.x threadIdx.x */
    23, Generating exit data copyout(y[:])
```

enter dataディレクティブで、すでにデバイスに存在する配列に対し、implicitにホストとデバイス間のデータ転送するコードが生成されています。処理結果に影響はありませんが、余計なデータ転送が性能低下を引き起こすでしょう。

9-5 loopディレクティブ[※3]

loopディレクティブは、このディレクティブの直後に続くループに適用します。loopディレクティブはループを並列実行するときの種類を指定できます。また、プライベート配列や変数の指定やリダクションを指定できます。

※3 参考文献 [7]。

9-5 loopディレクティブ

■ 9-5-1 構文

```
#pragma acc loop  [clause [[,] clause] ...]
  for loop
```

・clause　　　節（以降も同様）

clause（節）

```
collapse( n )
gang [( gang-arg-list )]
worker [( [num:] int-expr )]
vector [( [length:] int-expr )]
seq
auto                                   : OpenACC 2.0
tile( size-expr-list )                 : OpenACC 2.0
device_type( device-type-list )        : OpenACC 2.0
independent
private( var-list )
reduction( operator : var-list )
```

■ 9-5-2 説明

　このディレクティブは、kernelsディレクティブを使用した場合は任意です。しかし、parallelディレクティブを使用した場合、このloopディレクティブを指定したループがオフロードを開始する場所となるため必須です。

　kernelsディレクティブの後でloopディレクティブを使用した場合、コンパイラは自動的に並列実行単位をハードウェアの並列演算コアにマッピングします。プログラムの特性によっては、コンパイラが自動的に決定した値が最適とは限りません。そのような場合、使用者は明示的に各種「節」や、その引数を指示して最適な値に変更することが可能です。性能チューニングは、gang/vector値を試行錯誤して、性能変化があるか観察する必要があります。これらはプログラムの特性やアクセラレータの構成に依存するため、一般解は存在しません。本書は、特定のプログラムやハードウェアに依存しないため、このような細かなチューニングについては言及しません。

9 ディレクティブ（指示文）

以降に、kernels ディレクティブのみを指定する例を示します。コンパイラは自動的に並列実行単位を決定します。ただ、コンパイラが最適な並列分割の方法やベクトル長を決定できるとは限りません。

```
      :
#pragma acc data copyout(c[:n][:n]) copyin(b[:n][:n],a[:n][:n])
#pragma acc kernels
{
    for (i = 0; i < n; i++)
    {
        for (j = 0; j < n; j++)    // ループ1
        {
            float cc = 0.0f;

            for (k = 0; k < n; k++)    // ループ2
            {
                cc += a[i][k] * b[k][j];
            }
            c[i][j] = cc;
        }
    }
}
      :
```

kernels ディレクティブに続くブロックを並列化しますが、このような例はデータ依存が疑われるためコンパイラは並列しない可能性が高いです。事実、このプログラムのコンパイルメッセージを観察したところ、データ依存を疑われ並列化されず、かつ実行順も逐次プログラムと同じ結果が期待できる #pragma acc loop seq が指定されたとみなされています。

このプログラムを開発した人は、データ依存があるかないかは判断できます。そこで、以下のように明示的に loop ディレクティブを指定してみましょう。

```
      :
#pragma acc data copyout(c[:n][:n]) copyin(b[:n][:n],a[:n][:n])
#pragma acc kernels
{
    #pragma acc loop independent
    for (i = 0; i < n; i++)
    {
        #pragma acc loop independent
```

```
            for (j = 0; j < n; j++)
            {
                float cc = 0.0f;
                #pragma acc loop reduction(+:cc)
                for (k = 0; k < n; k++)
                {
                    cc += a[i][k] * b[k][j];
                }
                c[i][j] = cc;
            }
        }
    }
    ⋮
```

　データ依存のないループに `#pragma acc loop independent` を指定すると、コンパイラは、このループを並列化します。念のため、最も内側のループには reduction 節を明示的に指定して、正常にコンパイルされるようにします。

　loop ディレクティブは、ループを実行する際に使用する並列のタイプの指定、プライベートな変数、配列の宣言、リダクション処理や、その対象の変数の指定を行うのにも使用されます。loop ディレクティブは、直後に続くループに対して有効です。この例に示すように、各ループでデータの依存性がないこと（independent）をコンパイラに伝えるのにも使用します。

　OpenACC は、処理をハードウェアの並列演算コアにマッピングしますが、コンパイラが決定した並列分割やベクトル長の指定が最善とは限りません。このような場合は、プログラマが明示的に各指示句の引数を指示する必要があります。たとえば、gang や vector の引数に適切な値を与えます。しかし、このような引数の値を決定するには、システムの構成やハードウェアの知識が必要であり、かつ適切な値はシステムごとに異なります。このため、実際の現場では、コンパイラに任せるか、あるいはシステムの変更や、ほかのシステムで動作させる予定のないプログラムであれば、各パラメタを適切と思われるいくつかの値に変更しながら試行錯誤するしかないでしょう。幸い、loop ディレクティブはそのような試行錯誤の道を残してくれています。

　OpenACC は、「並列 3 階層」モデルを提供しています。3 階層とは、gang、worker、vector からなる並列化の階層化構造です。プログラムはネストループ（ループの入れ子）を形成するのは良くあることです。このため、OpenACC 2.0 の規格で、並列 3 階層のモデルが明確に定義されました。本書では対象システムを明示しないことや、あまりにも詳細な説明になるため、並列 3 階層のモデルの具体例は示しません。もし、読者がプログラムを究極的にチューニングしたい場合は、loop ディレクティブに gang、worker、vector を与え、適切な引数を指定し、性能の変化を観察しながらプログラムをチューニングしてください。

9-5-3 節（clause）の説明

loop ディレクティブに指定できる clause（節）を解説します。初心者が理解しておく必要性の高いものは丁寧に説明しますが、そうでないものは簡便に説明するか省略します。OpenACC の理解が進み、各 clause（節）の詳細を知りたい場合は OpenACC の仕様書を参照してください。

collapse 節

collapse 節は、タイトに連続したループを 1 つにまとめて並列化します。collapse 節は collapse (n) と指定します。この n が本節に続く n 個のループをまとめることを指定します。もし、collapse 節が存在しないなら、直後のループだけがディレクティブの対象です。もし、1 つ以上のループが loop ディレクティブに関連付けられているなら、そのすべてのループのイテレーション（反復）は、ほかの節を含めてスケジューリングされます。collapse 節に関連付けられたループのトリップカウントは、計算可能で不変でなければなりません。なお、ディレクティブの gang、worker、vector 節が各ループに適用されるか、あるいは、collapse 節によって線形化されたイテレーション空間（linearized iteration space of the loops）へ適用されるかどうかは、実装依存です。collapse 節に関しては、すでに説明したプログラムで使用していますので、具体例は示しません。

gang 節、worker 節、vector 節

これらは、階層化されたアクセラレータ内の実行単位を指定するものです。少々複雑ですので、OpenACC の入門者が最初から、これらを自身で指定して最高の性能を得るには、相当の学習期間と試行錯誤が必要なことはもちろん、プログラムの特性や実装されているアクセラレータの特性も十分に理解している必要があります。上級者になるまではコンパイラに任せる方が無難でしょう。変にいじるより、コンパイラオプションでターゲットのハードウェアを教えることを忘れない方が良いでしょう。このような背景から、入門時に混乱を招きかねないこれらの節の詳細の説明は本書では省きます。OpenACC に精通してきた頃に本節の詳細を知りたくなったら OpenACC のリファレンスを読むのが賢明でしょう。

seq 節

seq 節は、対応したループ（1 つまたは複数）をアクセラレータが逐次的に実行することを指示するものです。この節は、いかなる自動並列化やベクトル化を無効にします。特に理由もなく指定すると性能を大きく低下させます。データ間に依存関係などがあるとき以外は指定しないでください。

auto（OpenACC 2.0）節

　auto 節は、コンパイラにループの gang、worker、vector 並列性を適用できるかの判断を任せます。各ループが gang、worker あるいは、vector 節を含む loop ディレクティブが存在する場合、コンパイラは適用できる並列化が制限される可能性があります。この節は、対象のループが独立であることをコンパイラに伝える訳ではありません。このため、ループに independent 節が指定されていない限り、コンパイラは任意の並列性を適用できません。ループが parallel ディレクティブ内にあり、暗黙にデータ独立であることが自明な場合などのように、そのループがデータ独立である場合は、auto 節の機能を実施することができます。kernels ディレクティブ内では、gang、worker、vector あるいは seq 節を含まない loop ディレクティブは、デフォルトで auto 節を持つものとして扱われます。

independent 節

　kernels ディレクティブ内では、independent 節はコンパイラに対して、このループはデータ独立であることを知らせます。これによって、コンパイラは非同期に実行するコードを生成します。parallel ディレクティブ内では、independent 節は seq 節を有していない loop ディレクティブ上でデータ独立であることを暗黙に宣言します。

　[制約] reduction 節内の変数を除いて、任意の変数あるいは配列要素がほかのイテレーションからアクセスされる場合、kernel ディレクティブ内のループに対して independent 節を使用することはプログラミングエラーです。

private 節

　private 節は、すでに 9-1 節「Accelerator Compute ディレクティブ」で解説済みです。引数に指定した変数や配列をループの各イテレーションに生成します。

reduction 節

　reduction 節は、すでに 9-1 節「Accelerator Compute ディレクティブ」で解説済みです。詳細については、Accelerator Compute ディレクティブの説明か OpenACC のリファレンスを参照してください。

第 10 章

実行時ライブラリ

OpenACC の主要な実行時ライブラリを説明します。これらのライブラリを使用する場合、逐次プログラムとソースを共用できない場合があります。それを避けるには、_OPENACC プリプロセッサ変数を用いて条件付きのコンパイルを指定するとソースの共用で問題が起きません。

10-1 acc_get_num_devices

acc_ge_num_devices 関数は、引数に与えられたアクセラレータ型で、ホストに接続されているデバイス数を返します。

プロトタイプ

```
int acc_get_num_devices( acc_device_t );
```

説明

この関数は、ホストに接続された特定のアクセラレータ型のデバイス数を返します。引数は、どのような種類のデバイスをカウントするかを示します。

制限

この関数は、並列領域またはカーネル領域内で呼び出すことはできません。

使用例

簡単な使用法を示します。

```
#include <openacc.h>
#include <stdio.h>

int main()
{
   int count;

   count = acc_get_num_devices(acc_device_nvidia);
   printf("acc_get_num_devices(acc_device_nvidia) = %d\n", count);

   count = acc_get_num_devices(acc_device_host);
   printf("acc_get_num_devices(acc_device_host) = %d\n", count);

   return 0;
}
```

指定されたアクセラレータ型の使用できるデバイス数を表示します。以降にグラフィックボードを搭載したコンピュータで実行した結果を示します。

```
PGI$ pgcc -acc get_num_devices.c

PGI$ ./get_num_devices
acc_get_num_devices(acc_device_nvidia) = 1
acc_get_num_devices(acc_device_host) = 1
```

GPUとホスト両方ともに1台が存在することが表示されます。次に、以降にグラフィックボードを搭載していないコンピュータで実行した結果を示します。先のプログラムはpgccを使用しましたが、今度はgccを使用します。

```
$ gcc -fopenacc get_num_devices.c

$ ./a.out
acc_get_num_devices(acc_device_nvidia) = 0
acc_get_num_devices(acc_device_host) = 1
```

ホストの1台しかデバイスが存在しません。このような環境ではオフロードを指示しても、処理はホストで実行されます。

10-2 acc_set_device_type

acc_set_device_type関数は、並列領域またはカーネル領域を実行するときに使用するデバイスの型をランタイムに通知します。この機能を利用すると、異なるアクセラレータを切り替えながら使用できます。

プロトタイプ

```
void acc_set_device_type( acc_device_t );
```

説明

この関数は、使用可能なデバイスの中で使用するデバイスの型をランタイムに通知します。

制限

- この関数は、並列領域、またはカーネル領域内で呼び出すことはできません。
- 指定されたデバイスタイプが利用可能でない場合、動作は実装定義です。プログラムが中断することもあります。

10-3 acc_get_device_type

acc_get_device_type 関数は、並列領域を実行するのに使用するデバイスの型を取得します。

プロトタイプ

```
acc_device_t acc_get_device_type( void );
```

説明

この関数は、並列領域またはカーネル領域を実行するために使用されるデバイスの型を取得します。デバイスの型は、`acc_set_device_type` 呼び出し、環境変数、またはプログラムのデフォルト動作によってプログラムによって選択されている可能性があります。

制限

- この関数は、並列領域またはカーネル領域内で呼び出すことはできません。
- デバイスの型がまだ選択されていない場合は、acc_device_none という値が返されます。

使用例

簡単な使用法を示します。

```c
#include <openacc.h>
#include <stdio.h>

int main()
{
    char *acc_device[] = {
                            "acc_device_none",
                            "acc_device_default",
                            "acc_device_host",
                            "acc_device_not_host",
                            "acc_device_nvidia",
                            "acc_device_radeon",
                            "acc_device_xeonphi",
                            "acc_device_pgi_opencl",
                            "acc_device_nvidia_opencl",
                            "acc_device_opencl",
                            "acc_device_current"
    };

    char *acc_device_property[] = {
                            "acc_property_none",
                            "acc_property_memory",
                            "acc_property_free_memory",
                            "acc_property_name",
                            "acc_property_vendor",
                            "acc_property_driver"
    };
    acc_device_t devType;

    devType = acc_get_device_type();
    printf("acc_get_device_type() = %s\n", acc_device[devType]);

    acc_set_device_type( acc_device_host );

    devType = acc_get_device_type();
    printf("acc_get_device_type() = %s\n", acc_device[devType]);

    return 0;
}
```

選択されているデバイスの型を表示します。以降にグラフィックボードを搭載したコンピュータで実行した結果を示します。

```
PGI$ pgcc -acc get_device_type.c

PGI$ ./get_device_type
acc_get_device_type() = acc_device_nvidia
acc_get_device_type() = acc_device_host
```

デフォルトの状態ではデバイスに acc_device_nvidia が選択されています。次に、acc_set_device_type 関数で acc_device_host を指定します。再度、選択されているデバイスを acc_get_device_type 関数で取得すると acc_device_host へ変更されています。以降の、カーネル領域などはホストで実行されるでしょう。

10-4 acc_set_device_num

acc_set_device_num 関数は、どのデバイスを使用するかをランタイムに指示します。

プロトタイプ

```
void acc_set_device_num( int, acc_device_t );
```

説明

この関数は、指定されたタイプの中でどのデバイスを使用するかをランタイムに通知します。1番目の引数が負の場合、ランタイムは実装定義のデフォルトの動作に戻ります。2番目の引数の値がゼロの場合、選択されたデバイス番号は、接続されているすべてのアクセラレータタイプに使用されます。

制限

- この関数は、並列領域またはデータ領域内で呼び出すことはできません。
- 1番目の引数が、そのデバイスタイプの acc_get_num_devices 関数で得られた値以上の場合、動作は実装定義です。
- この関数を呼び出すと、そのデバイス番号を指定して acc_set_device_type を呼び出すことを意味します。

10-5 acc_get_device_num

　acc_get_device_num 関数は、並列領域またはカーネル領域を実行するために使用される、指定されたデバイス型のデバイス番号を返します。

プロトタイプ

```
int acc_get_device_num( acc_device_t );
```

説明

　この関数は、並列領域またはカーネル領域などを実行するために使用される、指定されたデバイス型のデバイス番号に対応する整数を返します。

制限

- この関数は、並列領域またはカーネル領域内で呼び出すことはできません。

10-6 acc_async_test

　acc_async_test 関数は、関連するすべての非同期操作の完了をテストします。

プロトタイプ

```
int acc_async_test( int );
```

説明

　この関数の引数は、async 節で指定した引数でなければなりません。その値が 1 つまたは複数の async 節に現れ、そのような非同期操作がすべて完了した場合、この関数は 0 以外の値を返します。非同期操作が完了していない場合、この関数は 0 を返します。これは、このスレッド

10 実行時ライブラリ

によって開始されたすべての一致する非同期操作が完了した場合に限ります。ほかのスレッドによって開始されたすべての一致する非同期操作が完了したという保証はありません。

使用例

簡単な使用法を示します。

```c
#include <openacc.h>
#include <stdio.h>
#include <stdlib.h>

// main
int
main(int argc, char* argv[])
{
    int const  n = 262144;
    float a[n], b[n], c[n];
    int i, error = 0;

    // initialize array
    for (i = 0; i < n; i++)
    {
        a[i] = (float)(i + 1000);
        b[i] = (float)i / 10.f;
    }

    // add by accelerator
    #pragma acc parallel loop copyin(a[:n], b[:n]) copyout(c[:n]) async(1)
    for (i = 0; i < n; i++)
    {
        c[i] = a[i] + b[i];
    }

    //#pragma acc wait(1)
    while(acc_async_test(1) == 0)
    {
        fprintf(stdout, ".");
    }
    fprintf(stdout, "\n");

    // verify
    for (i = 0; i < n; i++)
    {
```

```
        if (a[i] + b[i] != c[i])
        {
            error = 1;
            break;
        }
    }
    if (error == 0)
        fprintf(stderr, "Passed.\n");
    else
        fprintf(stderr, "error!\n");

    return 0;
}
```

　このプログラムは 1 次元配列の加算を非同期に行います。並列領域の出口直後で同期処理 `#pragma acc wait(1)` を行っていましたが、これをこの関数に書き換えました。以降に実行例を示します。

```
PGI$ pgcc -acc acc_async_test.c

PGI$ ./acc_async_test
......
Passed.
```

　acc_async_test 関数がしばらく完了を返さず、while ループを何回か繰り返しているのを観察できます。なお、最初にも説明しましたが、OpenACC を前提としてプログラムを記述すると、通常の逐次プログラムとソースを共用できない場合があります。以降に、そのような例を示します。

```
$ gcc acc_async_test.c
/tmp/cc7pzL8r.o: 関数 `main' 内:
acc_async_test.c:(.text+0x236): `acc_async_test' に対する定義されていない参照です
collect2: error: ld returned 1 exit status
```

　このような不都合を避けるため、元のコードの網掛け部分は以下のように記述するのが良いでしょう。

```
        #pragma acc parallel loop copyin(a[:n], b[:n]) copyout(c[:n]) async(1)
        for (i = 0; i < n; i++)
        {
            c[i] = a[i] + b[i];
        }
#ifdef _OPENACC
        while(acc_async_test(1) == 0)
        {
            fprintf(stdout, ".");
        }
        fprintf(stdout, "\n");
#endif
```

10-7 acc_async_test_all

acc_async_test_all 関数は、すべての非同期操作の完了をテストします。

プロトタイプ

```
int acc_async_test_all( );
```

説明

すべての未処理の非同期操作が完了した場合、この関数は0以外の値を返します。いくつかの非同期操作が完了していない場合、この関数は0を返します。これは、このスレッドによって開始されたすべての一致する非同期操作が完了した場合に限ります。ほかのスレッドによって開始されたすべての一致する非同期操作が完了したという保証はありません。

10-8 acc_wait

acc_wait 関数は、関連するすべての非同期操作の完了を待ちます。

プロトタイプ

```
void acc_wait( int );
```

説明

　この関数の引数は、async 節で指定した引数でなければなりません。その値が 1 つ以上の async 節に現れた場合、最新の非同期操作が完了するまでこの関数は戻りません。2 つ以上のスレッドが同じアクセラレータを共有する場合、この関数は、このスレッドによって開始されたすべての一致する非同期操作が完了した場合にのみ戻ります。ほかのスレッドによって開始されたすべての一致する非同期操作が完了したという保証はありません。バージョン 1.0 との互換性のために、この関数は acc_async_wait と記述することもできます。

10-9 acc_wait_async

　acc_wait_async 関数は、別の非同期キューに以前にエンキューされた操作に対して、ある非同期キューで待機操作をエンキューします。

プロトタイプ

```
void acc_wait_async( int, int );
```

説明

　acc_wait_async 関数は、async 節を持つ wait ディレクティブと同じです。第 2 引数に関連付けられた適切なキューに待機操作をエンキューし、第 1 引数に関連付けられたキューにエンキューされた操作を待機します。詳細は、OpenACC のドキュメントを参照してください。

10-10 acc_wait_all

acc_wait_all 関数は、すべての非同期操作の完了を待ちます。

プロトタイプ

```
void acc_wait_all( );
```

説明

　この関数は、すべての非同期操作が完了するまで戻りません。2つ以上のスレッドが同じアクセラレータを共有する場合、この関数は、このスレッドによって開始されたすべての非同期操作が完了した場合にのみ戻ります。ほかのスレッドによって開始されたすべての非同期操作が完了したという保証はありません。バージョン 1.0 との互換性のために、この関数は acc_async_wait_all と記述することもできます。

10-11 acc_wait_all _async

acc_wait_all_async 関数は、ほかのすべての非同期キューで以前にエンキューされた操作の1つの非同期キューに対する待機操作をエンキューします。

プロトタイプ

```
void acc_wait_all_async( int );
```

説明

　この関数は、ほかのすべての非同期キューの値を含む async 節を持つ wait ディレクティブと同等です。引数は、async 節で指定されている値でなければなりません。この関数は、ほかのキューごとに適切なキューに待機操作をエンキューします。詳細は、OpenACC のドキュメントを参照してください。

10-12 acc_init

acc_init 関数は、そのデバイスタイプのランタイムを初期化します。これは、パフォーマンス統計を収集する際に、初期コストを計算コストから分離するために使用できます。

プロトタイプ

```
void acc_init( acc_device_t );
```

説明

この関数は、暗黙的に acc_set_device_type も呼び出します。

制限

- この関数は、カーネル領域内などから呼び出すことはできません。
- 指定されたデバイス型が利用可能でない場合、動作は実装定義です。プログラムが中断することもあります。
- 関数が acc_shutdown 呼び出しを介さずに複数回呼び出され、デバイス型の引数と異なる値を持つ場合、その動作は実装定義です。

10-13 acc_shutdown

acc_shutdown 関数は、指定されたアクセラレータへの接続をシャットダウンし、ランタイムリソースを解放するように指示します。

プロトタイプ

```
void acc_shutdown( acc_device_t );
```

説明

この関数は、プログラムをデバイスから切断します。

制限

- この関数は、並列領域などの実行中に呼び出すことはできません。

10-14 acc_on_device

acc_on_device 関数は、プログラムが特定のデバイス上で実行されているかプログラムに通知します。

プロトタイプ

```
int acc_on_device( acc_device_t );
```

説明

acc_on_device 関数は、コードがホスト上で実行されているのか、デバイス上で実行されているかを判断するのに使用します。これは、必要に応じて異なるパスを実行するために使用できます。この関数にコンパイル時の定数引数がある場合、コンパイル時に定数に評価されます。引数は、定義されたアクセラレータ型の 1 つでなければなりません。引数が acc_device_host で、並列領域の外、またはアクセラレータ関数の外、またはホストプロセッサ上で実行される並列領域またはアクセラレータ関数内でない場合、この関数は 0 以外を返します。引数がホスト以外（たとえば acc_device_nvidia）の場合、0 が返されます。引数がアクセラレータの場合、そのアクセラレータで実行される並列領域またはアクセラレータ関数では、この関数は 0 以外を返します。それ以外の場合、0 を返します。引数が acc_device_default の場合、結果は未定義です。

使用例

簡単な使用法を示します。

```c
#include <openacc.h>
#include <stdio.h>

int main()
{
    int ret;

    ret = acc_on_device(acc_device_host);
    if (ret)
        printf("on host¥n");
    else
        printf("not on host¥n");

    acc_set_device_type( acc_device_nvidia );

    #pragma acc parallel
    {
        ret = acc_on_device(acc_device_host);
    }

    if (ret)
        printf("on host¥n");
    else
        printf("not on host¥n");

    return 0;
}
```

特に説明が必要とも思えませんので、ソースリストと結果から動作を理解してください。

```
PGI$ pgcc -acc acc_on_device.c

PGI$ ./acc_on_device
on host
not on host
```

10-15 acc_malloc

acc_malloc 関数はデバイスにメモリを割り当てます。

プロトタイプ

```
d_void* acc_malloc( size_t );
```

説明

この関数を使用して、デバイスにメモリを割り当てることができます。この関数から割り当てられたポインタは、ポインタのターゲットがアクセラレータに常駐していることをコンパイラに伝えるために、deviceptr 節で使用できます。

10-16 acc_free

acc_free 関数は、デバイス上のメモリを解放します。

プロトタイプ

```
void acc_free( d_void* );
```

説明

この関数は、デバイス上に割り当てられているメモリを解放します。引数は、acc_malloc の呼び出しによって得られたポインタ値でなければなりません。

10-17 acc_copyin

　acc_copyin 関数は、指定されたホストメモリに対応するデバイス上のメモリを割り当て、そのデータをデバイスメモリにコピーします（shared memory accelerator の場合は何もしない）。

プロトタイプ

```
void* acc_copyin( h_void*, size_t );
```

説明

　acc_copyin 関数は、copyin 節付きの data ディレクティブと同等です。引数はデータへのポインタとバイト長です。この関数は、acc_malloc 関数と同様に、割り当てられた領域へのポインタを返します。この関数から割り当てられたポインタは、ポインタのターゲットがアクセラレータに常駐していることをコンパイラに伝えるために、deviceptr 節で使用できます。メモリはデバイスに割り当てられ、データはホストメモリから新しく割り当てられたデバイスメモリにコピーされます。この関数を呼び出すと、指定されたデータのライフタイムが開始します。このデータは、present 節を使用してアクセスすることができます。データがすでにデバイスに存在する場合、この関数を呼び出すと実行時エラーが発生します。詳細は 9-2 節「data ディレクティブ」の説明を参照してください。

10-18 acc_present_or_copyin

　acc_present_or_copyin 関数は、データがすでにデバイスに存在するかテストします。存在しなければ、指定されたホストメモリに対応するデバイス上のメモリを割り当て、そのデータをデバイスメモリにコピーします（shared memory accelerator の場合は何もしない）。

プロトタイプ

```
void* acc_present_or_copyin( h_void*, size_t );
void* acc_pcopyin( h_void*, size_t );
```

説明

　acc_present_or_copyin関数は、present_or_copyin節を持つenter dataディレクティブと同等です。引数はacc_copyin関数と同じです。データがすでにデバイスに存在する場合、またはデバイスがメモリを共有している場合、何も実行されません。データが存在しない非共有メモリデバイスでは、メモリがデバイス上に割り当てられ、データは新たに割り当てられたデバイスメモリにコピーされます。後者の場合、この関数を呼び出すと、指定されたデータのライフタイムが開始します。このデータは、present節を使用してアクセスすることができます。データがすでにデバイスに存在する場合、この関数を呼び出すと実行時エラーが発生します。詳細は9-2節「dataディレクティブ」の説明を参照してください。

10-19 acc_create

　acc_create関数は、デバイスのメモリに、ホストと対応するように割り当てます（shared memory acceleratorの場合は何もしない）。

プロトタイプ

```
void* acc_create( h_void*, size_t );
```

説明

　acc_create関数は、create節を指定したenter dataディレクティブと同等です。引数はデータへのポインタとバイト長です。この関数は、acc_mallocと同様に、割り当てられた領域のポインタを返します。この関数から割り当てられたポインタは、ポインタのターゲットがアクセラレータに常駐していることをコンパイラに伝えるために、deviceptr節で使用でき

ます。この関数を呼び出すと、指定されたデータのライフタイムが開始します。このデータは、present 節を使用してアクセスすることができます。データがすでにデバイスに存在する場合、この関数を呼び出すと実行時エラーが発生します。詳細は 9-2 節「data ディレクティブ」の説明を参照してください。

10-20 acc_present_or_create

　acc_present_or_create 関数は、データがすでにデバイスに存在するかテストします。存在しなければ、ホストメモリに対応するように、デバイス上のメモリに割り付けます（shared memory accelerator の場合は何もしない）。

プロトタイプ

```
void* acc_present_or_create( h_void*, size_t );
void* acc_pcreate( h_void*, size_t );
```

説明

　acc_present_or_create 関数は、present_or_create 節を持つ enter data ディレクティブと同等です。引数は、acc_create 関数と同じです。データがすでにデバイスに存在する場合は、何も実行されません。データが存在しない非共有メモリデバイスでは、メモリがデバイスに割り当てられます。この関数を呼び出すと、指定されたデータのライフタイムが開始します。このデータは、present 節を使用してアクセスすることができます。データがすでにデバイスに存在する場合、この関数を呼び出すと実行時エラーが発生します。詳細は 9-2 節「data ディレクティブ」の説明を参照してください。

10-21 acc_copyout

acc_copyout 関数は、デバイスメモリから対応するホストメモリにデータをコピーし、デバイスメモリからそのメモリを解放します（shared memory accelerator の場合は何もしない）。

プロトタイプ

```
void acc_copyout( h_void*, size_t );
```

説明

acc_copyout 関数は、copyout 節を持つ exit data ディレクティブと同等です。引数はデータへのポインタとバイト長です。この関数を呼び出すと、デバイスからホストメモリにデータがコピーされ、デバイスのメモリは解放されます。この関数を呼び出すと、指定されたデータのライフタイムが終了します。データがデバイス上または指定されたデータのデータ領域内に存在しない場合、この関数を呼び出すと実行時エラーが発生します。詳細は 9-2 節「data ディレクティブ」の説明を参照してください。

使用例

簡単な使用法を示します。

```
#include <openacc.h>
#include <stdio.h>
#include <math.h>

#define N    4096

void verify(const int n, const float* a, const float *b, const float *c)
{
    for (int i = 0; i < n; i++)
    {
        float cc = a[i] * b[i];
        if (fabs(cc - c[i]) > .000001f)
        {
            fprintf(stderr, "error: cc = %f, c[%d]=%f\n", cc, i, c[i]);
            return;
```

```
        }
    }
}

// main
int
main()
{
    float a[N], b[N], c[N];
    int i;

    // initialize array
    for (i = 0; i < N; i++)
    {
        a[i] = (float)(i + 1000);
        b[i] = (float)i / 10.f;
    }

    //#pragma acc enter data copyin(a, b) create(c)
    size_t size = sizeof(a[0]) * N;
    acc_copyin(a, size);
    acc_copyin(b, size);
    acc_create(c, size);

    // calc.
    #pragma acc kernels present(a, b, c)
    for (i = 0; i < N; i++)
    {
        c[i] = a[i] * b[i];
    }

    //#pragma acc exit data copyout(c)
    acc_copyout(c, size);

    verify(N, a, b, c);

    return 0;
}
```

以前紹介した1次元配列同士を加算するプログラムをディレクティブからランタイムに書き換えました。

```
#pragma acc enter data copyin(a, b) create(c)
```

を

```
    size_t size = sizeof(a[0]) * N;
    acc_copyin(a, size);
    acc_copyin(b, size);
    acc_create(c, size);
```

へ書き換え、

```
    #pragma acc exit data copyout(c)
```

を

```
    acc_copyout(c, size);
```

へ書き換えます。特に説明が必要とも思えませんので、ソースリストと結果から動作を理解してください。実行例を示します。エラーが表示されませんのでディレクティブと等価に動作しているようです。

```
PGI$ pgcc -acc acc_copy.c

PGI$ ./acc_copy
```

10-22 acc_delete

acc_delete 関数は、指定されたホストメモリに対応するデバイスのメモリを解放します（shared memory accelerator の場合は何もしない）。

プロトタイプ

```
void acc_delete( h_void*, size_t );
```

説明

acc_delete 関数は、delete 節を指定した exit data ディレクティブと同等です。引数は acc_copyout と同じです。この関数を呼び出すと、指定されたホストメモリに対応するアクセラレータメモリの割り当てが解除され、データのライフタイム存続期間が終了します。データがデバイス上または指定されたデータのデータ領域内に存在しない場合、この関数を呼び出すと実行時エラーが発生する場合があります。

10-23 acc_update_device

acc_update_device 関数は、ホストメモリの内容とデバイスのメモリ内容を一致させます (shared memory accelerator の場合は何もしない)。

プロトタイプ

```
void acc_update_device( h_void*, size_t );
```

説明

acc_update_device 関数は、device 節を指定した update ディレクティブと同等です。引数はデータのポインタとバイト長です。非共有メモリデバイスでは、ホストメモリのデータが対応するデバイスメモリにコピーされます。データがデバイスに存在しない場合、この関数を呼び出すのは実行時エラーです。詳細は 9-2 節「data ディレクティブ」の説明を参照してください。

10-24 acc_update_self

acc_update_self 関数は、ホストメモリの内容とデバイスのメモリ内容を一致させます (shared memory accelerator の場合は何もしない)。

プロトタイプ

```
void acc_update_self( h_void*, size_t );
```

説明

　acc_update_self 関数は、self 節を持つ update ディレクティブと同等です。引数はデータへのポインタとバイト長です。最初の引数は、組み込み型の連続した配列セクションです。2番目の引数では、最初の引数は変数または配列要素で、2番目の引数はバイト単位の長さです。ホストメモリのデータが対応するデバイスメモリで更新されます。データがデバイスに存在しない場合、この関数を呼び出すのは実行時エラーです。詳細は 9-2 節「data ディレクティブ」の説明を参照してください。

10-25 acc_map_data

　acc_map_data 関数は、以前に割り当てられたデバイスのデータを指定されたホストにマップします。

プロトタイプ

```
void acc_map_data( h_void*, d_void*, size_t );
```

説明

　acc_map_data 関数は、データのライフタイムを開始するためにデバイスに新しいメモリを割り付ける代わりに、使用するアドレスを引数として指定する点を除いて、create 節を持つ enter data ディレクティブに似ています。最初の引数はホストのメモリアドレスで、その後に対応するデバイスのメモリアドレスとバイト長が続きます。この呼び出しの後、ホストのデータがデータ節に現れると、指定されたデバイスメモリが使用されます。デバイスにすでに存在する場合、acc_map_data 関数を呼び出すのはエラーです。すでにホストデータにマップされているデバイスアドレスで acc_map_data 関数を呼び出すことは定義されていません。デバイスアドレスは、acc_malloc 関数の呼び出しの結果であってもよく、ほかのデバイス固有の API 関数からのものでも構いません。

10-26 acc_unmap_data

acc_unmap_data 関数は、デバイスデータから指定されたホストデータをアンマップします。

プロトタイプ

```
void acc_unmap_data( h_void* );
```

説明

　acc_unmap_data 関数は、デバイスメモリが割り当て解除されないことを除いて、delete 句を持つ exit data ディレクティブと似ています。引数はホストデータへのポインタです。この関数を呼び出すと、指定したホストデータのライフタイムが終了します。デバイスのメモリは割り当て解除されません。acc_map_data 関数を使用して、そのホストアドレスがデバイスメモリにマップされていない限り、ホストアドレスで acc_unmap_data 関数を呼び出すと動作は未定義です。

10-27 acc_deviceptr

　acc_deviceptr 関数は、特定のホストアドレスに関連付けられたデバイスポインタを返します。

プロトタイプ

```
d_void* acc_deviceptr( h_void* );
```

説明

　この関数は、ホストアドレスに関連付けられたデバイスポインタを返します。引数は、現在のデバイス上で有効な有効期間を持つホスト変数または配列のアドレスです。データがデバイスに存在しない場合、関数は NULL 値を返します。

10-28 acc_hostptr

acc_hostptr 関数は、特定のデバイスアドレスに関連付けられたホストポインタを返します。

プロトタイプ

```
h_void* acc_hostptr( d_void* );
```

説明

acc_hostptr 関数は、デバイスアドレスに関連付けられたホストポインタを返します。引数は、acc_deviceptr、acc_create または acc_copyin から返されたデバイス変数または配列のアドレスです。デバイスアドレスが NULL または任意のホストアドレスに対応しない場合、関数は NULL 値を返します。

10-29 acc_is_present

acc_is_present 関数は、ホスト変数または配列領域がデバイス上に存在するかテストします。

プロトタイプ

```
int acc_is_present( h_void*, size_t );
```

説明

acc_is_present 関数は、指定されたホストデータがデバイスに存在するかテストします。最初の引数はデータへのポインタで、2番目の引数はバイト長です。指定されたデータが完全に存在すれば、0以外を返し、そうでなければ0を返します。バイト長が0の場合、関数は0以外を返します。指定されたアドレスがデバイス上にまったく存在しない場合、動作は未定義です。

10-30 acc_memcpy_to_device

acc_memcpy_to_device 関数は、ホストメモリからデバイスメモリにデータをコピーします。

プロトタイプ

```
void acc_memcpy_to_device( d_void* dest, h_void* src, size_t bytes );
```

説明

acc_memcpy_to_device 関数は、データを src のホストアドレスから dest のデバイスアドレスにコピーします。宛先アドレスは、acc_malloc または acc_deviceptr から返されるようなデバイスアドレスでなければなりません。

10-31 acc_memcpy_from_device

acc_memcpy_from_device 関数は、デバイスメモリからホストメモリにデータをコピーします。

プロトタイプ

```
void acc_memcpy_from_device( h_void* dest, d_void* src, size_t bytes );
```

説明

acc_memcpy_from_device 関数は、データを src のデバイスアドレスから dest のホストアドレスにコピーします。ソースアドレスは、acc_malloc または acc_deviceptr から返されるデバイスアドレスでなければなりません。

第11章

非同期プログラミング

本章では、OpenACCに対応した非同期プログラミングについて解説します。

11 非同期プログラミング

11-1 簡単な非同期プログラム

　基礎的な非同期プログラムをいくつか紹介します。紹介するプログラムは、2つの1次元配列の各要素を加算し、結果を別の1次元配列へ格納するプログラムです。まず、同期処理で記述したプログラムを紹介します。処理は単純で、配列の各要素を加算するプログラムです。

$$c_i = a_i + b_i \quad (i = 1, \ldots, n)$$

まず、通常のOpenACCで記述したプログラムのソースリストを示します。

リスト11.1 ●ソースリスト（080async/addSync.c）

```c
#include <stdio.h>
#include <stdlib.h>

// main
int
main(int argc, char* argv[])
{
    float *a, *b, *c, *d;
    int i, error = 0, n = 262144;

    if (argc > 1)
        n = atoi(argv[1]);

    a = malloc(sizeof(float) * n);
    b = malloc(sizeof(float) * n);
    c = malloc(sizeof(float) * n);

    // initialize array
    for (i = 0; i < n; i++)
    {
        a[i] = (float)(i + 1000);
        b[i] = (float)i / 10.f;
    }

    // add by accelerator
    #pragma acc parallel loop copyin(a[:n], b[:n]) copyout(c[:n])
    for (i = 0; i < n; i++)
    {
        c[i] = a[i] + b[i];
```

```
    }

    // add by host
    d = malloc(sizeof(float) * n);
    for (i = 0; i < n; i++)
    {
        d[i] = a[i] + b[i];
    }

    // verify
    for (i = 0; i < n; i++)
    {
        if (d[i] != c[i])
        {
            error = 1;
            break;
        }
    }
    if (error == 0)
        fprintf(stderr, "Passed.\n");
    else
        fprintf(stderr, "error!\n");

    free(a);
    free(b);
    free(c);
    free(d);

    return 0;
}
```

単に for 文を使用して、1次元配列 a と b を加算し、1次元配列 c へ格納します。特に説明の必要があるとは思えませんので、処理はソースリストを参照してください。網掛けした部分がデバイス側で処理されます。このプログラムは、同じ処理をホストでも行い、両者に差異がないことを確認します。

以降に実行例をいくつか示します。まず、Ubuntu 上の gcc でビルド・実行した様子を示します。

```
$ gcc -fopenacc -o addSync addSync.c
$ ./addSync
Passed.
```

11 非同期プログラミング

続いて、Windowsのpgccでビルド・実行した様子を示します。

```
PGI$ pgcc -acc -o addSync addSync.c
PGI$ ./addSync
Passed.
```

このプログラムを非同期に書き換え、デバイスとホストで並列に処理させるプログラムを紹介します。デバイスとホストで並列に処理させるため、デバイス側の処理を非同期とし、適切な時点で同期処理を行います。変更部分が少ないため、ソースリストの一部を示します。

リスト11.2 ●ソースリストの一部（080async/addAsync.c）

```c
        ︙
    // initialize array
    for (i = 0; i < n; i++)
    {
        a[i] = (float)(i + 1000);
        b[i] = (float)i / 10.f;
    }

    // add by accelerator
    #pragma acc parallel loop copyin(a[:n], b[:n]) copyout(c[:n]) async(1)
    for (i = 0; i < n; i++)
    {
        c[i] = a[i] + b[i];
    }

    // add by host
    d = malloc(sizeof(float) * n);
    for (i = 0; i < n; i++)
    {
        d[i] = a[i] + b[i];
    }

    #pragma acc wait(1)

    // verify
    for (i = 0; i < n; i++)
    {
        if (d[i] != c[i])
        {
```

```
            error = 1;
            break;
        }
    }
    ⋮
```

　網掛けした部分が先のプログラムと異なります。parallel ディレクティブに async 節を追加して、続く領域を非同期で実行します。この例では、#pragma に続く for ループをデバイス側で処理させますが、for ループが終了する前に制御はホストに返されます。先のプログラムと、このプログラムの違いを図で示します。

　まず、最初のプログラムを図で示します。最初のプログラムは、完全に同期して動作します。このため、#pragma に続く for ループの処理がオフロードされますが、その間ホスト側は待ち状態になり、CPU は有効利用されません。

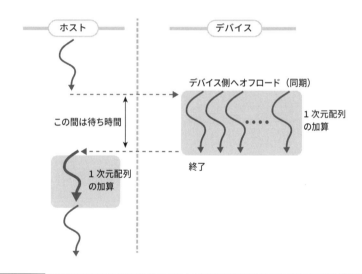

図11.1●同期の動作

　次のプログラムは、async 節と wait ディレクティブを使用して非同期、そして同期の処理を行います。まず、ホスト側の wait で同期するときに、まだデバイス側の処理が終わっていない場合の例を示します。ホストの処理が終わったら、#pragma acc wait(1) でデバイス側と同期を取ります。このとき、async で指定した処理が終わっていない場合、それが終わるまで待たされます。

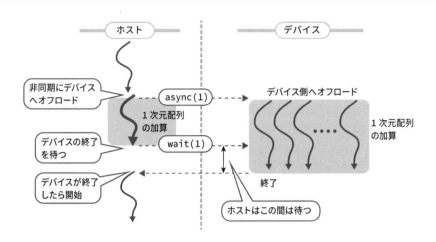

図11.2●非同期でホストが待つ

　同じプログラムですが、今度は、ホスト側のwaitで同期するときに、すでにデバイス側の処理が終わっている例を示します。ホストの処理が終わったら、#pragma acc wait(1)でデバイス側と同期を取ります。このとき、asyncで指定した処理が完了していると、ホストの#pragma acc wait(1)はすぐに制御をホストへ返します。

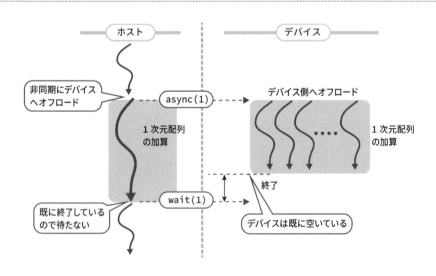

図11.3●非同期でデバイスが早く終了する

このように非同期を使用すると、余計な待ち時間をなくしリソースを有効に活用できます。

以降に実行例をいくつか示します。まず、Ubuntu 上の gcc でビルド・実行した様子を示します。

```
$ gcc -fopenacc -o addAsync addAsync.c
$ ./addAsync
Passed.
```

続いて、Windows の pgcc でビルド・実行した様子を示します。

```
PGI$ pgcc -acc -o addAsync addAsync.c
PGI$ ./addAsync
Passed.
```

次に、非同期プログラムの間違った例を示します。非同期で処理する場合、適切な位置で同期させなければなりません。ここで紹介するプログラムは、同期位置を間違った例です。

リスト 11.3 ●ソースリストの一部（080async/addAsyncErr.c）

```
    ︙
    // add by accelerator
    #pragma acc parallel loop copyin(a[:n], b[:n]) copyout(c[:n]) async(1)
    for (i = 0; i < n; i++)
    {
        c[i] = a[i] + b[i];
    }

    // add by host
    d = malloc(sizeof(float) * n);
    for (i = 0; i < n; i++)
    {
        d[i] = a[i] + b[i];
    }

    //#pragma acc wait(1)                   ①

    // verify
    for (i = 0; i < n; i++)                 ③
    {
```

```
            if (d[i] != c[i])
            {
                error = 1;
                break;
            }
        }
        if (error == 0)
            fprintf(stderr, "Passed.\n");
        else
            fprintf(stderr, "error!\n");

        #pragma acc wait(1)                          ②

        free(a);
        free(b);
        free(c);
        free(d);

        return 0;
    }
```

　網掛けした部分が先のプログラムと異なります。先のプログラムでは、①の部分でホストとデバイスを同期させています。ここで紹介するプログラムは②の部分で同期させています。この例ではデバイスで処理した結果と、ホストで処理した結果の照合を③の for 文で行っています。同期処理を②の部分へ移動したため、照合を行っている時点では 1 次元配列 c にデバイスで処理した値が格納されているとは限りません。このため、このプログラムは、正常表示であったり異状表示であったり不定な結果を示します。このプログラムは、非同期プログラムとして間違った例です。非同期プログラムの厄介な点は、間違っていても必ずしも間違った結果を示さず、正常な結果を得られる場合がある点です。タイミングが微妙なプログラムでは、まれにしか間違った結果を出さないため、間違いを見つけることが難しい場合もあります。たとえば、数年に 1 回しか異常値を示さないプログラムの障害部分を発見するのがいかに困難か理解できるでしょう。このため非同期プログラムの設計は、プログラム開発時に十分留意しなければなりません。安易にデバッガなどを頼っても、プログラムの間違いを見つけるのは困難です。以降に、このプログラムが正常に動作するケースを図で示します。

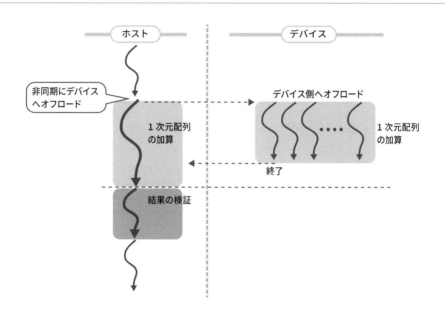

図11.4●間違ったプログラムが正常に動作するケース

以降に正常に終了した例を示します。Ubuntu 上の gcc でビルド・実行した様子を示します。

```
$ gcc -fopenacc -o addAsyncErr addAsyncErr.c
$ ./addAsyncErr
Passed.
```

以降にエラーになるケースを示します。

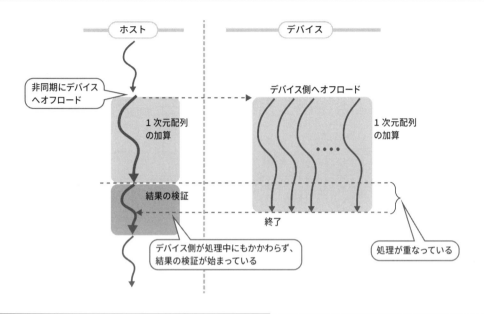

図11.5●間違ったプログラムが間違った動作をするケース

以降にエラー終了した例を示します。Windowsのpgccでビルド・実行した様子を示します。

```
PGI$ pgcc -acc -o addAsyncErr addAsyncErr.c
PGI$ ./addAsyncErr
error!
```

同じプログラムであっても、コンピュータの負荷などの状態によって、どのような結果になるかは不定です。必要な時点で同期処理を行わないと、プログラムは不安定になります。

11-2 2次元配列生成の非同期プログラム

この節では、第8章で紹介した2次元配列を生成するプログラムを非同期で書き直します。その準備として、リスト8.2のプログラムを、いくつかのブロックに分割して処理するプログラム

を紹介します。

11-2-1　分割して処理（その1）

第8章で紹介したプログラムでは、以降に示すような2次元配列を一気に生成します。

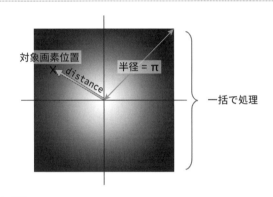

図11.6●行列を一気に生成

ここではいくつかのブロックに分割して処理します。

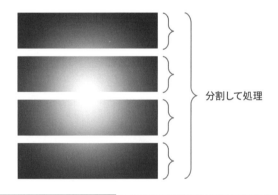

図11.7●いくつかのブロックに分割して生成

以降に、ソースリストを示します。

11 非同期プログラミング

リスト11.4 ●ソースリスト (081creTableAsync/creCosTblBlk01.c)

```c
#include <stdio.h>
#include <math.h>
#include <time.h>

#define PI   3.14159265358979323846

//-----------------------------------------------------------------
// main
int
main(int argc, char *argv[])
{
    double *tbl;
    int size = 4096, i, x, y, centerX, centerY;

    clock_t start, stop;

    if (argc > 1)
    {
        size = atoi(argv[1]);
    }

    tbl = (double *)malloc(sizeof(double) * size * size);

    centerX = centerY = size / 2;



    start = clock();

    double radius = sqrt(pow(centerX, 2) + pow(centerY, 2));

    const int nBloking = 64;
    int blockSize = size / nBloking;
    int blockY;

    if ((size % nBloking) != 0)
    {
        fprintf(stderr, "error: size = %d, nBloking = %d,blockSize = %d, "
                        "(size %% nBloking) = %d¥n",
            size, nBloking, blockSize, (size % nBloking));
        free(tbl);
        return -1;
    }
```

11-2　2次元配列生成の非同期プログラム

```
#pragma acc data copyout(tbl[:size*size])
for (blockY = 0; blockY < nBloking; blockY++)
{
    int startY = blockY * blockSize;
    int endY = startY + blockSize;

    #pragma acc parallel loop collapse(2) gang vector
    for (y = startY; y < endY; y++) for (x = 0; x < size; x++)
    {
        // distance from center
        double distance = sqrt(pow(centerY - y, 2) + pow(centerX - x, 2));
        // radius=π, current radian
        double radian = (distance / radius) * (double)PI;
        // cosθ, normalize -1.0～1.0 to  0～1.0
        double Y = (cos(radian) + 1.0) / 2.0;
        // normalize (Y) 0～1.0 to 0.0～255.0
        tbl[y*size+x] = Y * 255.0f;
    }
}

stop = clock();



fprintf(stderr, "elapsed time = %.20f [sec]¥n",
    (float)(stop - start) / CLOCKS_PER_SEC);


// print result
if (argc < 3)
{
    fprintf(stdout, "%d %d 1¥n", size, size);
    for (y = 0; y < size; y++)
    {
        for (x = 0; x < size; x++)
        {
            fprintf(stdout, "%3d¥n", (int)tbl[y*size+x]);
        }
    }
}

free(tbl);
```

11 非同期プログラミング

```
        return 0;
}
```

このプログラムは、何も引数を与えないと4096×4096の行列を生成します。その結果を `stdout` へテキストファイルとして出力しますので、結果が必要な場合リダイレクトしてファイルに保存してください。生成する行列のサイズを外部から与えたい場合は、引数に与えてください。なお、このプログラムは、サイズの大きな行列を生成すると `stdout` への出力量が大量になるため、第2引数を与えると出力を抑止できます。これは性能評価だけを行いたいときのために用意した機能です。

もとのプログラム（リスト8.2）と違い、このプログラムは行列を `nblocks` に分割して処理します。比較するために、以降に並べて示します。まず、もとのプログラムを再掲します。

```
    #pragma acc data copyout(tbl[:size*size])
    {
        #pragma acc kernels
        #pragma acc loop independent
        for (y = 0; y < size; y++)
        {
            #pragma acc loop independent
            for (x = 0; x < size; x++)
            {
                // distance from center
                double distance = sqrt(pow(centerY - y, 2) + pow(centerX - x, 2));
                // radius=π, current radian
                double radian = (distance / radius) * (double)PI;
                // cosθ, normalize -1.0～1.0 to  0～1.0
                double Y = (cos(radian) + 1.0) / 2.0;
                // normalize (Y) 0～1.0 to 0.0～255.0
                tbl[y*size+x] = Y * 255.0f;
            }
        }
    }
```

次に、この節のプログラム（リスト11.4）を再掲します。

```
    const int nBloking = 64;
    int blockSize = size / nBloking;
    int blockY;
```

```
        ：エラー処理

    #pragma acc data copyout(tbl[:size*size])
    for (blockY = 0; blockY < nBloking; blockY++)
    {
        int startY = blockY * blockSize;
        int endY = startY + blockSize;

        #pragma acc parallel loop collapse(2) gang vector
        for (y = startY; y < endY; y++) for (x = 0; x < size; x++)
        {
            // distance from center
            double distance = sqrt(pow(centerY - y, 2) + pow(centerX - x, 2));
            // radius=π, current radian
            double radian = (distance / radius) * (double)PI;
            // cosθ, normalize -1.0〜1.0 to 0〜1.0
            double Y = (cos(radian) + 1.0) / 2.0;
            // normalize (Y) 0〜1.0 to 0.0〜255.0
            tbl[y*size+x] = Y * 255.0f;
        }
    }
    ：
```

　forループを観察すると分かりますが、いくつかのブロックに分割して処理するプログラムは、y方向をいくつかに分割して処理します。このプログラムも、もとのプログラムも処理結果は同じです。

　以降に、リスト8.2とリスト11.4のプログラムの、ホスト・デバイス間のデータ転送の概要を図で説明します。上の図が、以前のプログラム、下の図がこのプログラムのデータ転送の概要です。「kernel」はデバイスで処理を行う部分を示し、「D->H」はデバイスからホストにデータ転送が行われることを示します。

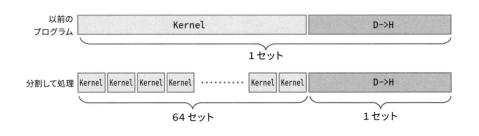

図11.8●ホスト・デバイス間のデータ転送の概要（上：リスト8.2、下：リスト11.4）

この図から分かるように、もとのプログラムは、一気に処理した結果を一気にデバイスからホストへ転送します。本節のプログラムは、数回に分けて処理しますが、デバイスからホストへデータを転送するのは分割されません。

11-2-2　分割して処理（その2）

さて、せっかくなので、データ転送も分割してみましょう。先のプログラムと異なる部分を次に示します。

リスト11.5 ●ソースリストの一部（081creTableAsync/creCosTblBlk02.c）

```c
    ︙
#pragma acc data create(tbl[:size*size])
for (blockY = 0; blockY < nBloking; blockY++)
{
    int startY = blockY * blockSize;
    int endY = startY + blockSize;

    #pragma acc parallel loop collapse(2) gang vector
    for (y = startY; y < endY; y++) for (x = 0; x < size; x++)
    {
        // distance from center
        double distance = sqrt(pow(centerY - y, 2) + pow(centerX - x, 2));
        // radius=π, current radian
        double radian = (distance / radius) * (double)PI;
        // cosθ, normalize -1.0〜1.0 to  0〜1.0
        double Y = (cos(radian) + 1.0) / 2.0;
        // normalize (Y) 0〜1.0 to 0.0〜255.0
        tbl[y*size+x] = Y * 255.0f;
    }
    #pragma acc update self(tbl[startY*size:blockSize*size])
}
    ︙
```

先のプログラムは、処理は分割して行いますが、データは一括して転送します。このプログラムは、データの転送も分割します。まず、先のプログラムは、dataディレクティブにcopyoutを使用し、かつtbl全体を対象としています。これは、オフロード領域の出口でtblのデータがデバイスからホストへ、すべて転送されることを意味します。

このプログラムは、dataディレクティブへcreateを使用します。そしてホストへの転送は

updateディレクティブを使用し、かつself節にtbl配列の処理した範囲だけを指定します。これによってデータの転送が1か所に集中しません。それぞれのプログラムのデータ移動の様子を次図で説明します。上から順に、以前紹介したプログラム、直前のプログラム、このプログラムの様子です。

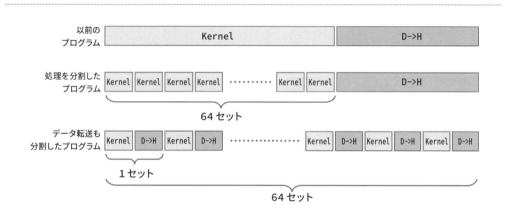

図11.9●ホスト・デバイス間のデータ転送の概要（下：リスト11.5。他は図11.8と同じ）

この図から分かるように、以前解説したプログラムは、一気に処理し、その結果を一気にデバイスからホストへ転送します。本節のプログラムは、数回に分けて処理し、転送も処理した範囲だけを転送します。

実際の様子をプロファイラで観察してみましょう。処理だけ分割し、転送は一括で行ったプログラム（リスト11.4）と、処理も転送も分割したプログラム（リスト11.5）の動作の様子を示します。まず、処理だけ分割し、転送は一括で行ったプログラムを示します。

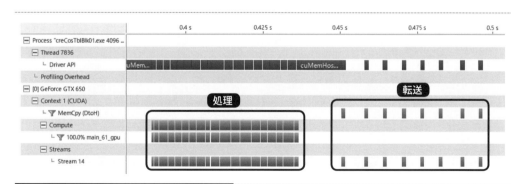

図11.10●処理だけ分割したプログラムの動作

デバイス側で処理後、デバイスからホスト（DtoH）へデータ転送しています。理論的には1回で全体を転送するはずですが、デバイスからホスト（DtoH）へデータ転送が複数回発生しています。これはデータ量が多いため、システムが1回で転送できないためではないかと想像できます。

次に、updateディレクティブを使用し、処理と転送を分割したプログラムを示します。

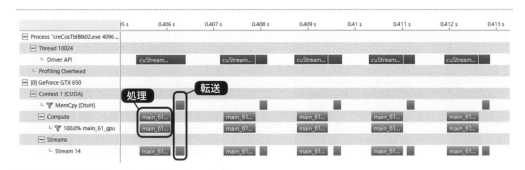

図11.11●転送も分割したプログラムの動作

先のプログラムと違い、デバイス側で処理後、デバイスからホスト（DtoH）へデータ転送する処理が繰り返されています。プログラミングで意図した動作が行われているのを観察できます。

■ 11-2-3　非同期プログラム

前項のプログラムを少し工夫すると非同期プログラムに拡張できます。先のプログラムは、分割して処理・転送しています。このため、それぞれを非同期に実行すると、処理やデータ転送を並列させることができるでしょう。以降に、非同期で記述したプログラミングのソースリストを示します。

リスト11.6●ソースリスト（081creTableAsync/creCosTblAsync.c）

```c
#include <stdio.h>
#include <math.h>
#include <time.h>

#define PI   3.14159265358979323846

//--------------------------------------------------------------------
// main
int
main(int argc, char *argv[])
{
```

11-2 2次元配列生成の非同期プログラム

```c
    double *tbl;
    int size = 4096, i, x, y, centerX, centerY;

    clock_t start, stop;

    if (argc > 1)
    {
        size = atoi(argv[1]);
    }

    tbl = (double *)malloc(sizeof(double) * size * size);

    centerX = centerY = size / 2;


    start = clock();

    double radius = sqrt(pow(centerX, 2) + pow(centerY, 2));

    const int nQueue = 4;
    const int nBloking = 64;
    int blockSize = size / nBloking;
    int blockY;

    if ((size % nBloking) != 0)
    {
        fprintf(stderr, "error: size = %d, nBloking = %d,blockSize = %d, "
                                        "(size %% nBloking) = %d¥n",
            size, nBloking, blockSize, (size % nBloking));
        free(tbl);
        return -1;
    }

    #pragma acc data create(tbl[:size*size])
    for (blockY = 0; blockY < nBloking; blockY++)
    {
        int startY = blockY * blockSize;
        int endY = startY + blockSize;

        #pragma acc parallel loop collapse(2) gang vector async(blockY % nQueue +1)
        for (y = startY; y < endY; y++) for (x = 0; x < size; x++)
        {
            // distance from center
```

11 非同期プログラミング

```
                double distance = sqrt(pow(centerY - y, 2) + pow(centerX - x, 2));
                // radius=π, current radian
                double radian = (distance / radius) * (double)PI;
                // cosθ, normalize -1.0～1.0 to  0～1.0
                double Y = (cos(radian) + 1.0) / 2.0;
                // normalize (Y) 0～1.0 to 0.0～255.0
                tbl[y*size+x] = Y * 255.0f;
            }
        #pragma acc update self(tbl[startY*size:blockSize*size]) ¥
                                                async(blockY % nQueue +1)
    }
    #pragma acc wait

    stop = clock();



    fprintf(stderr, "elapsed time = %.20f [sec]¥n",
        (float)(stop - start) / CLOCKS_PER_SEC);


    // print result
    if (argc < 3)
    {
        fprintf(stdout, "%d %d 1¥n", size, size);
        for (y = 0; y < size; y++)
        {
            for (x = 0; x < size; x++)
            {
                fprintf(stdout, "%3d¥n", (int)tbl[y*size+x]);
            }
        }
    }

    free(tbl);

    return 0;
}
```

　網掛けした部分が先のプログラムと異なる部分です。修正は僅かですがプログラムの動作は同期プログラムから非同期プログラムに変わります。nQueue は async に指定するキューの個数です。この値を変更すると非同期に動作させる並列数を変更できます。parallel ディレクティブ

とupdateディレクティブにasync節を追加しますが、このasync節の引数にnQueueで指定した数のキューを循環して指定します。つまり、テーブル作成の処理と、その結果を転送する処理を対にして非同期実行します。

処理とデータ転送の両方にasyncに指定しましたので、外側のforループを抜けてきたときに、すべての処理・転送が完了しているとは限りません。そこで外側のforループの直後にwaitディレクティブを記述し、全体を同期させます。waitディレクティブの引数に何も与えないと、すべての処理が終わるまで、この部分で同期します。実際のプログラムでは、tblの情報が必要になるまで同期させる必要はなく、より並列する部分を多くすることが可能です。

このプログラムの処理とデータ移動の様子を図で説明します。

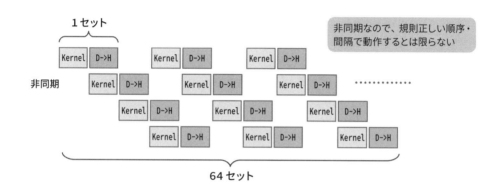

図11.12●非同期プログラムの処理とデータ転送の様子

この図から分かるように、直前のプログラムは処理と転送が順番に1本の線でつながっていましたが、このプログラムはキューの数だけ並列になり、かつ非同期ですので処理やデータ転送が重なって処理されます。図では、等間隔で順序良く書きましたが、非同期で動作するため、処理の間隔も長さも不定です。この図は動作が分かりやすいように、綺麗に示します。

以降に、このプログラムの動作をプロファイラで観察したものも示します。

11 非同期プログラミング

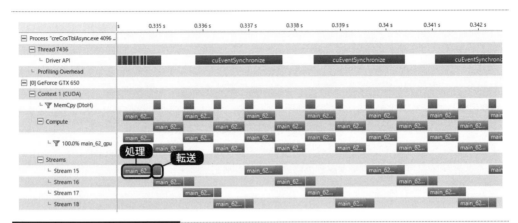

図11.13●非同期プログラムの動作

　先の図でキューに4が指定された例を説明しましたが、このプログラムも、キューの数を保持するnQueueに4を与えたため、Streamsが4つ使われています。分割した順に非同期に処理されているのが分かります。デバイス側の処理とデータ転送が並列して実行されているのを観察できます。分割された処理とデータ転送が対になって、それらが多数起動されているのを観察できます。これまでと違い、処理がオーバーラップしているため性能向上が期待できるでしょう。理由は不明ですが、オーバーラップする部分が予想より少なく、意外に並列に動作する部分が多くはありませんでした。それでもプロファイラから分かるようにデータ転送が処理と並列されているため、データ転送に要する時間は無視できる感じになっています。

　このプログラムを少し変更してパラメタを外部から与えられるように変更してみます。以降に変更した部分を示します。

リスト11.7●ソースリストの一部（081creTableAsync/creCosTblAsyncPara.c）

```
    ⋮
    double radius = sqrt(pow(centerX, 2) + pow(centerY, 2));

    int nQueue = 4;
    if (argc > 2)
    {
        nQueue = atoi(argv[2]);
    }
    int nBloking = 64;
    if (argc > 3)
```

290

```
    {
        nBloking = atoi(argv[3]);
    }
    int blockSize = size / nBloking;
    int blockY;

    if ((size % nBloking) != 0)
    {
        fprintf(stderr, "error: size = %d, nBloking = %d,blockSize = %d, "
                        "(size %% nBloking) = %d\n",
            size, nBloking, blockSize, (size % nBloking));
        free(tbl);
        return -1;
    }

    #pragma acc data create(tbl[:size*size])
    for (blockY = 0; blockY < nBloking; blockY++)
    {
        int startY = blockY * blockSize;
        int endY = startY + blockSize;
        ⋮
```

先のプログラムではキューの数や分割数が固定でしたが、このプログラムは、テーブルのサイズはもちろん、前記の値もコマンドラインの引数で変更できるようにします。このプログラムを使用し、テーブルサイズを8192、キューの数を3、分割数に128を指定して実行したプログラムの動作をプロファイラで観察してみましょう。これは、8192×8192の行列を、3つのキューを使用し、8192のy方向を128個に分割して処理させることを意味します。

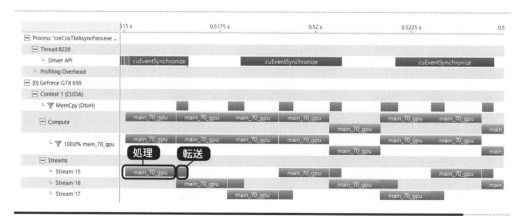

図11.14●テーブルサイズを8192、キューの数を3、分割数に128を指定したプログラムの動作

nQueueに3を与えたため、Streamsが3つ使われています。分割した順に非同期に処理されており、デバイス側の処理とデータ転送が並列して実行されているのを観察できます。分割された処理とデータ転送のサイズを観察してみましょう。

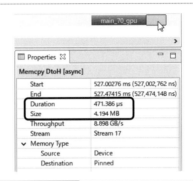

図11.15●分割された処理とデータ転送のサイズ

Sizeの欄に4.194 MBが表示されています。引数に8192、分割数に128を指定していますので、1つのブロックのバイト数を求めてみましょう。まず、テーブルサイズを求めます。

$8{,}192 \times 8{,}192 \times$ sizeof(double) $= 8{,}192 \times 8{,}192 \times 8 = 536{,}870{,}912$ バイト

です。これを128に分割して処理しますので、

$536{,}870{,}912 \div 128 = 4{,}194{,}304$ バイト

です。つまり、プロファイラが示す値と同じですので、正常に処理されているようです。

テーブルサイズを8192、キューの数を6、分割数に256を指定して実行したプログラムの動作も、プロファイラで観察してみましょう。

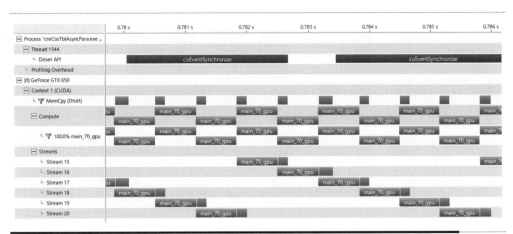

図11.16●テーブルサイズを8192、キューの数を6、分割数に256を指定したプログラムの動作

分割された処理とデータ転送のサイズも観察します。

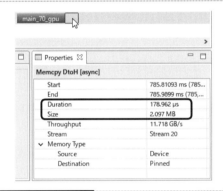

図11.17●分割された処理とデータ転送のサイズ

Sizeの欄に 2.097 MB が表示されています。引数に 8192、分割数に 256 を指定していますので、1つのブロックのバイト数を求めてみましょう。まず、テーブルサイズを求めます。

8,192 × 8,192 × sizeof(double) = 8,192 × 8,192 × 8 = 536,870,912 バイト

です。これを 256 に分割して処理しますので、

536,870,912 ÷ 256 = 2,097,152 バイト

です。つまり、先ほどの値と同じですので、正常に処理されているようです。

パラメタを変更して、並列化しない以前のプログラムと処理時間を比較してみました。いくつかパラメタを変更しましたが、いずれの場合でも非同期化したプログラムの性能が、同期プログラムを上回りました。

```
PGI$ ./creCosTbl2D1DAcc 8192 1
elapsed time = 0.62000000476837158203 [sec]

PGI$ ./creCosTblAsyncPara 8192 4 64 1
elapsed time = 0.57999998331069946289 [sec]

PGI$ ./creCosTblAsyncPara 8192 2 64 1
elapsed time = 0.55500000715255737305 [sec]

PGI$ ./creCosTblAsyncPara 8192 2 256 1
elapsed time = 0.53600001335144042969 [sec]

PGI$ ./creCosTblAsyncPara 8192 1 512 1
elapsed time = 0.49200001358985900879 [sec]
```

興味深かったのは、キューを1つにしたときに意外と高速だったことと、キューを増やすと性能低下がみられたことです。ただ、この結果は環境や実装に依存する部分が多いため、自身の使用するシステムの特性を知り、かつ最後の最後に行うチューニングと考えると良いでしょう。

ちなみに、このプログラムをg++でコンパイルしたところ、「internal compiler error: Segmentation fault」が発生しプログラムをビルドできませんでした。ほかにも2次元配列を使用するプログラムは、メモリ配置が連続でない（当然、分かっていること）旨のメッセージが出力されました。この辺りの挙動は、バージョンアップなど環境の変化で変わっていくでしょう。

11-3 ネガティブ処理の非同期プログラム

8-3節「ネガティブ」で紹介したプログラムを非同期プログラムへ書き換えてみましょう。行列（画像、あるいは2次元配列）のネガティブ処理を、非同期に行うプログラムを紹介します。画像処理で考えるとネガティブ処理ですが、行列で考えると2次元配列を操作するOpenACCプログラムです。プログラムの入力画像と処理結果の画像も示します。

図11.18●入力画像と処理結果画像

以降に、ソースリストを示します。

リスト11.8●ソースリスト（082nagativeAsync/negAsync.c）

```c
#include <stdio.h>
#include <stdlib.h>
#include <time.h>

//---------------------------------------------------------------
// read data
float*
readImgData(char* fname, int* W, int* H)
{
    FILE *fp;
    int width, height, ch;
    float data;

    if ((fp = fopen(fname, "rt")) == NULL)
    {
        fprintf(stderr, "faild file open %s¥n", fname);
        return NULL;
    }

    if (fscanf(fp, "%d %d %d", &width, &height, &ch) != 3)
    {
        fprintf(stderr, "failed read file %s¥n", fname);
        return NULL;
    }
    *W = width;
```

```
        *H = height;

        if (ch != 1)
        {
            fprintf(stderr, "ch != 1.");
            return NULL;
        }
        unsigned int datasize = sizeof(float)*width*height;
        float * in = (float *)malloc(datasize);

        for (int y = 0; y < height; y++)
        {
            for (int x = 0; x < width; x++)
            {
                if (fscanf(fp, "%f", &data) != 1)
                {
                    fprintf(stderr, "failed read data %s¥n", fname);
                    return NULL;
                }
                in[y*width + x] = data;
            }
        }

        fclose(fp);

        return in;
}

//-----------------------------------------------------------------
// effect
float*
effect(const float* in, const int width, const int height,
                        const int nQueue, const int nBloking)
{
    int y, x;
    clock_t start, stop;

    int size = height * width;
    unsigned int datasize = sizeof(float)*size;
    float* out = (float *)malloc(datasize);
    int blockSize = height / nBloking;
    int blockY;

    start = clock();
```

```c
        #pragma acc data create(in[:size], out[:size])
        for (blockY = 0; blockY < nBloking; blockY++)
        {
            int startY = blockY * blockSize;
            int endY = startY + blockSize;
            int hAsync = (blockY % nQueue) + 1;
            #pragma acc update device(in[startY*width:blockSize*width]) async(hAsync)
            #pragma acc parallel loop collapse(2) gang vector async(hAsync)
            for (y = startY; y < endY; y++) for (x = 0; x < width; x++)
            {
                out[y*width + x] = 255.0f - in[y*width + x];
            }
            #pragma acc update self(out[startY*width:blockSize*width]) async(hAsync)
        }
        #pragma acc wait

    stop = clock();

    fprintf(stderr, "elapsed time = %.20f [sec]\n",
        (float)(stop - start) / CLOCKS_PER_SEC);

    return out;
}

//------------------------------------------------------------------
// main
int
main(int argc, char* argv[])
{
    int width, height;
    float* in = NULL;

    if (argc < 2)
    {
        fprintf(stderr, "no <input>");
        return -1;
    }

    if ((in = readImgData(argv[1], &width, &height)) == NULL)
    {
        return -1;
    }
```

11 非同期プログラミング

```
    int nQueue = 4;
    if (argc > 2)
    {
        nQueue = atoi(argv[2]);
    }
    int nBloking = 64;
    if (argc > 3)
    {
        nBloking = atoi(argv[3]);
    }

    if ((height % nBloking) != 0)
    {
        free(in);
        fprintf(stderr, "error: height = %d, nBloking = %d, "
                        "(height %% nBloking) = %d\n",
            height, nBloking, (height % nBloking));
        return -1;
    }

    float* out = effect(in, width, height, nQueue, nBloking);
    if (out == NULL)
    {
        free(in);
        fprintf(stderr, "error: effect!\n");
        return -1;
    }

    if (argc < 5)
    {
        fprintf(stdout, "%d %d 1\n", width, height);
        for (int y = 0; y < height; y++)
        {
            for (int x = 0; x < width; x++)
            {
                fprintf(stdout, "%d\n", (int)out[y*width + x]);
            }
        }
    }

    if (in != NULL)
        free(in);

    if (out != NULL)
```

```
        free(out);

    return 0;
}
```

　このプログラムは、8-3 節で紹介したプログラムを細かなブロックに分解し、かつそれぞれを非同期に実行します。以前のプログラムを非同期へ書き換えましょう。`readImgData` 関数は、以前のプログラムとまったく同じです。この関数は、テキストファイルに格納された画像データを読み込みます。テキストは、最初の行に「横幅 縦幅 チャンネル数」が格納され、以降に 1 行に 1 つのデータが格納されています。

```
256 256  1
 43
 54
 54
 49
  ⋮
167
171
154
```

　詳細は 8-3 節の解説を参照してください。
　`main` 関数は、前節で示した非同期プログラムに近いです。このプログラムは、引数に入力ファイル、キューの数、そして分割数を与えることが可能です。以降にプログラムの使用法を示します。

```
./negAsync 入力ファイル名 [ キュー数 [ 分割数 [ 出力抑止フラグ ]]] [> 結果格納テキストファイル ]
```

　引数を省略した場合、キューの数は 4 が、分割数は 64 が採用されます。

　さて、8-3 節の同期プログラムと本節のプログラムの主要部分である `effect` 関数を比較してみましょう。まず、以前のプログラムを示します。

```
float*
effect(const float* in, const int width, const int height)
{
```

```
    int y, x;
    clock_t start, stop;

    start = clock();

    unsigned int datasize = sizeof(float)*width*height;
    float* out = (float *)malloc(datasize);

    #pragma acc parallel loop independent copyin(in[:width*height]) ¥
                                          copyout(out[:width*height])
    for (y = 0; y < height; y++)     // dest y coord
    {
        #pragma acc loop independent
        for (x = 0; x < width; x++) // dest x coord
        {
            out[y*width + x] = 255.0f - in[y*width + x];
        }
    }

    stop = clock();

    fprintf(stderr, "elapsed time = %.20f [sec]¥n",
        (float)(stop - start) / CLOCKS_PER_SEC);

    return out;
}
```

次に、本節のプログラムのeffect関数を示します。

```
float*
effect(const float* in, const int width, const int height,
                       const int nQueue, const int nBloking)
{
    int y, x;
    clock_t start, stop;

    int size = height * width;
    unsigned int datasize = sizeof(float)*size;
    float* out = (float *)malloc(datasize);
    int blockSize = height / nBloking;
    int blockY;

    start = clock();
```

```
        #pragma acc data create(in[:size], out[:size])
        for (blockY = 0; blockY < nBloking; blockY++)
        {
            int startY = blockY * blockSize;
            int endY = startY + blockSize;
            int hAsync = (blockY % nQueue) + 1;
            #pragma acc update device(in[startY*width:blockSize*width]) async(hAsync)
            #pragma acc parallel loop collapse(2) gang vector async(hAsync)
            for (y = startY; y < endY; y++) for (x = 0; x < width; x++)
            {
                out[y*width + x] = 255.0f - in[y*width + x];
            }
            #pragma acc update self(out[startY*width:blockSize*width]) async(hAsync)
        }
        #pragma acc wait

    stop = clock();

    fprintf(stderr, "elapsed time = %.20f [sec]¥n",
        (float)(stop - start) / CLOCKS_PER_SEC);

    return out;
}
```

以前のプログラムは、素直にデータ転送を指示し、一括して全体を処理します。本節のeffect関数は、いくつかに分割し、それぞれを非同期に処理します。データも各処理に必要な部分を分割して転送します。関数の引数を以降に表で示します。

表11.1 ● effect関数の引数

引数	説明
const float* in	入力2次元配列（画像）
const int width	入力2次元配列の横幅（ピクセル値）
const int height	入力2次元配列の高さ（ピクセル値）
const int nQueue	キューの数
const int nBloking	分割数

まず、widthとheightから出力用のメモリサイズを求め、malloc関数で割り付けます。次にdataディレクティブを使用して、入力と出力のメモリをデバイス側に確保します。このとき、createを使用しデータそのものは転送せず領域のみ確保します。

```
#pragma acc data create(in[:size], out[:size])
```

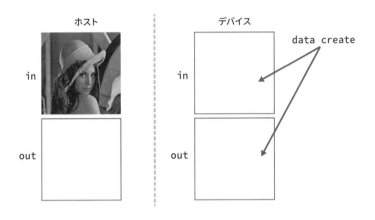

図11.19●デバイス側のメモリ領域のみを確保

ブロックに分割して処理しますが、そのブロック分割を行うのがblockYをインデックスとしたforループです。

```
for (blockY = 0; blockY < nBloking; blockY++)
{
```

ループの先頭で行列（画像）の処理範囲であるy（縦）の範囲をstartYとendYに求めます。また、非同期に使用するキューをhAsyncへ求めます。hAsyncは式から分かるように、1〜nQueueの範囲で順に割り当てます。

```
int startY = blockY * blockSize;
int endY = startY + blockSize;
int hAsync = (blockY % nQueue) + 1;
```

処理の準備ができたため、各ブロックの処理を開始します。まず、updateディレクティブを使用し、入力行列の対応する部分を転送します。ただし、このディレクティブにはasync節を指定し非同期とします。

```
#pragma acc update device(in[startY*width:blockSize*width]) async(hAsync)
```

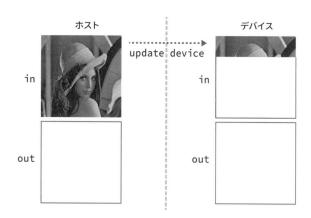

図11.20●入力行列の対応する部分を転送

　入力データが用意できたら、実際のネガティブ処理を行います。以降に実際の処理部分を示します。処理そのものは非常に単純で、以前のプログラムと同様です。ただし、このparallelディレクティブにもasync節を指定し非同期の指定を行います。

```
#pragma acc parallel loop collapse(2) gang vector async(hAsync)
for (y = startY; y < endY; y++) for (x = 0; x < width; x++)
{
    out[y*width + x] = 255.0f - in[y*width + x];
}
```

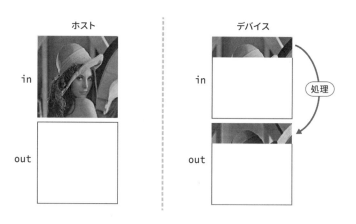

図11.21●デバイス側でネガティブ処理

非同期ですので、記述した順に処理されるとは限りません。

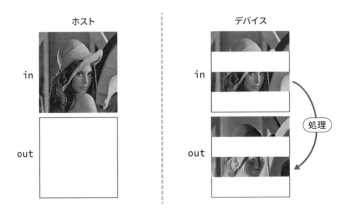

図11.22●処理の順序は不定

```
#pragma acc update self(out[startY*width:blockSize*width]) async(hAsync)
```

処理が完了したらupdateディレクティブを使用し、結果の対応する部分を転送します。このディレクティブにもasync節を指定し非同期の指定を行います。

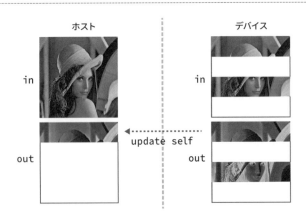

図11.23●結果の対応する部分を転送

処理と同様、非同期ですので記述した順に処理されるとは限りません。

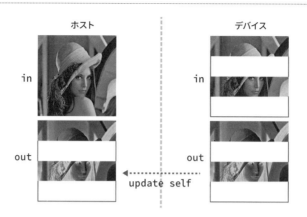

図11.24●転送の順序は不定

すべての処理が完了したら、waitディレクティブを使用し、非同期で動作している処理がすべて完了するまで待ちます。

```
    }
#pragma acc wait
```

これで完了です。waitディレクティブを抜けてきたら、出力用のoutに変換後のデータがすべて格納されています。

図11.25●転送完了

このプログラムのデータ移動の様子を図で説明します。前節のプログラムと違い、ホストからデバイスへのデータ転送が新たに追加されます。

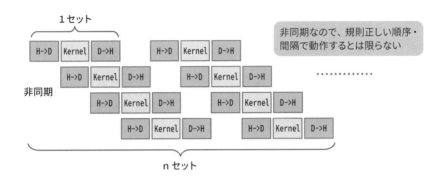

図11.26●データ移動と処理の様子

この図から分かるように、非同期ですので指定したキューの数によって並列して処理される量が変化します。同時に分割数によって1回当たりの処理量も変化します。ここでは、処理やデータ転送が重なって処理されることを説明するため、綺麗な図としましたが、実際は、処理の間隔も長さも不定です。

このプログラムを同期に書き換えてみましょう。非同期を同期に変更するのは簡単です。async節とwaitディレクティブをコメントアウトするのみです。以降に、実際に書き換えたソースリストを示します。

```
    :
float*
effect(const float* in, const int width, const int height,
                        const int nQueue, const int nBloking)
{
    int y, x;
    clock_t start, stop;

    int size = height * width;
    unsigned int datasize = sizeof(float)*size;
    float* out = (float *)malloc(datasize);
    int blockSize = height / nBloking;
    int blockY;
```

```
    start = clock();

    #pragma acc data create(in[:size], out[:size])
    for (blockY = 0; blockY < nBloking; blockY++)
    {
        int startY = blockY * blockSize;
        int endY = startY + blockSize;
        int hAsync = (blockY % nQueue) + 1;
        #pragma acc update device(in[startY*width:blockSize*width]) /*async(hAsync)*/
        #pragma acc parallel loop collapse(2) gang vector /*async(hAsync)*/
        for (y = startY; y < endY; y++) for (x = 0; x < width; x++)
        {
            out[y*width + x] = 255.0f - in[y*width + x];
        }
        #pragma acc update self(out[startY*width:blockSize*width]) /*async(hAsync)*/
    }
    /*#pragma acc wait*/

    stop = clock();

    fprintf(stderr, "elapsed time = %.20f [sec]\n",
        (float)(stop - start) / CLOCKS_PER_SEC);

    return out;
}
    ⋮
```

同期プログラムの処理とデータ転送を図で示します。

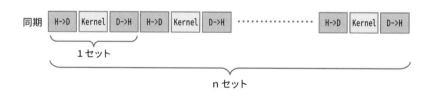

図11.27●同期プログラムの処理とデータ転送

　さて、このように同期させたプログラムと、非同期プログラム動作をプロファイラで観察してみましょう。サイズ2304×3072の画像を処理対象とし、キューは4、分割数に64を指定します。まず、同期させたプログラムを観察します。

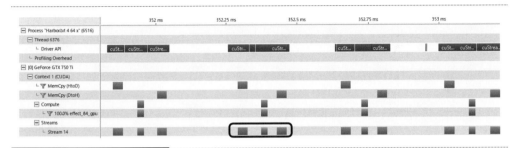

図11.28●同期プログラムの動作

　ホストからデバイス（HtoD）へデータ転送、GPU でネガティブ処理、デバイスからホスト（DtoH）へデータ転送の 3 つのペアが、同期しながら順次処理しているのが分かります。表示が小さすぎるので、拡大したものも示します。

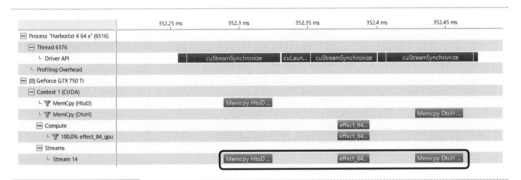

図11.29●前図の一部拡大

　このプログラムは、全体を 64 に分割します。分割した順に非同期に処理されており、デバイス側の処理とデータ転送が並列して実行されているのを観察できます。分割された処理とデータ転送のサイズを観察してみましょう。

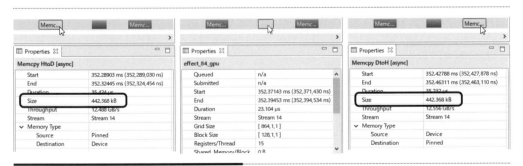

図11.30●分割された処理とデータ転送のサイズ

Sizeの欄に442.368 KBが表示されています。与えた行列のサイズは2,304 × 3,072です。1つのブロックのバイト数を求めてみましょう。

$2{,}304 \times 3{,}072 \times \text{sizeof(float)} = 2{,}304 \times 3{,}072 \times 4 = 28{,}311{,}552$ バイト

です。これを64に分割して処理しますので、

$28{,}311{,}552 \div 64 = 442{,}368$ バイト

です。つまり、プロファイラが示す値と同じですので、正常に処理されているようです。

今度は非同期にしたプログラムの動作をプロファイラで観察してみましょう。使用する行列のサイズは先のプログラムと同じです。キューは4、分割数に64を指定します。

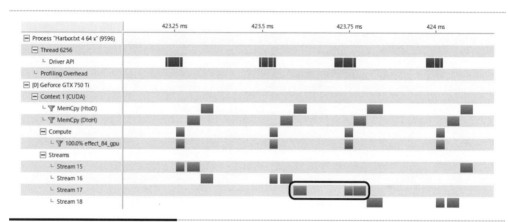

図11.31●非同期プログラムの動作

nQueueに4を与えたため、Streamsが4つ使われています。分割した順に非同期に処理されており、デバイス側の処理とデータ転送が並列して実行されているのを観察できます。ただ、先ほどのプログラムと違い、各キューの処理が、ほとんどオーバーラップしていません。

見にくいですので、拡大して示します。ホストからデバイス（HtoD）へデータ転送、GPUでネガティブ処理、デバイスからホスト（DtoH）へデータ転送の3つのペアが、それぞれのキューで非同期に実行されます。

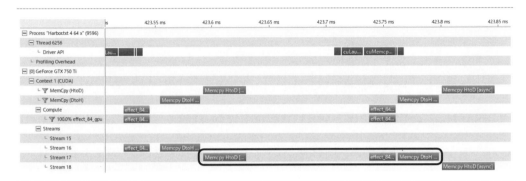

図11.32● 前図の一部拡大

分割された処理とデータ転送のサイズを観察してみましょう。

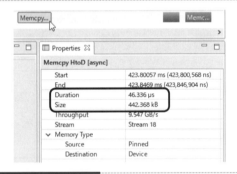

図11.33● 分割された処理とデータ転送のサイズ

先のプログラムと同様の値です。

11-4 幾何変換の非同期プログラム

　8-5節「幾何変換」で紹介したプログラム(リスト8.5)を非同期プログラムへ書き換えてみましょう。このプログラムは、行列の中心を原点に回転を行います。与えた行列を引数で指定した角度分、時計方向に回転します。さらにキューの数や分割数を外部から与えることができます。以降に、プログラムの使用法を示します。

```
./rotateAsync 入力ファイル名 ［回転角度 ［キュー数 ［分割数 ［出力抑止フラグ ］］］］
              ［＞ 結果格納テキストファイル ］
```

引数を省略したときの値を表で示します。

表11.2●引数省略時の値

引数	省略時の値
回転角度	33.3°
キュー数	4
分割数	64
出力抑止フラグ	出力を抑止しない

以降に、ソースリストの一部を示します。

リスト11.9●ソースリストの一部（083rotateAsync/rotateAsync.c）

```c
    ：
//---------------------------------------------------------------
// rotate
float*
effect(const float* in, const int width, const int height,
            const float degree, const int nQueue, const int nBloking)
{
    int size = height * width;
    unsigned int datasize = sizeof(float)*size;
    float* out = (float *)malloc(datasize);
    int blockSize = height / nBloking;
    int blockY, outY, outX;
    clock_t start, stop;

    float radian = (float)degree2radian(degree);    // clockwise

    int yc = height / 2;    // y center
    int xc = width / 2;     // x center

    start = clock();

    #pragma acc data copyin(in[:size]) create(out[:size])
    for (blockY = 0; blockY < nBloking; blockY++)
    {
```

```
            int startY = -yc + (blockY * blockSize);
            int endY = startY + blockSize;
            int hAsync = (blockY % nQueue) + 1;

            #pragma acc parallel loop collapse(2) gang vector async(hAsync)
            for (outY = startY; outY < endY; outY++)
            for (outX = -xc; outX < width - xc; outX++)// dest x coord
            {
                float inY = (float)(outX*sin(radian) + outY * cos(radian));
                float inX = (float)(outX*cos(radian) - outY * sin(radian));

                int inFixY = inY > 0.0f ? (float)floor(inY + 0.5f)
                                        : (float)(-1.0*floor(fabs(inY) + 0.5));
                int inFixX = inX > 0.0f ? (float)floor(inX + 0.5f)
                                        : (float)(-1.0*floor(fabs(inX) + 0.5));

                float q = inY - (float)inFixY;
                float p = inX - (float)inFixX;

                inFixX += xc;
                inFixY += yc;
                int oX = outX + xc;
                int oY = outY + yc;

                int dstX = oX;
                int dstY = oY * width;
                int dst = dstY + dstX;

                if (inFixY >= 0 && inFixY < height - 1
                    && inFixX >= 0 && inFixX < width - 1)
                {
                    int srcX0 = inFixX;
                    int srcX1 = srcX0 + 1;
                    int srcY0 = inFixY * width;
                    int srcY1 = srcY0 + width;

                    int src00 = srcY0 + srcX0;
                    int src01 = srcY0 + srcX1;
                    int src10 = srcY1 + srcX0;
                    int src11 = srcY1 + srcX1;

                    float data = (1.0f - q)*((1.0f - p)*(float)in[src00]
                                            + p * (float)in[src01])
                                + q * ((1.0f - p)*(float)in[src10]
```

```
                                            + p * (float)in[src11]);

                    if (data > 255.0f) data = 255.0f;
                    if (data < 0.0f) data = 0.0f;
                    out[dst] = data;
                }
                else
                {
                    out[dst] = 255.0f;
                }
            }
        #pragma acc update self(out[(startY+yc)*width:blockSize*width]) async(hAsync)
        }
        #pragma acc wait

        stop = clock();

        fprintf(stderr, "elapsed time = %.20f [sec]\n",
            (float)(stop - start) / CLOCKS_PER_SEC);

        return out;
}

//-----------------------------------------------------------------
// main
int
main(int argc, char* argv[])
{
    int width, height;
    float degree = 33.3f;
    float* in = NULL;

    if (argc < 2)
    {
        fprintf(stderr, "no <input>");
        return -1;
    }

    if ((in = readImgData(argv[1], &width, &height)) == NULL)
    {
        return -1;
    }

    fprintf(stdout, "%d %d 1\n", width, height);
```

```
    if (argc > 2)
        degree = (float)atof(argv[2]);

    int nQueue = 4;
    if (argc > 3)
    {
        nQueue = atoi(argv[3]);
    }
    int nBloking = 64;
    if (argc > 4)
    {
        nBloking = atoi(argv[4]);
    }

    if ((height % nBloking) != 0)
    {
        free(in);
        fprintf(stderr, "error: height = %d, nBloking = %d, "
                                            "(height %% nBloking) = %d¥n",
            height, nBloking, (height % nBloking));
        return -1;
    }

    float* out = effect(in, width, height, degree, nQueue, nBloking);
    if (out == NULL)
    {
        free(in);
        fprintf(stderr, "error: effect!¥n");
        return -1;
    }

    if (argc < 6)
    {
        fprintf(stdout, "%d %d 1¥n", width, height);
        for (int y = 0; y < height; y++)
        {
            for (int x = 0; x < width; x++)
            {
                fprintf(stdout, "%d¥n", (int)out[y*width + x]);
            }
        }
    }

    if (in != NULL)
```

```
        free(in);

    if (out != NULL)
        free(out);

    return 0;
}
```

readImgData 関数はリスト 8.5 のプログラムと同様です。以前のプログラムは、素直にデータ転送を指示し、一括して全体を処理します。本節の effect 関数は、いくつかに分割し、それぞれを非同期に処理します。データも各処理に必要な部分を分割して転送します。関数の引数を以降に表で示します。

表11.3●effect関数の引数

引数	説明
const float* in	入力 2 次元配列（画像）
const int width	入力 2 次元配列の横幅（ピクセル値）
const int height	入力 2 次元配列の高さ（ピクセル値）
const float degree	回転角度
const int nQueue	キューの数
const int nBloking	分割数

まず、width と height から出力用のメモリサイズを求め、malloc 関数で割り付けます。次に data ディレクティブを使用して、入力用のデータをホストからデバイスに転送し、出力用のメモリをデバイス側に確保します。先のプログラムと違い、入力データはデータ領域の入り口で一括してコピーします。これはデバイス側の処理部が、処理を行うときに入力の広範囲を参照するためです。

```
    #pragma acc data copyin(in[:size]) create(out[:size])
```

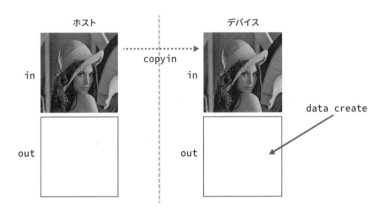

図11.34●データの転送と出力用のメモリ確保

ブロックに分割して処理しますが、そのブロック分割を行うのがblockYをインデックスとしたforループです。

```
for (blockY = 0; blockY < nBloking; blockY++)
{
```

ループの先頭で行列（画像）の処理範囲であるy（縦）の範囲をstartYとendYに求めます。回転の原点を行列に中心とし、その座標を(0, 0)とするため、オフセットされた値を補正しています。非同期に使用するキューをhAsyncへ求めます。hAsyncは式から分かるように、1〜nQueueの範囲で順に割り当てます。

```
int startY = -yc + (blockY * blockSize);
int endY = startY + blockSize;
int hAsync = (blockY % nQueue) + 1;
```

処理の準備ができたため、各ブロックの処理を開始します。まず、updateディレクティブを使用し、入力行列の対応する部分を転送します。ただし、このディレクティブにはasync節を指定し非同期とします。

```
#pragma acc parallel loop collapse(2) gang vector async(hAsync)
for (outY = startY; outY < endY; outY++)
for (outX = -xc; outX < width - xc; outX++)
{
```

回転処理は以前のプログラムと同じですので、説明は省略します。ただし、以前のプログラムと違い分割して処理します。非同期ですので、記述した順に処理されるとは限りません。

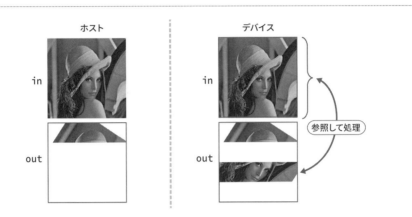

図11.35●デバイス側で処理

```
#pragma acc update self(out[(startY+yc)*width:blockSize*width]) async(hAsync)
```

1つのブロックが終わるたびに、updateディレクティブを使用し対応する部分をデバイスからホストへ転送します。このディレクティブにもasync節を指定し非同期の指定を行います。非同期ですので記述した順に処理されるとは限りません。なお、行列の指定ですが、行列の中心を (0, 0) としたため、self節に指定する値もオフセット分を補正する必要があります。直前のプログラムと比較すると違いが分かるでしょう。

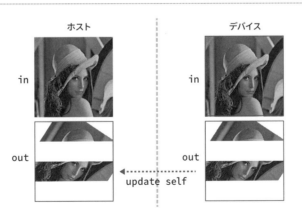

図11.36●デバイスからホストへ転送

すべての処理が完了したら、waitディレクティブを使用し、非同期で動作している処理がすべて完了するまで待ちます。

```
    }
    #pragma acc wait
```

これで完了です。waitディレクティブを抜けてきたら、出力用のoutに変換後のデータがすべて格納されています。

図11.37●処理完了

最後に、main関数を説明します。このプログラムは、引数に入力ファイルが必要です。入力ファイルが指定されていれば、readImgData関数を呼び出し、float配列inに読み込み、縦横の幅をwidthとheightに受け取ります。さらに、回転角度が指定されていたら、atofで変換後、float型のdegreeへ設定します。回転角度が指定されていない場合、デフォルトの33.3°が使用されます。引数には、これに続き、回転角度、キューの数、分割数、そして出力抑止フラグを指定できます。これらの引数については、すでに説明済みです。

次に、処理結果を格納するメモリを割り付け、outへ設定します。変換処理はeffect関数を呼び出して処理します。最後に、処理結果をstdoutへ出力します。なお、このプログラムはサイズの大きな行列を生成すると、stdoutへの出力量が大量になるため、第6引数を与えると出力を抑止できます。これは性能評価だけを行いたいときのために用意した機能です。このプログラムが出力するデータは入力フォーマットと同じです。

以降に、このプログラムの動作をプロファイラで観察したものも示します。

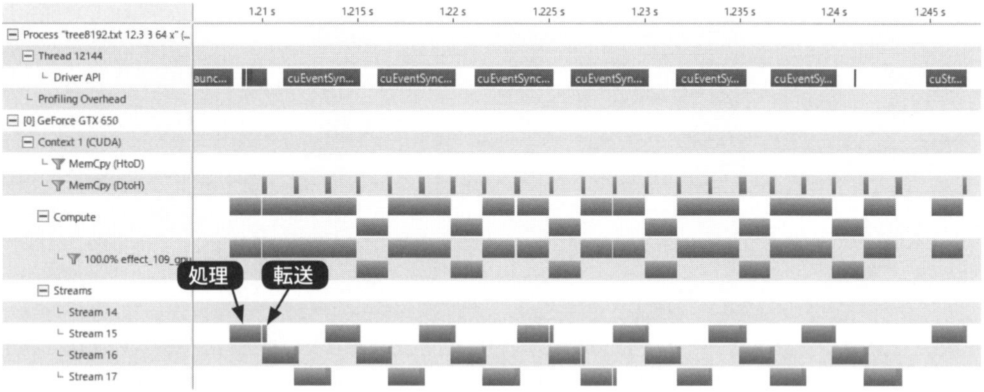

図11.38●プログラムの動作

このプログラムは、キュー nQueue に 4 を与えたため、Streams が 4 つ使われています。分割した順に非同期に処理されているのが分かります。なお、拡大しているため data ディレクティブの copyin で全体をデバイスへ転送していますが、その部分は表示されていません。このため、単に、処理とデバイスからホストへ転送する部分（DtoH）のみが観察できます。表示が小さすぎて見にくいため、少し拡大した図を示します。

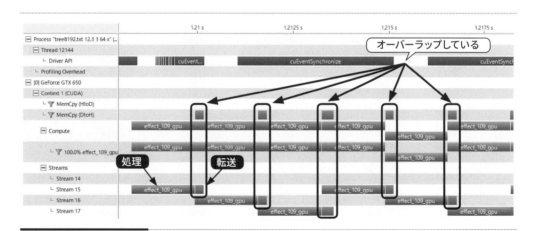

図11.39●前図の一部拡大

デバイス側の処理とデータ転送が並列して実行されているのを観察できます。分割された処理とデータ転送が対になって、それらが多数起動されているのを観察できます。処理とデータ転送がオーバーラップしているため性能向上が期待できるでしょう。

付　録

付録A　WAV ユーティリティーズ

付録B　Bitmap ユーティリティーズ

付録C　g++/gcc の環境

付録D　PGI コンパイラの OpenACC 環境

WAVユーティリティーズ

本書のプログラムの入出力にはテキストデータを用いています。これは、扱うデータを特定のフォーマットを持ったファイル形式に依存することなく、かつ、プログラム自体をシンプルに保つためです。その代わりとして、一般的な形式の音声データから、本書のプログラムが必要とする長大な1次元データを生成（変換）するユーティリティ群を用意します。

ここで紹介するプログラムは、音源が格納されている WAV 形式のファイルから、そのデータをテキスト形式に変換するユーティリティと、その反対に、テキスト形式のデータから WAV 形式のファイルへ変換するユーティリティです。これらのユーティリティ群を使用し、OpenACC プログラム用のデータを作るとともに、プログラムの処理結果を容易に評価できる環境を提供します。

また、WAV ファイルを扱うクラスも紹介します。このクラスを利用すると、OpenACC 対応のプログラムから直接 WAV ファイルを扱うことも可能です。

A-1　WAV ファイルをテキストへ変換

WAV ファイルを整数形式のテキストファイルに変換するプログラムを紹介します。OpenACC の応用プログラムへ与えるデータを用意できないことは良くあることです。ここでは、WAV 形式のファイルをテキスト形式でダンプすることによって、長大な1次元データを生成します。プログラムは処理の大半を Cwav クラスへ任せます。Cwav クラスについては後述しますので、適宜クラスの説明を参照してください。以降に、プログラムのソースリストを示します。

リスト A.1 ●ソースリスト（wavUtils/dumpWav.cpp）

```
#include <stdio.h>
#include "Cwav.h"

//----------------------------------------------------------------
```

```cpp
// main
int
main(int argc, char *argv[])
{
    try
    {
        if (argc != 2)                                  // check parameters
            throw "missing input file name.";

        Cwav cwav;

        cwav.LoadFromFile(argv[1]);                     // read WAV file

        unsigned int numOfUnits = cwav.getNumOfUnits();
        short *pMem = (short *)cwav.getPWav();

        for (unsigned int i = 0; i < numOfUnits; i++)   // dump wav
            fprintf(stdout, "%8d\n", (int)pMem[i]);
    }
    catch (char const *str)
    {
        fputs(str, stderr);
        fprintf(stderr, "\n");
    }
    return 0;
}
```

最初に制御が渡る main 関数で、引数が 1 つ指定されているか調べます。このプログラムには、「入力ファイル名」を指定しなければなりません。引数が適切でないときは、使用法を文字列として throw し例外を発生させます。

Cwav クラスのインスタンス cwav は、main 関数の先頭で生成されます。インスタンスの LoadFromFile メソッドで WAV ファイルを読み込みます。そして、getNumOfUnits メソッドで要素数を求め、for ループを使用し、データを printf で出力します。Cwav クラスを使用するため、とても簡単です。割り付けたメモリなどは、main 関数の終了時に、クラスのデストラクタで解放されます。

■ A-1-1　ビルド法

　このプログラムは、Windows 10 上の Visual Studio 2017 や Ubuntu（Linux）上の g++ バージョン 7.3.0、そして pgc++ 18.4 でビルドを確認しています。ほかのコンパイラでも問題ないでしょうが、前記以外のコンパイラでは試していません。以降に、それぞれのビルド方法を示します。Visual Studio は IDE を使用しても良いのですが面倒だったためコンソールからビルドします。

```
g++    -o dumpWav dumpWav.cpp Cwav.cpp          (g++ の場合)
pgc++  -o dumpWav dumpWav.cpp Cwav.cpp          (pgc++ の場合)
cl /EHs /Fe:dumpWav.exe dumpWav.cpp Cwav.cpp    (Visual Studio の場合)
```

■ A-1-2　使用法

以降に、コマンドの形式を示します。

```
dumpWav   <入力ファイル>
```

引数

　入力ファイル　　wav ファイル名。

使用例

```
$ ./dumpWav foo.wav > bar.txt
```

　処理結果は stdout へ出力されますので、処理結果をファイルへ格納したい場合は、上記に示したようにリダイレクトしてください。

■ A-1-3　結果の形式

　結果の形式を示します。入力がモノラルの場合、そのままサンプリング値を 10 進整数のテキストで出力します。ステレオの場合、2 行で 1 回のサンプリング値に対応します。先に左チャンネル、次に右チャンネルが出力され、これでペアです。以降に、出力形式を示します。

```
ステレオの場合

<左チャンネルの値 1>
<右チャンネルの値 1>
<左チャンネルの値 2>
<右チャンネルの値 2>
<左チャンネルの値 3>
<右チャンネルの値 3>
<左チャンネルの値 4>
<右チャンネルの値 4>
    ⋮
<左チャンネルの値 n>
<右チャンネルの値 n>
```

```
モノラルの場合

<値 1>
<値 2>
<値 3>
<値 4>
  ⋮
<値 n>
```

以降に、実際の出力例を示します。

```
      ⋮
   -2106
     320
   -2986
    1565
   -3195
    2565
   -3236
    2655
   -3038
    2344
   -2881
    1466
      ⋮
```

A-2　ステレオ WAV ファイルをモノラルへ変更してテキストへ変換

先ほどのプログラムを拡張し、ステレオの WAV ファイルからモノラルに変換し、それをテキストで出力するプログラムも紹介します。このプログラムで生成したデータを使用し、移動平均

や信号処理などの入力として利用します。OpenACCで利用する適切で長大な1次元データが手元になかったため、このようなプログラムを開発します。

リスト A.2 ●ソースリスト（wavUtils/dumpWav2M.cpp）

```cpp
#include <stdio.h>
#include "Cwav.h"

//-----------------------------------------------------------------
// main
int
main(int argc, char *argv[])
{
    try
    {
        if (argc != 2)                              // check parameters
            throw "missing input file name.";

        Cwav cwav;

        cwav.LoadFromFile(argv[1]);                 // read WAV file

        if(cwav.isMonaural())
            throw "input av not stereo.";

        unsigned int numOfUnits = cwav.getNumOfUnits();
        short *pMem = (short *)cwav.getPWav();

        for (unsigned int i = 0; i < numOfUnits; i+=2)  // dump wav
        {
            int l = (int)pMem[i];
            int r = (int)pMem[i+1];
            fprintf(stdout, "%8d\n", (l + r) / 2);
        }
    }
    catch (char const *str)
    {
        fputs(str, stderr);
        fprintf(stderr, "\n");
    }
    return 0;
}
```

最初に制御が渡る main 関数で、引数が 1 つ指定されているか調べます。このプログラムには、「入力ファイル名」を指定しなければなりません。引数が適切でないときは、使用法を文字列として throw し例外を発生させます。

Cwav クラスのインスタンス cwav は、main 関数の先頭で生成されます。インスタンスの LoadFromFile メソッドで WAV ファイルを読み込みます。そして、getNumOfUnits メソッドで要素数を求め、for ループを使用し、データを printf で出力するだけです。Cwav クラスを使用するため、とても簡単です。割り付けたメモリなどは、main 関数の終了時に、クラスのデストラクタで解放されます。

■ A-2-1　ビルド法

このプログラムは、Visual Studio、g++、そして pgc++ へ対応しています。以降に、それぞれのビルド方法を示します。Visual Studio は IDE を使用しても良いのですが面倒だったためコンソールからビルドします。

```
g++    -o dumpWav2M dumpWav2M.cpp Cwav.cpp        (gcc (g++) の場合)
pgc++  -o dumpWav2M dumpWav2M.cpp Cwav.cpp        (pgcc (pgc++) の場合)
cl /EHs /Fe:dumpWav2M.exe dumpWav2M.cpp Cwav.cpp  (Visual Studio の場合)
```

■ A-2-2　使用法

以降に、コマンドの形式を示します。

```
dumpWav2M  <入力ファイル>
```

引数

　入力ファイル　　WAV ファイル名。

使用例

```
$ ./dumpWav2M  foo.wav  >  bar.txt
```

処理結果は stdout へ出力されますので、ファイルへ格納したい場合は、上記に示したように

リダイレクトしてください。

A-2-3　結果の形式、

結果の形式を示します。入力の左チャンネルと右チャンネルの値から、モノラル値を求め、その値を出力します。以降に、出力形式を示します。

```
<値1>
<値2>
<値3>
<値4>
  ⋮
<値n>
```

A-3　テキストをWAVファイルへ変換

テキストファイルからWAVファイルへ変換するプログラムを紹介します。本書の目的と若干異なるプログラムですので、簡略化して説明します。

A-3-1　プログラム本体の説明

実数で格納されたテキストファイルから、WAVファイルを生成します。以降に、プログラムのソースリストを示します。

リストA.3●ソースリスト（wavUtils/text2Wav.cpp）

```cpp
#include <stdio.h>
#include "Cwav.h"

//-----------------------------------------------------------------
//countLines
size_t
countLines(const char* fname)
```

```cpp
{
    FILE *fp;
    float data;

    if ((fp = fopen(fname, "rt")) == NULL)
        throw "input file open failed.";

    int count = 0;
    while (fscanf(fp, "%f", &data) == 1)
        count++;

    fclose(fp);

    if (count <= 0)
        throw "input file read failed.";

    return count;
}

//------------------------------------------------------------------
//readData
void
readData(const char* fname, float data[], const size_t length)
{
    FILE *fp;

    if ((fp = fopen(fname, "rt")) == NULL)
        throw "input file open failed.";

    for (size_t i = 0; i < length; i++)
        if (fscanf(fp, "%f", &data[i]) != 1)
            throw "input file read failed.";

    for (size_t i = 0; i < length; i++)
    {
        if (data[i] > 32767.0f || data[i] < -32768.0f)
        {
            fprintf(stderr, "%8d = %10.2f\n", (int)i, data[i]);

            data[i] = min(data[i], 32767.0f);
            data[i] = max(data[i], -32768.0f);
        }
    }
    fclose(fp);
```

```
}

//-----------------------------------------------------------------
// main
int
main(int argc, char *argv[])
{
    Cwav cwav;
    float *wav = NULL;
    short *sWav = NULL;
    unsigned int len = 2u;                       // monaural

    try
    {
        if (argc < 3)                            // check parameters
            throw "missing parameters, need <output.wav> and [<m | s>].";

        if (argc == 4)
            if (argv[3][0] == 's' || argv[3][0] == 'S')
            {
                len = 4u;                        // stereo
                fprintf(stdout, "input: stereo.\n");
            }
            else
                fprintf(stdout, "input: monaural.\n");

        size_t wavLength = countLines(argv[1]);
        wav = new float[wavLength];
        sWav = new short[wavLength];

        readData(argv[1], wav, wavLength);       // read text
        for (size_t i = 0; i < wavLength; i++)
            sWav[i] = (short)wav[i];

        cwav.to16bit();
        if (len == 4u)
            cwav.toStereo();
        else
            cwav.toMonaural();
        cwav.setSamplesPerSec(44100);
        cwav.setBytesPerSec(len);
        cwav.setSizeOfData((long)wavLength * 2u);
        cwav.setBitsPerSample(16u);
        cwav.setPWav(sWav);
```

```
        cwav.setBlockAlign(len);

        cwav.SaveToFile(argv[2]);                // write wav file

        fprintf(stdout, "convert [%s] to [%s].\n", argv[1], argv[2]);
    }
    catch (char *str)
    {
        fputs(str, stderr);
        fprintf(stderr, "\n");
    }
    if (wav != NULL)
        delete[] wav;

    return 0;
}
```

countLines 関数は、入力テキストの行数をカウントするだけです。何らかのエラーを検出したら例外を throw します。

readData 関数は、テキストを float へ変換し配列に格納します。その際に、読み込みデータが 16 ビットサンプリングの範囲を超えていた場合、$-2^{15} - 1 \sim 2^{15}$ へ飽和させます。これは必ずしもデータが 16 ビットサンプリングの範囲に収まっているとは限らないためです。もし、これを忘れるとオーバーフローやアンダーフローが発生し、生成された WAV ファイルにグリッチが乗る可能性があります。

最初に制御が渡る main 関数で、引数が 2 つ以上指定されているか調べます。このプログラムには、「入力用のテキストファイル名」と「出力用の WAV ファイル名」、そしてオプションのステレオかモノラルかを指定しなければなりません。引数が少ないときは、使用法を文字列として throw し例外を発生させます。引数が 3 つのときは、ステレオかモノラルか判断します。次に、countLines 関数で入力テキストの行数をカウントします。countLines 関数が返した値を使って float の配列を割り付けます。その配列 wav に readData 関数でデータを読み込みます。

以降は Cwav クラスの cwav オブジェクトを使用し、WAV ヘッダやデータを設定し、最後に SaveToFile メソッドで WAV ファイルを書き込みます。

A-3-2　ビルド法

このプログラムは、Visual Studio、g++、そして pgc++ へ対応しています。ほかの開発環境でもコンパイルできるでしょうが確認はしていません。以降に、それぞれのビルド方法を示します。

```
g++    -o text2Wav text2Wav.cpp Cwav.cpp          (g++ の場合)
pgc++  -o text2Wav text2Wav.cpp Cwav.cpp          (pgc++ の場合)
cl /EHs /Fe:text2Wav.exe text2Wav.cpp Cwav.cpp    (Visual Studio の場合)
```

A-3-3　使用法

以降に、コマンドの形式を示します。

```
text2Wav <入力ファイル> <出力ファイル> [ s | m ]
```

引数

入力ファイル　　テキスト形式の波形ファイル名。

出力ファイル　　入力ファイルを変換するファイル名（wav 形式）。

s | m　　　　　 s は入力がステレオ、m は入力がモノラルを示す。省略するとモノラル。

使用例

```
C:\>text2Wav  foo.txt  bar.wav
C:\>text2Wav  foo.txt  bar.wav  s
```

```
$ ./text2Wav input.txt  bar.wav
$ ./text2Wav input.txt  bar.wav  s
```

■ A-3-4　入力ファイル形式

まず、入力ファイルの形式を示します。入力は1行に1つのデータが格納されています。モノラルの場合、そのままサンプリング値です。ステレオの場合、2行で1回のサンプリング値に対応します。先に左チャンネル、2番目が右チャンネルです。サンプリング周波数は44.1 kHzとみなします。

以降に、入力の形式を示します。

以降に、実際のファイル例を示します。テキストは実数形式で格納されています。当然ですが整数形式で格納されていても問題ありません。

```
    3361.5574
    2978.4336
    2279.9534
    1251.5343
     -45.6318
   -1453.9929
   -2741.3792
   -3667.7310
   -4074.7217
   -3960.3320
   -3501.3477
   -3005.3345
   -2802.9360
   -3118.7224
```

```
    -3972.8005
    -5155.8071
    -6292.5132
    -6973.7451
    -6906.9780
    -6027.4873
    -4525.7925
    -2779.6421
    -1216.2079
     -158.1176
      287.1856
      253.9505
       53.2853
       46.2592
      506.8862
     1527.6097
     3000.8848
     4676.8003
```

A-4　WAV 用クラス

本章で使用した WAV ファイル操作用のクラスを説明します。

A-4-1　WAV ファイルフォーマット

クラスの説明に先立ち、WAV ファイルのフォーマットを説明します。表 A.1 に WAV フォーマット全体の構造を、表 A.2 に WAV ファイルヘッダ情報を示します。WAV ファイルは複数の可変長ブロックから成り立っています。全体の大きさを管理しながら、WAV ファイルのチャンクを解析します。固定部をデコードした後は、各チャンクを解析します。

本節で紹介するクラスが解析するのは、fmt チャンクと data チャンクのみです。それ以外のチャンクは無視します。fmt チャンクには WAV ファイルの重要な情報が格納されています。data チャンクには、実際の WAV データが格納されています。

表A.1 ● WAVフォーマット全体の構造

大きさ	説明
4バイト	RIFF形式の識別子 'RIFF'
4バイト	ファイルサイズ（バイト単位）
4バイト	RIFFの種類を表す識別子 'WAVE'
4バイト	タグ1
4バイト	データの長さ1
nバイト	データ1
4バイト	タグ2
4バイト	データの長さ2
nバイト	データ2
（以下繰り返し）	

タグ1〜データ1で一つの単位、タグ2〜データ2で一つの単位。

表A.2 ● WAVファイルヘッダ情報

大きさ	内容	説明（カッコ内は16進表記）
4バイト	'RIFF'	RIFFヘッダ。
4バイト	これ以降のファイルサイズ	ファイルサイズ − 8。
4バイト	'WAVE'	WAVEヘッダ RIFFの種類がWAVEであることを表す。
4バイト	'fmt '	fmtチャンク、フォーマットの定義。
4バイト	fmtチャンクのバイト数	リニアPCMならば16（10 00 00 00）。
2バイト	フォーマットID	リニアPCMならば1（01 00）。
2バイト	チャンネル数	モノラルならば1（01 00）、ステレオならば2（02 00）。
4バイト	サンプリングレート（Hz）	44.1 kHzならば44100（44 AC 00 00）。
4バイト	データ速度（バイト/秒）	44.1 kHz 16ビットステレオならば、44100 × 2 × 2 = 176400（10 B1 02 00）。
2バイト	ブロックサイズ（バイト/サンプル×チャンネル数）	16ビットステレオならば、2 × 2 = 4（04 00）。
2バイト	サンプルあたりのビット数（ビット/サンプル）	16ビットならば16（10 00）。
2バイト	拡張部分のサイズ	リニアPCMならば存在しない。
nバイト	拡張部分	リニアPCMならば存在しない。
4バイト	'data'	dataチャンク。
4バイト	波形データのバイト数	波形データの大きさが格納されている。
nバイト	波形データ	実際の波形データが入っている。

tWaveFormatPcm 構造体の宣言とそのメンバの意味を以降に示します。この構造体は、fmt チャンクを検出したときに、以降のデータを読み込むのに使用します。

```
typedef struct tagWaveFormatPcm
{
    unsigned short      formatTag;          // WAVE_FORMAT_PCM
    unsigned short      channels;           // number of channels
    unsigned int        samplesPerSec;      // sampling rate
    unsigned int        bytesPerSec;        // samplesPerSec * channels
                                            //      * (bitsPerSample/8)
    unsigned short      blockAlign;         // block align
    unsigned short      bitsPerSample;      // bits per sampling
} tWaveFormatPcm;
```

表A.3●tWaveFormatPcm構造体のメンバ

名前	内容
formatTag	フォーマット ID が入っています。いろいろなフォーマットが存在しますが、本クラスはリニア PCM のみを対象とします。リニア PCM なら 1 が格納されています。
channels	チャンネル数が入っています。モノラルなら 1、ステレオなら 2 が格納されています。
samplesPerSec	サンプリングレートが Hz で入っています。44.1 kHz なら 44100（10 進数）が格納されています。
bytesPerSec	秒当たりのバイト数（バイト / 秒）が格納されています。もし、samplesPerSec が 44.1 kHz で bitsPerSample が 16 ビット、channels がステレオなら、44100 × 2 × 2 = 176400（10 進数）です。
blockAlign	1 サンプルのサイズです（バイト / サンプル×チャンネル数）。bitsPerSample が 16 ビットで、channels がステレオなら、2 × 2 = 4（10 進数）です。
bitsPerSample	サンプルあたりのビット数（ビット / サンプル）です。16 ビットなら 16（10 進数）が格納されています。

data チャンクには、PCM データが時間順に記録されています。ステレオであれば、並びは L R L R L R … の順番です。モノラルの場合、そのまま PCM データが時間軸で並んでいます。サンプル単位の各バイト数は bytesPerSec に格納されています。

WAV データの並びを次に示します。

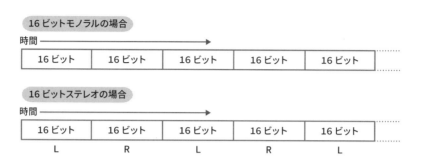

図A.1●WAVデータの並び

　ビット数が16ビットなら、値は`signed short`で-32768～+32767です。16ビットサンプリングの場合、無音は0です。本書では16ビットwavファイルしか対象としません。

A-4-2　クラスの説明

　本節で使用するクラスを説明します。

共通に使用するヘッダファイル

　まず、共通に使用するヘッダファイルを示します。

リストA.4●共通ヘッダファイル（wavUtils/common.h）

```
#ifndef COMMONH__
#define COMMONH__

//------------------------------------------------------------------
//   macros
#define SP_FREE(p)          if(p) {free(p);    p=NULL;}

#ifndef min
#define min(a,b)  (((a)<(b))?(a):(b))
#endif
#ifndef max
#define max(a,b)  (((a)>(b))?(a):(b))
#endif

#ifndef _MAX_PATH
```

```
#define _MAX_PATH   1024
#endif

//------------------------------------------------------------------
#endif  /* COMMONH__ */
```

Cwav クラス

WAV ファイル処理用のクラスのヘッダファイルを示します。

リスト A.5 ●クラスのヘッダファイル（wavUtils/Cwav.h）

```
#ifndef CwavH
#define CwavH

#include "common.h"

static const char *STR_RIFF = "RIFF";
static const char *STR_WAVE = "WAVE";
static const char *STR_fmt  = "fmt ";
static const char *STR_data = "data";

static const int WAV_MONAURAL = 1;
static const int WAV_STEREO   = 2;

//------------------------------------------------------------------
// structures
#pragma pack(push,1)

typedef struct tagSWaveFileHeader
{
    char            hdrRiff[4];         // 'RIFF'
    unsigned int    sizeOfFile;         // file size - 8
    char            hdrWave[4];         // 'WAVE'
} SWaveFileHeader;

typedef struct tagChank
{
    char            hdr[4];             // 'fmt ' or 'data'
    unsigned int    size;               // sizeof(PCMWAVEFORMAT)
                                        //    or Wave data size
} tChank;
```

```c
typedef struct tagWaveFormatPcm
{
    unsigned short     formatTag;              // WAVE_FORMAT_PCM
    unsigned short     channels;               // number of channels
    unsigned int       samplesPerSec;          // sampling rate
    unsigned int       bytesPerSec;            // samplesPerSec * channels
                                               //      * (bitsPerSample/8)
    unsigned short     blockAlign;             // block align
    unsigned short     bitsPerSample;          // bits per sampling
} tWaveFormatPcm;

typedef struct tagWrSWaveFileHeader
{
    SWaveFileHeader    wfh;                    // Wave File Header
    tChank             cFmt;                   // 'fmt '
    tWaveFormatPcm     wfp;                    // Wave Format Pcm
    tChank             cData;                  // 'data'
} WrSWaveFileHeader;

#pragma pack(pop)


//-------------------------------------------------------------
// class header
class Cwav
{

private:
    // ----- private member ---------------------------------------
    SWaveFileHeader    wFH;
    tWaveFormatPcm     wFP;
    void*              pMem;                   // pointer to wav data
    long               sizeOfData;

    char wavInFName[_MAX_PATH];                // input  wav file name
    char wavOutFName[_MAX_PATH];               // output wav file name

    // ----- private method ---------------------------------------
    bool readfmtChunk(FILE *fp, tWaveFormatPcm* waveFmtPcm);
    int  wavHeaderWrite(FILE *fp);
    bool wavDataWrite(FILE *fp);
```

```cpp
public:
    // ----- Constructor/Destructor --------------------------------
    Cwav(void);                                 // Constructor
    virtual ~Cwav(void);                        // Destructor

    // ----- public method -----------------------------------------
    void LoadFromFile(const char *wavefile);    // read  wav file
    void SaveToFile(const char *wavefile);      // write wav file
    bool printWavInfo(void);                    // print wav info.

    //--------------------------------------------------------------
    bool isPCM(void)                            // is PCM
    { return wFP.formatTag==1 ? true: false;   }

    //--------------------------------------------------------------
    bool is16bit(void)                          // is 16bits/sample
    { return wFP.bitsPerSample==16 ? true: false;  }

    //--------------------------------------------------------------
    void to16bit(void)                          // to 16bits/sample
    { wFP.bitsPerSample=16;                     }

    //--------------------------------------------------------------
    bool isStereo(void)                         // is stereo
    { return wFP.channels==WAV_STEREO ? true: false;}

    //--------------------------------------------------------------
    void toStereo(void)                         // to stereo
    { wFP.channels=WAV_STEREO;                  }

    //--------------------------------------------------------------
    bool isMonaural(void)                       // is monaural
    { return wFP.channels==WAV_MONAURAL ? true: false;  }

    //--------------------------------------------------------------
    void toMonaural(void)                       // to monaura
    { wFP.channels=WAV_MONAURAL;                }

    //--------------------------------------------------------------
    unsigned int getSamplesPerSec(void)         // get sampling rate
    { return wFP.samplesPerSec;                 }

    //--------------------------------------------------------------
    void setSamplesPerSec(unsigned int samplesPerSec)    // set sampling rate
```

```
                      { wFP.samplesPerSec=samplesPerSec;         }

//---------------------------------------------------------------
void setBytesPerSec(unsigned int bytesPerSec)// set bytes/second
{ wFP.bytesPerSec=bytesPerSec;               }

//---------------------------------------------------------------
long getSizeOfData(void)                     // get wav data size
{ return sizeOfData;                         }

//---------------------------------------------------------------
void setSizeOfData(long size)                // set wav data size
{ sizeOfData=size;                           }

//---------------------------------------------------------------
unsigned short getBitsPerSample(void)        // get bits/sample
{ return wFP.bitsPerSample;                  }

//---------------------------------------------------------------
void setBitsPerSample(unsigned short bitsPerSample) // set bits/sample
{ wFP.bitsPerSample=bitsPerSample;           }

//---------------------------------------------------------------
void* getPWav(void)                          // get addr. of wav data
{ return pMem;                               }

//---------------------------------------------------------------
void setPWav(void* pInMem)                   // set addr. of wav data
{ pMem=pInMem;                               }

//---------------------------------------------------------------
unsigned short getBlockAlign(void)           // get blockAlign
{ return wFP.blockAlign;                     }

//---------------------------------------------------------------
void setBlockAlign(unsigned short blockAlign)   // set blockAlign
{ wFP.blockAlign=blockAlign;                 }

//---------------------------------------------------------------
unsigned int getNumOfUnits(void)             // get units of wav data
{ return sizeOfData/(getBitsPerSample()/8);  }

//---------------------------------------------------------------
unsigned int getNumOfSamples(void)           // get num. of samples
```

```
        { return sizeOfData/getBlockAlign();         }

    bool stereo2monaural(void);                  // Stereo -> Monaural
    bool monaural2stereo(void);                  // Monaural -> Stereo
};

//----------------------------------------------------------------
#endif
```

簡単なメソッドはヘッダファイルに実装しました。

Cwav クラスの cpp ファイル

コード量が多いメソッドは cpp ファイルに記述します。ヘッダに記述しきれなかったメソッドのソースリストを以降に示します。

リスト A.6 ●クラス本体のソースファイル（wavUtils/Cwav.cpp）

```
#include <stdio.h>
#include <string.h>
#include <stdlib.h>
#include "Cwav.h"

//----------------------------------------------------------------
// constructor
Cwav::Cwav(void) : pMem(NULL), sizeOfData(0)
{
    memset(&wFH, 0, sizeof(wFH));           // initialization
    memset(&wFP, 0, sizeof(wFP));
    wavInFName[0] = '\0';
    wavOutFName[0] = '\0';
}


//----------------------------------------------------------------
// destructor
Cwav:: ~Cwav(void)
{
    SP_FREE(pMem);                          // free WAV data memory
}
```

```
/****** vvv private method vvv ******/

//-----------------------------------------------------------------
// read and check fmt chank
bool Cwav::readfmtChunk(FILE *fp, tWaveFormatPcm* waveFmtPcm)
{
    if (fread(waveFmtPcm, sizeof(tWaveFormatPcm), 1, fp) != 1)
        return false;

    return true;
}


//-----------------------------------------------------------------
// write wav header
int Cwav::wavHeaderWrite(FILE *fp)
{
    unsigned short bytes;
    WrSWaveFileHeader wrWavHdr;
    int rCode = -1;

    //RIFF header
    strncpy(wrWavHdr.wfh.hdrRiff, STR_RIFF, sizeof wrWavHdr.wfh.hdrRiff);

    //file size
    wrWavHdr.wfh.sizeOfFile = sizeOfData + sizeof(wrWavHdr) - 8;

    //WAVE header
    strncpy(wrWavHdr.wfh.hdrWave, STR_WAVE, sizeof wrWavHdr.wfh.hdrWave);

    //fmt chunk
    strncpy(wrWavHdr.cFmt.hdr, STR_fmt, sizeof(wrWavHdr.cFmt.hdr));

    //fmt chunk
    wrWavHdr.cFmt.size = sizeof(wrWavHdr.wfp);

    //no compression PCM = 1
    wrWavHdr.wfp.formatTag = 1;

    //ch (mono=1, stereo=2)
    wrWavHdr.wfp.channels = wFP.channels;

    //sampleng rate(Hz)
    wrWavHdr.wfp.samplesPerSec = wFP.samplesPerSec;
```

```cpp
    //bytes/sec
    bytes = wFP.bitsPerSample / 8;

    wrWavHdr.wfp.bytesPerSec = bytes*wFP.channels*wFP.samplesPerSec;

    //byte/sample*channels
    wrWavHdr.wfp.blockAlign = bytes*wFP.channels;

    //bit/samples
    wrWavHdr.wfp.bitsPerSample = wFP.bitsPerSample;

    //data chunk
    strncpy(wrWavHdr.cData.hdr, STR_data, sizeof(wrWavHdr.cData.hdr));

    //data length(byte)
    wrWavHdr.cData.size = sizeOfData;

    //write header
    if (fwrite(&wrWavHdr, sizeof(wrWavHdr), 1, fp) == 1)
        rCode = ftell(fp);
    else
        rCode = -1;

    return rCode;
}


//-----------------------------------------------------------------
// write wav content to file
bool Cwav::wavDataWrite(FILE *fp)
{
    if (fwrite(pMem, sizeOfData, 1, fp) != 1)
        return false;

    return true;
}

/****** ^^^ private method ^^^ ******/


//-----------------------------------------------------------------
// read wav file
void Cwav::LoadFromFile(const char* wavefile)
```

```c
{
    tChank chank;
    long   cursor, len;
    FILE   *fp = NULL;

    try
    {
        wavInFName[0] = '\0';                              // wav file name

        if ((fp = fopen(wavefile, "rb")) == NULL)
            throw "input file open failed.";

        if (fread(&wFH, sizeof(wFH), 1, fp) != 1)          // file header
            throw "error in wav header.";

        if (memcmp(wFH.hdrWave, STR_WAVE, 4) != 0)         // wav header
            throw "error in wav header.";

        if (memcmp(wFH.hdrRiff, STR_RIFF, 4) != 0)
            throw "error in wav header.";

        // 4 byte, bytes after this = (file size - 8)(Byte)
        len = wFH.sizeOfFile;

        while (fread(&chank, sizeof chank, 1, fp) == 1)    // chunk
        {
            if (memcmp(chank.hdr, STR_fmt, sizeof chank.hdr) == 0)
            {
                len = chank.size;
                cursor = ftell(fp);
                if (!readfmtChunk(fp, &wFP))
                    throw "error in wav file format.";
                fseek(fp, cursor + len, SEEK_SET);
            }
            else if (memcmp(chank.hdr, STR_data, 4) == 0)
            {
                sizeOfData = chank.size;
                if ((pMem = malloc(sizeOfData)) == NULL)
                    throw "failed malloc.";

                if (fread(pMem, sizeOfData, 1, fp) != 1)   // read whole
                    throw "failed wav file read.";
            }
            else
```

```cpp
                {
                    len = chank.size;
                    cursor = ftell(fp);
                    fseek(fp, cursor + len, SEEK_SET);
                }
            }
            fclose(fp);

            if (!isPCM())                                   // not PCM
                throw "not PCM format.";

            strcpy(wavInFName, wavefile);                   // input wav file name
        }
        catch (char *str)
        {
            SP_FREE(pMem);
            if (fp != NULL)
                fclose(fp);

            throw str;
        }
    }

    //-----------------------------------------------------------------
    // write wav file
    void Cwav::SaveToFile(const char *outFile)
    {
        FILE *fp = NULL;
        int rCode = 0;

        try
        {
            if ((fp = fopen(outFile, "wb")) == NULL)
                throw "output file open failed.";

            // write wav header
            if (wavHeaderWrite(fp) != sizeof(WrSWaveFileHeader))
                throw "wav header write failed.";

            if (!wavDataWrite(fp))                          // write wav data
                throw "wav data write failed.";

            fclose(fp);
```

```cpp
            strcpy(wavOutFName, outFile);               // output wav file name
        }
        catch (char *str)
        {
            SP_FREE(pMem);
            if (fp != NULL)
                fclose(fp);

            throw str;
        }
    }

    //----------------------------------------------------------------
    // print WAV info
    bool Cwav::printWavInfo(void)
    {
        printf("        data format: %u (1 = PCM)\n", wFP.formatTag);
        printf("  number of channels: %u\n", wFP.channels);
        printf(" frequency of sample: %u [Hz]\n", wFP.samplesPerSec);
        printf("    bytes per seconds: %u [bytes/sec]\n", wFP.bytesPerSec);
        printf("    bytes x channels: %u [bytes]\n", wFP.blockAlign);
        printf("    bits per samples: %u [bits/sample]\n", wFP.bitsPerSample);
        printf("       wav data size = %lu\n\n", sizeOfData);
        printf("         playback time=%.3f\n", (float)sizeOfData
                                                / (float)wFP.bytesPerSec);

        return true;
    }

    //----------------------------------------------------------------
    // stereo to monaural
    bool Cwav::stereo2monaural(void)
    {
        setSizeOfData(getSizeOfData() >> 1);
        setBlockAlign(getBlockAlign() >> 1);
        toMonaural();

        return true;
    }

    //----------------------------------------------------------------
    // monaural to stereo
    bool Cwav::monaural2stereo(void)
    {
```

```
        setSizeOfData(getSizeOfData() << 1);
        setBlockAlign(getBlockAlign() << 1);
        toStereo();

        return true;
}
```

Cwav クラスの説明

このクラスでは、いくつかの構造体やコンスタントを使用します。クラスの外側で、コンスタントや構造体の定義を行います。コンスタントはソースコードを参照してください。

各構造体を説明します。tagSWaveFileHeader は WAV ファイルのヘッダ用、tagChank 構造体は各チャンク用、tagWaveFormatPcm 構造体は PCM フォーマット用、そして、tagWrSWaveFileHeader 構造体は WAV ファイルの書き込み用です。

コンストラクタ	Cwav はコンストラクタです。各種のメンバを初期化します。
デストラクタ	~Cwav はデストラクタです。WAV データを格納するメモリが割り付けられていたら破棄します。
メソッド	以降に、各メソッドの機能を簡単にまとめます。

表A.4● public メソッド

public メソッド	説明
Cwav ()	コンストラクタです。
virtual ~Cwav(void)	デストラクタです。
void LoadFromFile(　　const char *wavefile)	ファイルから WAV データを読み込みます。
void SaveToFile(　　const char *wavefile)	WAV データをファイルへ書き込みます。
bool printWavInfo(void)	WAV 情報を表示します。
bool isPCM(void)	PCM フォーマットなら true を、そうでなかったら false を返します。
bool is16bit(void)	量子化ビットが 16 ビットなら true を、そうでなかったら false を返します。
void to16bit(void)	量子化ビット数を 16 ビットに設定します。
bool isStereo(void)	ステレオなら true を、そうでなかったら false を返します。

public メソッド	説明
void toStereo(void)	ステレオに設定します。
bool isMonaural(void)	モノラルなら true を、そうでなかったら false を返します。
void toMonaural(void)	モノラルに設定します。
unsigned int getSamplesPerSec(void)	サンプリングレートを取得します。
void setSamplesPerSec(　unsigned int samplesPerSec)	サンプリングレートを設定します。
void* getPWav(void)	WAV データが格納されているアドレスを取得します。
void setPWav(void* pInMem)	WAV データが格納されているアドレスを設定します。
unsigned short getBlockAlign(void)	WAV データの block align を取得します。
void setBlockAlign(　unsigned short blockAlign)	WAV データの block align を設定します。
unsigned int getNumOfUnits(void)	データ数を取得します。
unsigned int getNumOfSamples(void)	サンプル数を取得します。
bool stereo2monaural	ステレオをモノラルへ変換します。
bool monaural2stereo(void)	モノラルをステレオへ変換します。

表A.5●private メソッド

private メソッド	説明
bool readfmtChunk(FILE *fp, 　tWaveFormatPcm* waveFmtPcm)	チャンクを読み込みます。
int wavHeaderWrite(FILE *fp)	WAV ファイルのヘッダ部を書き込みます。
bool wavDataWrite(FILE *fp)	WAV ファイルのデータ部を書き込みます。

表A.6●private フィールド

private フィールド	説明
SWaveFileHeader wFH	SWaveFileHeader 構造体です。
tWaveFormatPcm wFP	tWaveFormatPcm 構造体です。
void* pMem	WAV データを指すポインタです。
long sizeOfData	WAV データのサイズです。
char wavInFName[_MAX_PATH]	入力 WAV ファイル名を保持します。
char wavOutFName[_MAX_PATH]	出力 WAV ファイル名を保持します。

　以降に、主要なメソッドのみ、簡潔に説明します。

　Cwav はコンストラクタです。コンストラクタは、各メンバの初期化を行います。

~Cwav はデストラクタです。SAFE_FREE マクロで WAV データを保持しているメモリを解放します。

　readfmtChunk メソッドは、'fmt ' のチャンクを読み込むプライベートメソッドです。このメソッドは LoadFromFile メソッドで使用されます。

　wavHeaderWrite メソッドは、SaveToFile メソッドで使用されるプライベートメソッドです。このメソッドは WAV ヘッダを書き込みます。書き込みに先立ち、内部メンバの保持する値から WAV ヘッダの内容を設定します。書き込みは fwrite 関数 1 回で書き込みます。

　wavDataWrite メソッドも、SaveToFile メソッドで使用されるプライベートメソッドです。プライベートメンバの pMem と sizeOfData が管理する WAV データを、一気に fwrite 関数でファイルへ書き込みます。

　LoadFromFile メソッドは、引数で指定された WAV ファイルを読み込みます。ヘッダ情報を内部メンバに保持し、メモリを割り付け、WAV データを読み込みます。まず、引数で指定されたファイルをオープンします。次に fread 関数でファイルの先頭を読み込みます。読み込んだ内容からファイルが WAV ファイルであるかチェックします。wFH.hdrWave に 'WAVE' が、wFH.hdrRiff に 'RIFF' が格納されていなければなりません。もし、wFH.hdrWave と wFH.hdrRiff の内容が予想と異なる場合、指定されたファイルは WAV ファイルではありません。wFH.sizeOfFile には「ファイルサイズ − 8」が格納されています。この値を使って、以降の各ブロックを解析します。while ループを使用し fread 関数で WAV ファイルから 8 バイト単位で読み込みます。chank.hdr は、このブロックの種別を示す文字列です。chank.size はブロックのサイズを示します。chank.hdr には、いろいろな文字列が格納されます。このプログラムは、'fmt ' と 'data' のみを解析し、ほかの文字列だった場合、単純に読み飛ばします。chank.size に、現在のブロック長が入っていますので、その長さだけ読み飛ばせば次のブロックが見つかります。chank.hdr が 'fmt ' の場合、WAV ファイルの情報が詰まっています。この内容に従って 'data' を操作すると、いろいろな効果をサウンドに与えることが可能です。readfmtChunk メソッドを呼び出して、wFP 構造体に読み込みます。何らかのエラーを検出した場合、例外を送出します。chank.hdr が 'data' の場合、全データをメモリへ読み込みます。メモリを割り付けて WAV データを読み込み、このメモリへのポインタをプライベートメンバ pMem に設定します。このメソッドでは、基本的な WAV ファイルのフォーマットも検査します。WAV フォーマットが無圧縮 PCM でない場合、例外を送出します。

　SaveToFile メソッドは、内部に保持している WAV データを、引数のファイル名で WAV ファイルとして書き出します。まず、引数で指定されたファイルを書き込みモードで開きます。次に、wavHeaderWrite メソッドを呼び出して WAV ファイルのヘッダ部を書き込みます。最後に、wavDataWrite メソッドを呼び出し WAV データを書き込みます。

　getNumOfUnits メソッドは、サンプリングした要素数がいくつあるか返します。ステレオの

場合、モノラルの倍数になります。

　`getNumOfSamples` メソッドは、総サンプリング回数を返します。

　`stereo2monaural` メソッドは、ヘッダ部をステレオからモノラルへ変更します。WAV データ自体は操作しませんので、WAV データ自体は自分で変更しなければなりません。

　`monaural2stereo` メソッドは、`stereo2monaural` メソッドと逆に、ヘッダ部をモノラルからステレオへ変更します。WAV データ自体は操作しませんので、WAV データ自体は自分で変更しなければなりません。

　ほかにも多数のメソッドが存在しますが、非常に単純なため、詳細はソースリストを参照してください。

　簡単ですが、これでクラスの説明は完了です。

付録 B　Bitmapユーティリティーズ

本書のプログラムの入出力にはテキストデータを用いています。これは、扱うデータを特定のフォーマットを持ったファイル形式に依存することなく、かつ、プログラム自体をシンプルに保つためです。その代わりとして、一般的な形式の画像データから、本書のプログラムが必要とする長大な2次元データを生成（変換）するユーティリティ群を用意します。

ここで紹介するプログラムは、画像が格納されているBMP形式のファイルから、そのデータをテキスト形式に変換するユーティリティと、その反対に、テキスト形式のデータからBMP形式のファイルへ変換するユーティリティです。これらのユーティリティ群を使用し、OpenACCプログラム用のデータを作るとともに、プログラムの処理結果を容易に評価できる環境を提供します。

また、BMPファイルを扱うクラスも紹介します。このクラスを利用すると、OpenACC対応のプログラムから直接BMPファイルを扱うことが可能です。

B-1　BMPファイルをテキストへ変換

BMPファイルを整数形式のテキストファイルに変換するプログラムを紹介します。OpenACCの応用プログラムへ与えるデータを用意できないことは良くあることです。ここでは、BMP形式のファイルをテキスト形式でダンプすることによって、大きな2次元データを生成します。プログラムは処理の大半をCbmpクラスへ任せます。Cbmpクラスについては後述しますので、適宜クラスの説明を参照してください。以降に、プログラムのソースリストを示します。

リスト B.1 ●ソースリスト（bmpUtils/dumpBmp.cpp）

```cpp
#include <iostream>
#include "Cbmp.h"

using namespace std;

//-----------------------------------------------------------------
```

```cpp
// main
int
main(int argc, char* argv[])
{
    try
    {
        if (argc < 2)
            throw "no <input>";

        Cbmp bmp;
        bmp.loadFromFile(argv[1]);                  // load bitmap

        if (bmp.getBitsPerPixcel() != 24)
            throw "bmp must be 24bits per pixcel.";

        int ch = bmp.getBitsPerPixcel() / 8;

        int bmpWidth = bmp.getWidth();
        int bmpHeight = bmp.getAbsHeight();

        cerr << bmpWidth << " x " << bmpHeight << ", " << ch << " ch." << endl;
        cout << bmpWidth << " " << bmpHeight << " " << ch << endl;

        for (int y = 0; y < bmpHeight; y++)
        {
            unsigned char* pData = bmp.getScanRow(y);
            for (int x = 0; x < bmpWidth; x++)
            {
                for (int rgb = 0; rgb < ch; rgb++)
                {
                    cout << " " << (int)pData[x * 3 + rgb];
                }
                cout << endl;
            }
        }
    }
    catch (char const *str)
    {
        cerr << str << endl;
        return -1;
    }
    return 0;
}
```

最初に制御が渡る `main` 関数で、引数が 1 つ指定されているか調べます。このプログラムには、「入力ファイル名」を指定しなければなりません。引数が適切でないときは、使用法を文字列として `throw` し例外を発生させます。

`Cbmp` クラスのインスタンス `bmp` は、`main` 関数の先頭で生成されます。インスタンスの `loadFromFile` メソッドで BMP ファイルを読み込みます。Bitmap が 24bpp でない場合、例外を送出しエラーとします。

次に BMP ファイルの内容をテキスト形式で出力します。まず、2 次元配列の属性（横サイズ、縦サイズ、チャンネル数）を出力します。続いて、データを出力します。データは、青、緑、赤成分を 1 行に出力します。

■ B-1-1　ビルド法

このプログラムは、Windows 10 上の Visual Studio 2017 や Ubuntu(Linux) 上の g++ バージョン 7.3.0、そして pgc++ 18.4 で確認しています。ほかのコンパイラでも問題ないでしょうが、前記以外のコンパイラでは試していません。以降に、それぞれのビルド方法を示します。Visual Studio は IDE を使用しても良いのですが面倒だったためコンソールからビルドします。

```
g++    -o dumpBmp dumpBmp.cpp Cbmp.cpp         (gcc (g++) の場合)
pgc++  -o dumpBmp dumpBmp.cpp Cbmp.cpp         (pgcc (pgc++) の場合)
cl /EHs /Fe:dumpBmp.exe dumpBmp.cpp Cbmp.cpp   (Visual Studio の場合)
```

■ B-1-2　使用法

以降に、コマンドの形式を示します。

```
dumpBmp   <入力ファイル>
```

引数

　　入力ファイル　　bmp ファイル名。

使用例

```
$ ./dumpBmp  foo.bmp  >  bar.txt
```

処理結果は stdout へ出力されますので、ファイルへ格納したい場合は、上記に示したようにリダイレクトしてください。

B-1-3　結果の形式

結果の形式を示します。最初に、画像サイズ（横と縦のピクセル数）とチャンネル数を出力します。続いて、画像の先頭位置から青、緑、赤成分を 10 進整数のテキストで出力します。以降に、出力フォーマットを示します。

```
<横幅>   <高さ>   <チャンネル数>
<青の値0>  <緑の値0>  <赤の値0>
<青の値1>  <緑の値1>  <赤の値1>
<青の値2>  <緑の値2>  <赤の値2>
                :
```

以降に、実際の出力例を示します。

```
256 256 3
 57  22  82
 62  32  96
 65  30  97
 62  26  92
 68  36  98
 58  21  89
 75  27  95
 87  56 121
128 129 183
170 188 218
175 189 219
180 189 221
174 193 220
168 186 217
145 176 210
125 148 194
 91  81 157
 88  92 184
 90 105 212
        :
```

B-2 カラー BMP ファイルをグレイスケールに変換しテキスト出力

　先ほどのプログラムを拡張し、カラーの BMP ファイルをグレイスケールへ変換し、それをテキストで出力するプログラムも紹介します。OpenACC で利用する大きな 2 次元データが手元になかったため、このようなプログラムを開発します。

リスト B.2 ●ソースリスト（bmpUtils/dumpBmpGray.cpp）

```cpp
#include <iostream>
#include "Cbmp.h"

using namespace std;

//-----------------------------------------------------------------
// main
int
main(int argc, char* argv[])
{
    try
    {
        if (argc < 2)
            throw "no <input>";

        Cbmp bmp;
        bmp.loadFromFile(argv[1]);                  // load bitmap

        if (bmp.getBitsPerPixcel() != 24)
            throw "bmp must be 24bits per pixcel.";

        int ch = bmp.getBitsPerPixcel() / 8;

        int bmpWidth = bmp.getWidth();
        int bmpHeight = bmp.getAbsHeight();

        cerr << bmpWidth << " x " << bmpHeight << ", " << "1 ch." << endl;
        cout << bmpWidth << " " << bmpHeight << "  1" << endl;

        unsigned char* gs = (unsigned char*)malloc(bmpWidth*bmpHeight);
        bmp.getGSData(gs);
```

```
        unsigned char* pData = gs;
        for (int y = 0; y < bmpHeight; y++)
        {
            for (int x = 0; x < bmpWidth; x++)
            {
                cout << " " << (int)*pData++ << endl;
            }
        }
        SAFE_FREE(gs);
    }
    catch (char const *str)
    {
        cerr << str << endl;
        return -1;
    }
    return 0;
}
```

最初に制御が渡る main 関数で、引数が 1 つ指定されているか調べます。このプログラムには、「入力ファイル名」を指定しなければなりません。引数が適切でないときは、使用法を文字列として throw し例外を発生させます。先のプログラムと異なるのは、Cbmp オブジェクトの getGSData メソッドを呼び出して、カラー画像をグレイスケール画像に変換した値を受け取る点です。なお、getGSData メソッドの引数で与える、グレイスケールに変換後の値を格納するエリアは呼び出し元が割り付ける必要があります。

先のプログラムと異なり、データの出力は、1 行に 1 つの輝度成分だけです。

■ B-2-1　ビルド法

このプログラムは、Visual Studio、g++、そして pgc++ へ対応しています。以降に、それぞれのビルド方法を示します。Visual Studio は IDE を使用しても良いのですが面倒だったためコンソールからビルドします。

```
g++   -o dumpBmpGray dumpBmpGray.cpp Cbmp.cpp          (gcc (g++) の場合)
pgc++ -o dumpBmpGray dumpBmpGray.cpp Cbmp.cpp          (pgcc (pgc++) の場合)
cl /EHs /Fe:dumpBmpGray.exe dumpBmpGray.cpp Cbmp.cpp   (Visual Studio の場合)
```

■ B-2-2　使用法

以降に、コマンドの形式を示します。

```
dumpBmpGray   <入力ファイル>
```

引数

　　入力ファイル　　　BMP ファイル名

使用例

```
$ ./dumpBmpGray   foo.bmp  >  bar.txt
```

処理結果は stdout へ出力されますので、ファイルへ格納したい場合は、上記に示したようにリダイレクトしてください。

■ B-2-3　結果の形式

結果の形式を示します。最初に、画像サイズ（横と縦のピクセル数）とチャンネル数を出力します。グレイスケールに変換するため、チャンネル数は必ず 1 です。続いて、画像の先頭位置から輝度値を 10 進整数のテキストで出力します。以降に、出力フォーマットを示します。

```
<横幅>　<高さ>　<チャンネル数 = 1>
<輝度値 0>
<輝度値 1>
<輝度値 2>
     ⋮
```

以降に、実際の出力例を示します。

```
256 256   1
 43
 54
 54
 49
```

```
    58
    45
    52
    78
   145
   194
   196
   197
   198
   193
   182
   159
   104
    ⋮
```

B-3 テキストを BMP ファイルへ変換

　テキストファイルから BMP ファイルへ変換するプログラムを紹介します。本書の目的と若干異なるプログラムですので、簡略化して説明します。

■ B-3-1　プログラム本体の説明

　実数で格納されたテキストファイルから、BMP ファイルを生成します。以降に、プログラムのソースリストを示します。

リスト B.3 ●ソースリスト（bmpUtils/text2Bmp.cpp）

```cpp
#include <stdio.h>
#include <iostream>
#include "Cbmp.h"

using namespace std;

//----------------------------------------------------------------
// main
int
main(int argc, char* argv[])
```

```cpp
{
    try
    {
        FILE *fp;
        int width, height, ch, data, r, g, b;

        if (argc != 3)
            throw "no <input> <output>";

        if ((fp = fopen(argv[1], "rt")) == NULL)
            throw "input file open failed.";

        if (fscanf(fp, "%d %d %d", &width, &height, &ch) != 3)
            throw "input file read failed.";

        Cbmp bmp;
        bmp.create24Dib(width, height);

        for (int y = 0; y < height; y++)
        {
            unsigned char* pData = bmp.getScanRow(y);
            for (int x = 0; x < width; x++)
            {
                if (ch == 1)
                {
                    if (fscanf(fp, "%d", &b) != 1)
                        throw "input file read failed.";
                    r = g = b;
                }
                else
                {
                    if (fscanf(fp, "%d %d %d", &b, &g, &r) != 3)
                        throw "input file read failed.";
                }
                pData[x * 3 + 0] = (unsigned char)b;
                pData[x * 3 + 1] = (unsigned char)g;
                pData[x * 3 + 2] = (unsigned char)r;
            }
        }
        fclose(fp);

        bmp.saveToFile(argv[2]);                    // save bitmap
    }
    catch (char const *str)
```

```
        {
            cerr << str << endl;
            return -1;
        }
        return 0;
    }
```

　最初に制御が渡る main 関数で、引数が 2 つ指定されているか調べます。このプログラムには、「入力用のテキストファイル名」と「出力用の BMP ファイル名」を指定しなければなりません。引数の数が 2 でない場合、エラーメッセージを throw し例外を発生させます。

　次に、横幅、高さ、そしてチャンネル数を width、height、そして ch へ読み込みます。これらのデータを読み込めない場合は、エラーメッセージを throw し例外を発生させます。

　その後、続くデータから BMP ファイルを生成します。入力がカラー画像であれグレイスケール画像であれ、生成される BMP ファイルは 24bpp 形式とします。

B-3-2　ビルド法

　このプログラムは、Windows 10 上の Visual Studio 2017 や Ubuntu（Linux）上の g++ バージョン 7.3.0、そして pgc++ 18.4 で確認しています。ほかのコンパイラでも問題ないでしょうが、前記以外のコンパイラでは試していません。以降に、それぞれのビルド方法を示します。

```
g++    -o text2Bmp text2Bmp.cpp Cbmp.cpp        (gcc (g++) の場合)
pgc++  -o text2Bmp text2Bmp.cpp Cbmp.cpp        (pgcc (pgc++) の場合)
cl /EHs /Fe:text2Bmp.exe text2Bmp.cpp Cbmp.cpp  (Visual Studio の場合)
```

■ B-3-3　使用法

以降に、コマンドの形式を示します。

```
text2Bmp  <入力ファイル>  <出力ファイル>
```

引数
　入力ファイル　　　テキスト形式の画像ファイル名。
　出力ファイル　　　入力ファイルを変換するファイル名（bmp形式）。

使用例

```
C:¥>text2Bmp  foo.txt  bar.bmp
```

```
$ ./text2Bmp  foo.txt  bar.bmp
```

■ B-3-4　入力ファイル形式

まず、入力ファイルの形式を示します。入力の最初の行には、画像サイズ（横と縦のピクセル数）とチャンネル数が格納されています。続いて、画像の先頭位置から、画素値が10進数のテキストで出力します。チャンネル数が3なら、青、緑、赤成分が1行に格納されます。チャンネル数が1なら、1行に1つの値が格納されます。以降に、入力フォーマットを示します。

```
<横幅>  <高さ>  <チャンネル数>
<データ>  [<データ>  <データ>]
<データ>  [<データ>  <データ>]
<データ>  [<データ>  <データ>]
<データ>  [<データ>  <データ>]
<データ>  [<データ>  <データ>]
        ︙
```

以降に、実際の出力例を示します。

```
チャンネル数＝3（カラー画像）

256 256  3
 57  22  82
 62  32  96
 65  30  97
 62  26  92
 68  36  98
 58  21  89
 75  27  95
 87  56 121
128 129 183
170 188 218
175 189 219
180 189 221
174 193 220
168 186 217
145 176 210
125 148 194
 91  81 157
       ⋮
```

```
チャンネル数＝1（グレイスケール画像）

256 256   1
 43
 54
 54
 49
 58
 45
 52
 78
145
194
196
197
198
193
182
159
104
  ⋮
```

B-4　Bitmap用クラス

本章で使用したBMPファイル操作用のクラスを説明します。

■ B-4-1　BMPファイルフォーマット

クラスの説明に先立ち、BMPファイルのフォーマットを説明します。以降の図で、BMPファイルフォーマット全体の構造を示します。

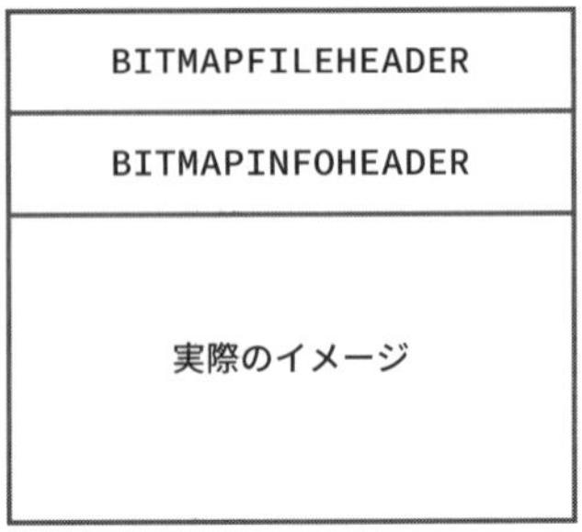

```
┌─────────────────────────┐
│    BITMAPFILEHEADER     │
├─────────────────────────┤
│    BITMAPINFOHEADER     │
├─────────────────────────┤
│                         │
│      実際のイメージ      │
│                         │
└─────────────────────────┘
```

図B.1 ● BMPファイルフォーマット全体の構造

　ビットマップファイルに関する構造体は、各処理系が標準で用意している場合もあります。しかし、ソースコードのポータビリティを高めたかったため、処理系に依存しない純粋なC/C++言語のデータ型を使用して、あらためてビットマップ関係の構造体を定義します。以降に構造体などを定義したヘッダファイルを示します。

リスト B.4 ● 構造体などのヘッダファイル（bmpUtils/bitmapStruct.h）

```c
#ifndef __BITMAPSTRUCT__
#define __BITMAPSTRUCT__


#pragma pack(push, 1)

typedef struct
{
    unsigned short  bfType;
    unsigned int    bfSize;
    unsigned short  bfReserved1;
    unsigned short  bfReserved2;
    unsigned int    bfOffBits;
}
bmpFileHdr, *pBmpFileHdr;

typedef struct
{
    unsigned int    biSize;
    int             biWidth;
    int             biHeight;
    unsigned short  biPlanes;
```

```c
    unsigned short  biBitCount;
    unsigned int    biCompression;
    unsigned int    biSizeImage;
    int             biXPelsPerMeter;
    int             biYPelsPerMeter;
    unsigned int    biClrUsed;
    unsigned int    biClrImportant;
}
bmpInfoHdr, *pBmpInfoHdr;


#pragma pack(pop)


#define BMTFMT_16_555       1
#define BMTFMT_16_565       2
#define BMTFMT_24_888       3
#define BMTFMT_32_BGRA      4
#define BMTFMT_32_BGRX      5
#define BMTFMT_32_101010    6
#define BMTFMT_UNKNOWN      -1

#define SAFE_DELETE(p)      if(p!=NULL) { delete(p); p=NULL; }
#define SAFE_FREE(p)        if(p!=NULL) { free(p);   p=NULL; }

#endif // __BITMAPSTRUCT__
```

ビットマップファイルヘッダ

ビットマップファイルヘッダを構造体宣言したものを示します。

```c
typedef struct
{
    unsigned short  bfType;         // "BM" であること
    unsigned int    bfSize;         // ファイルサイズ ( バイト )
    unsigned short  bfReserved1;    // 予約
    unsigned short  bfReserved2;    // 予約
    unsigned int    bfOffBits;      // イメージ実体までのオフセット
}
bmpFileHdr, *pBmpFileHdr;
```

各メンバを説明します。

表B.1 ● bmpFileHdr構造体のメンバ

メンバ名	説明
bfType	ビットマップファイルを示す "BM" が入っている。
bfSize	ファイルのサイズが入っている、画像実体の大きさを求めるのに使用する。
bfReserved1	予約領域。
bfReserved2	予約領域。
bfOffBits	画像実体までのオフセットが入っている、本体の位置を求めるのに使用する。

ビットマップヘッダ

ビットマップヘッダを構造体宣言したものを示します。

```
typedef struct
{
    unsigned int    biSize;           // 構造体の大きさ (バイト)
    int             biWidth;          // イメージの幅
    int             biHeight;         // イメージの高さ
    unsigned short  biPlanes;         // プレーンの数, 必ず "1"
    unsigned short  biBitCount;       // 色数
    unsigned int    biCompression;    // 圧縮タイプ
    unsigned int    biSizeImage;      // イメージのサイズ
    int             biXPelsPerMeter;  // 水平解像度
    int             biYPelsPerMeter;  // 垂直解像度
    unsigned int    biClrUsed;        // 重要なカラーインデックス数
    unsigned int    biClrImportant;   // 使用されるインデックス数
}
bmpInfoHdr, *pBmpInfoHdr;
```

各メンバを説明します。

表B.2 ● bmpInfoHdr構造体のメンバ

メンバ名	説明
biSize	この構造体の大きさがバイト数で格納されている。
biWidth	ビットマップの幅がピクセル単位で格納されている。
biHeight	ビットマップの高さがピクセル単位で格納されている。

メンバ名	説明
biPlanes	プレーン数が入っている。この値は必ず1である。
biBitCount	1ピクセルあたりのビット数が格納されている。
biCompression	使用されている圧縮タイプが入っている。
biSizeImage	イメージのサイズがバイト単位で格納されている。非圧縮RGBビットマップの場合0が格納されている。
biXPelsPerMeter	ビットマップの水平解像度が格納されている。単位は1メートルあたりのピクセルである。
biYPelsPerMeter	ビットマップの垂直解像度が格納されている。単位は1メートルあたりのピクセルである。
biClrUsed	カラーテーブル内の実際に使用する数が格納されている。
biClrImportant	ビットマップを表示するために重要とみなされるカラーインデックス数が格納されている。0が入っている場合、すべての色が重要である。

次に、クラスのヘッダと本体のソースリストを示します。

リスト B.5 ●クラスのヘッダファイル (bmpUtils/Cbmp.h)

```
#ifndef __CBMPH__
#define __CBMPH__

#include "bitmapStruct.h"

//------------------------------------------------------------------
class Cbmp
{
private:
    // ----- Methods -----
    int readHeader(FILE* fp);
    int readDib(FILE* fp);
    int writeHeader(FILE* fp);
    int writeDib(FILE* fp);
    void setBmpInfoHdr(const int width, const int height);
    void setBmpFileHdr(const int width, const int height);


    // ----- Members ------------------------------
    bmpFileHdr   mBmpFileHdr;                         // ヘッダ



public:
```

```cpp
        // ----- Constructor/Destructor ----------------
        Cbmp();                                         // コンストラクタ
        virtual ~Cbmp();                                // デストラクタ

        // ----- Methods -----
        void loadFromFile(const char* bmpFName);
        int getWidth(void) const { return (mPdib==0 ? 0 : mPdib->biWidth); }
        int getHeight(void) const { return (mPdib==0 ? 0 : mPdib->biHeight); }
        int getAbsHeight(void) const { return (mPdib==0 ? 0 : mAbsHeight); }
        pBmpInfoHdr getPdib(void) const { return mPdib;}
        unsigned char* getPbitmapBody(void) const {
                        return (unsigned char*)(mPdib==0 ? 0 : mPbitmap); }
        unsigned char* getScanRow(const int rowNo) const;
        int getBitsPerPixcel(void) const { return mPdib->biBitCount; }
        void saveToFile(const char* bmpFName);
        void getGSData(unsigned char* gs) const;
        void getBgraData(unsigned char* dataBgra) const;
        void gs2bgra(unsigned char* gs) const;
        int create24Dib(const int width, const int height);
        int easyFmtAna(void) const;


        // ----- Members -----------------------------
        pBmpInfoHdr mPdib;                              // pointer to BITMAP(DIB)
        unsigned char* mPbitmap;                        // pointer to image
        int mDibSize;                                   // size of BITMAP(DIB)
        int mRowPitch;                                  // row per bytes
        int mPixelPitch;                                // pixel per bytes
        int mImageSize;                                 // size of image
        int mAbsHeight;                                 // absolute height
};
//------------------------------------------------------------------

#endif   /* __CBMPH__ */
```

リスト B.6 ●クラスの本体ファイル (bmpUtils/Cbmp.cpp)

```cpp
#include <stdio.h>
#include <stdlib.h>
#include <string.h>
#include <assert.h>
#include <sys/stat.h>           // for SIDBA
```

```cpp
#include "bitmapStruct.h"
#include "Cbmp.h"



//-------------------------------------------------------------------
// コンストラクタ
Cbmp::Cbmp()
: mPdib(NULL), mPbitmap(NULL), mDibSize(0), mRowPitch(0),
                    mPixelPitch(0), mImageSize(0), mAbsHeight(0)
{
    assert(sizeof(char) ==1);
    assert(sizeof(short)==2);
    assert(sizeof(int)  ==4);
}



//-------------------------------------------------------------------
// デストラクタ
Cbmp::~Cbmp()
{
    SAFE_FREE(mPdib);                                    // free bmp
}



//=============== vvvvvv private vvvvvv ===========================

//-------------------------------------------------------------------
// read bitmap file header
//
// return true :0
//        false:!0=error #
int
Cbmp::readHeader(FILE* fp)
{
    if(fread(&mBmpFileHdr, sizeof(bmpFileHdr), 1, fp)!=1)
        return -1;

    if(mBmpFileHdr.bfType!='B'+'M'*256)
        return -2;                                       // not bitmap file

    return 0;
}
```

```cpp
//------------------------------------------------------------
// read bitmap body
int
Cbmp::readDib(FILE* fp)
{
    if(fread(mPdib , mDibSize, 1, fp)!=1)              // read body
        return -1;

    if(mPdib->biBitCount!=16
                    && mPdib->biBitCount!=24
                                && mPdib->biBitCount!=32)
        return -2;                                      // not 16/24/32bpp

    return 0;
}


//------------------------------------------------------------
// write bitmap file header
int
Cbmp::writeHeader(FILE* fp)
{
    if(fwrite(&mBmpFileHdr, sizeof(bmpFileHdr), 1, fp)!=1)
        return -1;

    return 0;
}


//------------------------------------------------------------
// write bitmap file body
int
Cbmp::writeDib(FILE* fp)
{
    if(fwrite(mPdib , mDibSize, 1, fp)!=1)             // write bitmap body
        return -1;

    return 0;
}


//------------------------------------------------------------
// set bitmap file header
void
```

```cpp
Cbmp::setBmpInfoHdr(const int width, const int height)
{
    mPdib->biSize          =sizeof(bmpInfoHdr);
    mPdib->biWidth         =width;
    mPdib->biHeight        =height;
    mPdib->biPlanes        =1;
    mPdib->biBitCount      =24;                        // 24 bpp
    mPdib->biCompression   =0;
    mPdib->biSizeImage     =0;
    mPdib->biXPelsPerMeter=0;
    mPdib->biYPelsPerMeter=0;
    mPdib->biClrUsed       =0;
    mPdib->biClrImportant  =0;
}


//----------------------------------------------------------------
// set bitmap info header
//
// set bitmap file header
// set mAbsHeight
// set mPixelPitch
// set mRowPitch
//
void
Cbmp::setBmpFileHdr(const int width, const int height)
{
    mAbsHeight=height>0 ? height : -(height);        //abs

    mPixelPitch=3;                                    // 24 bpp

    mRowPitch=width*mPixelPitch;                      // to 4byte boundary
    if(mRowPitch%4)
        mRowPitch=mRowPitch+(4-(mRowPitch%4));

    mBmpFileHdr.bfType='B'+'M'*256;
    mBmpFileHdr.bfSize=(mRowPitch*mAbsHeight)+sizeof(bmpFileHdr)+sizeof(bmpInfoHdr);
    mBmpFileHdr.bfReserved1=0;
    mBmpFileHdr.bfReserved2=0;
    mBmpFileHdr.bfOffBits=sizeof(bmpFileHdr)+sizeof(bmpInfoHdr);
}



//=============== ^^^^^^ private ^^^^^^ ===================================
```

```c
//------------------------------------------------------------
// load bitmap image from file
void
Cbmp::loadFromFile(const char* bmpFName)
{
    FILE* fp;
    struct stat statbuf;                        // for SIDBA

    SAFE_FREE(mPdib);                           // delete image

    if ((fp = fopen(bmpFName, "rb")) == 0)      // open bitmap file
        throw "input file open failed.";

    if (stat(bmpFName, &statbuf) != 0)          // for SIDBA
        throw "function stat() failed.";        // for SIDBA

    if (readHeader(fp) != 0)                    // read file header
    {
        fclose(fp);
        throw "failed to read bitmap file header.";
    }

    //mDibSize=mBmpFileHdr.bfSize-sizeof(bmpFileHdr); // size of dib
    mDibSize = statbuf.st_size - sizeof(bmpFileHdr);   // for SIDBA
    mPdib = (bmpInfoHdr *)malloc(mDibSize);     // alloc dib memory

    if (readDib(fp) != 0)                       // read dib
    {
        SAFE_FREE(mPdib);
        fclose(fp);
        throw "failed to read bitmap file body.";
    }
    fclose(fp);                                 // close bitmap file

    mPbitmap = (unsigned char *)(mPdib)         // move pos. to body
        +mBmpFileHdr.bfOffBits
        - sizeof(bmpFileHdr);

    mPixelPitch = mPdib->biBitCount / 8;
```

```cpp
        mRowPitch = (mPdib->biWidth*mPixelPitch);       // clac. row pitch by bytes
        if (mRowPitch % 4 != 0)
            mRowPitch += (4 - (mRowPitch % 4));

        mAbsHeight = mPdib->biHeight > 0 ? mPdib->biHeight : -(mPdib->biHeight);    //abs
        mImageSize = mRowPitch*mAbsHeight;
}


//-----------------------------------------------------------------
// get mem addr of specified scanrow#
unsigned char*
Cbmp::getScanRow(const int rowNo) const
{
    int absrowNo;

    if(mPdib==0)
        return 0;

    absrowNo=rowNo;
    if(mPdib->biHeight<0)
        absrowNo=mPdib->biHeight-rowNo-1;

    return (mPbitmap+(absrowNo*mRowPitch));
}


//-----------------------------------------------------------------
// save to bitmap file
void
Cbmp::saveToFile(const char* bmpFName)
{
    FILE* fp;

    if((fp=fopen(bmpFName, "wb"))!=0)               // open file
    {
        if(writeHeader(fp)==0)                       // write header
        {
            if(writeDib(fp)!=0)                      // write dib
                throw "failed to write dib.";
        }
        else
            throw "failed to write header.";
    }
```

```cpp
        else
            throw "failed to open file.";

    fclose(fp);
    SAFE_FREE(mPdib);
}


//------------------------------------------------------------------
// convert color to gray scale
void
Cbmp::getGSData(unsigned char* gs) const
{
    unsigned char* pRow=mPbitmap;
    unsigned char* pDest=gs;

    for(int y=0 ; y<mAbsHeight ; y++)
    {
        for(int x=0; x<getWidth(); x++)
        {
            float m=  (float)pRow[(x*mPixelPitch)+0]*0.114478f   // blue
                    + (float)pRow[(x*mPixelPitch)+1]*0.586611f   // green
                    + (float)pRow[(x*mPixelPitch)+2]*0.298912f;  // red

            *pDest=(unsigned char)m;                             // gray scale
            pDest++;
        }
        pRow+=mRowPitch;
    }
}



//------------------------------------------------------------------
// get BGRA
void
Cbmp::getBgraData(unsigned char* dataBgra) const
{
    if(mPdib->biBitCount==32)
        memcpy(dataBgra, mPbitmap, mImageSize);          // copy BGRA to dest.
    else
    {
        int index=0;                                     // cnvert 24bpp to BGRA
        for(int i=0; i<mImageSize; i+=3)
        {
```

```cpp
                dataBgra[index++]=mPbitmap[i+0];    // B
                dataBgra[index++]=mPbitmap[i+1];    // G
                dataBgra[index++]=mPbitmap[i+2];    // R
                dataBgra[index++]=255;              // A
        }
    }
}


//-----------------------------------------------------------------
// gray scale to 24bpp RGB or 32bpp BGRA
void
Cbmp::gs2bgra(unsigned char* gs) const
{
    for(int y=0; y<mAbsHeight; y++)
    {
        int rowOffset=y*mRowPitch;
        for(int x=0; x<mPdib->biWidth; x++)
        {
            mPbitmap[rowOffset+(mPixelPitch*x)+0]=gs[(y*mPdib->biWidth)+x];   // B
            mPbitmap[rowOffset+(mPixelPitch*x)+1]=gs[(y*mPdib->biWidth)+x];   // G
            mPbitmap[rowOffset+(mPixelPitch*x)+2]=gs[(y*mPdib->biWidth)+x];   // R
                                                                              // A
        }
    }
}


//-----------------------------------------------------------------
// create 24 bit DIB
int
Cbmp::create24Dib(const int width, const int height)
{
    setBmpFileHdr(width, height);

    SAFE_FREE(mPdib);                                   // delete bmp
    mDibSize=mBmpFileHdr.bfSize-sizeof(bmpFileHdr);     // size of dib
    mPdib=(bmpInfoHdr *)malloc(mDibSize);               // alloc dib memory

    setBmpInfoHdr(width, height);

    mPbitmap=(unsigned char *)(mPdib)                   // move pos. to body
                    +mBmpFileHdr.bfOffBits
                            -sizeof(bmpFileHdr);
```

```cpp
    mImageSize=mRowPitch*mAbsHeight;

    memset(mPbitmap, 0xFF, mImageSize);            // init. image data

    return 0;
}


//-----------------------------------------------------------------
// easy format analyzer
int
Cbmp::easyFmtAna(void) const
{
    if(mPdib==NULL)
        return BMTFMT_UNKNOWN;

    if(mPdib->biBitCount<16)
        return BMTFMT_UNKNOWN;

    if(mPdib->biBitCount==16 )
    {
        if(mPdib->biCompression==0)
            return BMTFMT_16_555;
        else
            return BMTFMT_16_565;
    }

    if(mPdib->biBitCount==24 && mPdib->biCompression==0)
        return BMTFMT_24_888;

    if(mPdib->biBitCount==32)
    {
        if(mPdib->biCompression==0)
            return BMTFMT_32_BGRA;
        else
            return BMTFMT_32_BGRX;
    }

    return BMTFMT_UNKNOWN;
}
```

クラスの概要を表 B.3 ～表 B.6 に示します。本書で紹介するプログラムでは使用しないメソッドも含まれています。

表B.3●publicメソッド

public メソッド	説明
Cbmp(void)	コンストラクタです。
~ Cbmp(void)	デストラクタです。
void loadFromFile(const char* bmpFName)	ビットマップファイルを読み込みます。
unsigned int getWidth(void)	画像の幅を取得します。
unsigned int getHeight(void)	画像の高さを取得します（マイナスの値の場合もあります）。
int getAbsHeight(void)	画像の高さの絶対値を取得します。
pBmpInfoHdr getPdib(void)	ビットマップヘッダを指すポインタを取得します。
unsigned char* getPbitmapBody(void)	画像データを指すポインタを取得します。
unsigned char* getScanRow(const int rowNo)	指定したラインの先頭アドレスを取得します。
int getBitsPerPixcel(void)	1 ピクセルのビット数を取得します。
void saveToFile(const char* bmpFName)	ビットマップをファイルへ保存します。
void getGSData(unsigned char* gs)	読み込んだビットマップをグレイスケール画像へ変換した画像データを取得します。
void getBgraData(unsigned char* dataBgra)	読み込んだビットマップから BGRA へ変換した 32bpp の画像データを取得します。
void gs2bgra(unsigned char* gs)	グレイスケール画像データを BGRA 形式へ変換します。
int create24Dib(const int width, const int height)	指定したサイズの 24bpp ビットマップファイルを生成します。
int easyFmtAna(void)	読み込んだビットマップのフォーマットを簡易な方法で解析します。

表B.4●publicメンバ

private メンバ	説明
pBmpInfoHdr mPdib	ビットマップ（DIB）を指すポインタです。
unsigned char* mPbitmap	画像データを指すポインタです。
int mDibSize	ビットマップ（DIB）のサイズです。
int mImageSize	画像データのサイズです。
int mRowPitch	1 ラインのバイト数です。
int mPixelPitch	1 ピクセルのバイト数です。

private メンバ	説明
int mAbsHeight	画像の高さです。ビットマップファイルは高さがマイナスの値で格納されている場合がありますので、絶対値を保持します。

表B.5●privateメソッド

private メソッド	説明
int readHeader(FILE* fp)	ビットマップファイルヘッダを読み込みます。
int readDib(FILE* fp)	ビットマップ本体を読み込みます。
int writeHeader(FILE* fp)	ビットマップファイルヘッダを書き込みます。
int writeDib(FILE* fp)	ビットマップ本体を書き込みます。
void setBmpInfoHdr(　　const int width, const int height)	ビットマップ情報を設定します。
void setBmpFileHdr(　　const int width, const int height)	ビットマップファイルヘッダ情報を設定します。

表B.6●privateメンバ

private メンバ	説明
bmpFileHdr　mBmpFileHdr	ビットマップファイルヘッダの構造体です。

■ B-4-2　クラスの説明

ソースコードと対応させながら説明します。

Cbmp はコンストラクタです。まず、主要なメンバを初期化します。また、各データ型のサイズが想定したサイズであるかチェックします。このクラスは複数のプラットフォームへ対応させるので、C/C++ 言語のデータ型が想定したサイズであるかチェックします。

~Cbmp はデストラクタです。メモリが割り付けられていたら、それを解放します。メモリの解放は SAFE_FREE マクロで行います。このマクロはメモリが割り当てられていたときのみメモリ解放を行い、解放後にポインタに NULL を設定します。

private メソッド

readHeader メソッドは、fread 関数で bmpFileHdr 構造体のサイズ分だけファイルから読み込みます。読み込みが成功したら先頭に 'BM' という文字が入っているかチェックします。もし、'BM' が入っていない場合、ビットマップファイルではないため呼び出し元に 0 以外を返し、正常に読み込めたら 0 を返します。

readDib メソッドは、mPdib メンバが指すアドレスへビットマップ本体を読み込みます。mPdib が指すメモリは呼び出し元が割り付けます。また、読み込むサイズ mDibSize も、このメソッドの呼び出し前に設定されています。ビットマップファイルを正常に読み込めたら 0 を返します。

　writeHeader メソッドは、渡されたファイルポインタを指定し、fwrite 関数でビットマップファイルヘッダを保持する mBmpFileHdr 構造体をファイルへ書き込みます。

　writeDib メソッドは、mPdib メンバが指すメモリから mDibSize が表すバイト数を、fwrite 関数でファイルへ書き込みます。書き込みに失敗した場合、呼び出し元に 0 以外を返し、正常に書き込めたら 0 を返します。

　setBmpInfoHdr メソッドは、引数で渡された画像の幅と高さを使用して、mPdib がポイントする bmpInfoHdr 構造体を初期化します。このとき、ビットマップファイルは必ず 24bpp として初期化します。

　setBmpFileHdr メソッドは、引数で渡された画像の幅と高さを使用して mBmpFileHdr 構造体やクラスのメンバを初期化します。このとき、ビットマップファイルは必ず 24bpp として初期化します。

public メソッド

　loadFromFile メソッドは、引数で受け取ったファイル名を使用して、ディスクなどからビットマップファイルを読み込みます。読み込みに先立ち、mPdib にすでにメモリが割り付けられている場合が考えられるので、SAFE_FREE マクロでメモリを解放します。次に fopen 関数でビットマップファイルを読み込みモードでオープンします。

　次に stat 関数で、ファイルサイズを取得します。通常は、bmpFileHdr 構造体の bfSize メンバにファイルサイズが格納されています。ところが、一部のファイルで bfSize メンバに正常値が格納されていないことが分かり、stat 関数を使用することにしました。もし、正常なビットマップファイルしか扱わない場合、stat 関数を使用せず、コメントアウトしたコードを生かせば良いでしょう。

　readHeader メソッドを呼び出し、bmpFileHdr を読み込みます。そして、先ほどの stat 関数で得たファイルサイズから、bmpFileHdr の大きさを減算し、ビットマップ全体のサイズ（ビットマップヘッダ＋画像データ）を mDibSize へ求めます。この値を malloc 関数に指定し、メモリを確保するとともに、割り付けたメモリのアドレスを mPdib メンバへ格納します。そして readDib メソッドで、bmpInfoHdr 構造体以降を先ほど確保したメモリへ読み込みます。もし、読み込みに失敗したら、確保したメモリを解放し、ファイルを閉じた後、例外をスローします。正常に、読み込みが完了したら、ファイルを閉じます。

　ビットマップファイルを正常に読み込めたら、各メンバを初期化します。まず、メンバ

mPbitmap には画像データが格納されている先頭アドレスを設定します。mPixelPitch メンバには 1 ピクセルが占めるバイト数を格納します。mRowPitch メンバには、1 ラインのバイト数を格納します。mRowPitch はビットマップファイルの特徴である 4 バイト境界にバウンダリ調整するためのダミーデータ長を含みます。mAbsHeight メンバには、画像の高さの絶対値（ピクセル単位）を格納します。bmpInfoHdr 構造体の biHeight メンバにはマイナスの値で画像の高さが格納されている場合があります。このため mAbsHeight メンバには、絶対値を格納します。

最後に、mImageSize メンバに画像データのサイズを格納します。先ほど説明した画像データがダミーデータを含んでいる場合、それも含めたサイズを格納します。

getWidth メソッドは、画像の幅をピクセル値で返します。ビットマップファイルが読み込まれていない場合 0 を返します。

getHeight メソッドは、画像の高さをピクセル値で返します。ビットマップファイルが読み込まれていない場合 0 を返します。高さはマイナスの値で格納されている場合はマイナスで、プラスの値で格納されている場合プラスで返します。

getAbsHeight メソッドは、画像の高さをピクセル値で返します。ビットマップファイルが読み込まれていない場合 0 を返します。ビットマップヘッダの高さが、もプラス値であろうがマイナスの値であろうが絶対値を返します。

getPdib メソッドは、bmpInfoHdr 構造体を含むビットマップ全体の先頭アドレスを返します。

getPbitmapBody メソッドは、画像データが格納されている先頭アドレスを返します。ビットマップファイルが読み込まれていない場合、NULL を返します。getPdib メソッドと getPbitmapBody メソッドが返すアドレスを、次図に示します。

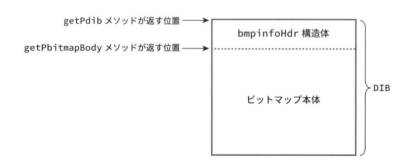

図B.2●getPdibメソッドとgetPbitmapBodyメソッドの返すアドレス

getScanRow メソッドは、引数 rowNo に対応するラインの先頭アドレスを返します。ビットマップファイルが読み込まれていない場合、NULL を返します。引数で渡される rowNo は、画面に表示したときの最上位を 0 として処理します。表示上のスキャンラインとメモリ位置は、

bmpInfoHdr 構造体の biHeight メンバの正負によって並びが異なります。biHeight メンバの値が正の場合、メモリと表示の関係は次図に示す通りです。図の上ほどメモリアドレスが若い（低い）と想定して記述しています。

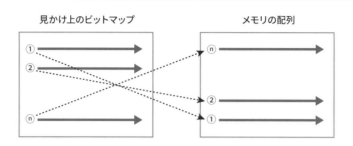

図B.3●biHeightメンバの値が正の場合のメモリと表示の関係

bmpInfoHdr 構造体の biHeight メンバが負の場合、メモリと表示の関係は次図に示すように配置されます。表示とメモリの並びは先ほどと同じで、図の上ほどメモリアドレスが若い（低い）と想定して記述しています。

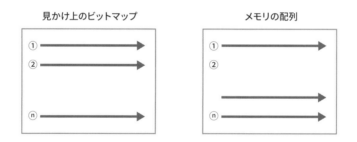

図B.4●biHeightメンバの値が負の場合のメモリと表示の関係

このように、メモリ配置と表示上の配置が bmpInfoHdr 構造体の biHeight メンバの符号によって異なります。このため、このメソッドは、biHeight メンバの符号によって返すアドレスを変更します。

また、ビットマップファイルのサイズは見かけ上の大きさと同じとは限りません。ビットマップの1ラインの総バイト数が4バイトの整数倍でない場合、強制的に4バイトの倍数になるようにダミーのデータが埋め込まれます。各ラインの先頭を探すには、ダミーの部分をスキップしなければなりません。図B.5にダミーデータが含まれる概念図を示します。メンバ mRowPitch には、ダミーデータを含んだ1ラインのバイト数が入っています。このメソッドは、この

mRowPitch を使用して、rowNo が指す先頭アドレスを求めます。

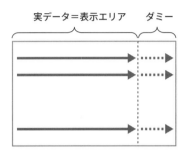

図B.5●ダミーデータが含まれる概念図

　saveToFile メソッドは、クラス（オブジェクト）が管理しているビットマップを、渡されたファイル名でディスクへ格納します。指定された名前でファイルをオープンし、writeHeader メソッド、writeDib メソッドでビットマップ全体を書き込みます。正常に書き込みが完了したらファイルを閉じるとともに、ビットマップを読み込んでいたメモリを解放します。このことから、ファイルを保存した後、ビットマップはメモリに存在しません。処理中にエラーが発生した場合、例外をスローします。

　getGSData メソッドは、画像データをグレイスケールに変換して返します。読み込んだビットマップファイルは 24/32bpp でなければなりません。なお、24bpp のビットマップファイルを読み込んでいた場合、返されるデータ量は**約 1/3** へ、32bpp を読み込んでいた場合、返されるデータ量は 1/4 へ減ります。24bpp の場合、約という表現になるのは、横幅のピクセル数によってダミーデータが含まれるためです。なお、グレイスケールへ変換した画像データを格納するメモリは、呼び出し元で割り付けておく必要があります。

　getBgraData メソッドは、画像データを 32bpp の BGRA に変換して返します。24bpp のビットマップファイルを読み込んでいた場合、返されるデータ量は約 4/3 へ増加します。これはアルファチャンネルが付加されるためです。約 4/3 へ増加すると書いたのは、元データにダミーデータが存在する可能性があるためです。なお、BGRA へ変換した画像データを格納するメモリは、呼び出し元で割り付けておく必要があります。

　gs2bgra メソッドは、渡されたグレイスケール画像をフォーマットだけ 24bpp か 32bpp の BGRA へ変換します。つまり、ビットマップとしてはカラー形式ですが、RGB 各色成分に同じ値を設定するため、表示するとグレイスケールです。

　create24Dib メソッドは、24bpp のビットマップファイルを生成します。まず、setBmpFileHdr メソッドを呼び出し、mBmpFileHdr 構造体を初期化します。すでに mPdib

にメモリを割り付けている場合が考えられるので、SAFE_FREE でメモリを解放します。次に、bmpInfoHdr 構造体から画像データを格納するのに必要なサイズを求め、ビットマップに必要なメモリを割り付けます。割り付けたメモリのアドレスはメンバ mPdib へ格納します。そのほか必要なメンバを設定した後、画像データ全体を 0xFF で初期化します。

easyFmtAna メソッドは、読み込んだビットマップファイルのフォーマットを簡易にフォーマット解析します。そしてフォーマットの種別を返します。

簡単ですが、これでクラスの説明は完了です。

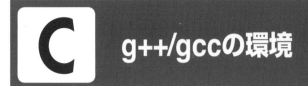

　Ubuntu などの Linux 系の OS を使用する際は、本書のプログラムは、g++/gcc でビルドします。一般的に、Linux はインストールするだけでコンパイラなどはインストールされています。もし、g++ などがインストールされていない場合、案内メッセージが現れますので、案内に従ってインストールしてください。

　コンソールを開いて、gcc と入力してみます。

図C.1●コンソールを開いてgccと入力

```
test@ubuntu:~$ gcc

Command 'gcc' not found, but can be installed with:

sudo apt install gcc
```

　gcc はインストールされていないようですので、案内メッセージに従ってインストールします。

```
test@ubuntu:~$ sudo apt install gcc
```

　インストールが始まると、案内メッセージが表示され、応答が必要な場合もありますので適切に対応してください。インストール完了後にバージョンをチェックした様子を示します。

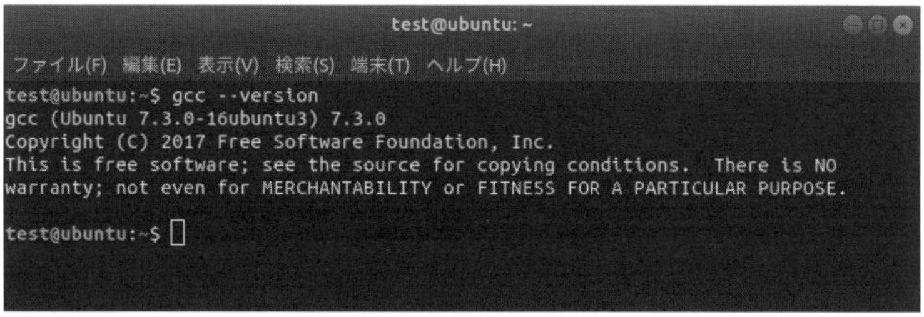

図C.2●gccのバージョンをチェック

```
test@ubuntu:~$ gcc --version
gcc (Ubuntu 7.3.0-16ubuntu3) 7.3.0
Copyright (C) 2017 Free Software Foundation, Inc.
This is free software; see the source for copying conditions.  There is NO
warranty; not even for MERCHANTABILITY or FITNESS FOR A PARTICULAR PURPOSE.
```

これでgccのインストールは完了です。

次にコンソールで、g++と入力してみます。

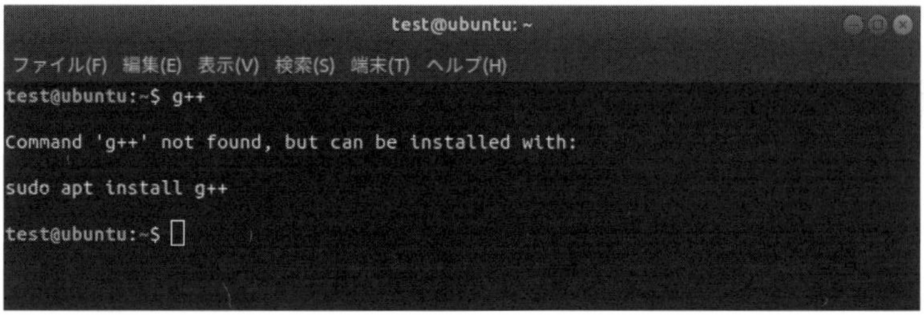

図C.3●コンソールでg++と入力

```
test@ubuntu:~$ g++

Command 'g++' not found, but can be installed with:

sudo apt install g++
```

付録

g++ はインストールされていないようですので、案内メッセージに従ってインストールします。

```
test@ubuntu:~$ sudo apt install g++
```

インストールが始まると、案内メッセージが表示され、応答が必要な場合もありますので適切に対応してください。インストール完了後にバージョンをチェックした様子を示します。

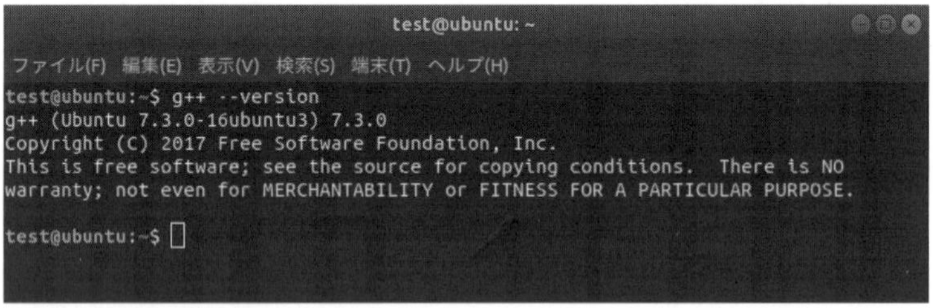

図C.4●g++のバージョンをチェック

```
test@ubuntu:~$ g++ --version
g++ (Ubuntu 7.3.0-16ubuntu3) 7.3.0
Copyright (C) 2017 Free Software Foundation, Inc.
This is free software; see the source for copying conditions.  There is NO
warranty; not even for MERCHANTABILITY or FITNESS FOR A PARTICULAR PURPOSE.
```

これで g++ のインストールは完了です。

OpenACC を使用するには、g++/gcc のバージョン 6.1 以降を使用してください。それ以前の g++/gcc でコンパイルすると OpenACC 2.0 へ対応していません。ただ、現在においてバージョンが 6.1 より古いということは、よほど古い環境をメンテナンスも行わず放置していない限り考えられません。ほとんどの場合、問題は起きないでしょうがバージョンの確認だけは行ってください。

OpenACC でビルド

　g++/gcc を使用し OpenACC 対応のプログラムをビルドするには、コンパイルオプションに -fopenacc を指定します。以降に入力例を示します。

```
gcc  -fopenacc  ソースファイル名
g++  -fopenacc  ソースファイル名
```

　本書で紹介するプログラムは gcc でビルドできるものも多いですが、g++ でないと対応できないものもあります。適宜、切り替えてコンパイルしてください。

付録

PGIコンパイラのOpenACC環境

　OpenACCの最新バージョンを利用したい場合、PGI社のPGI Community Editionを利用するのは良い手段です。PGI社のウェブサイトを開くと無償で長期間使えるような印象は受けませんが、よく読むと実質的に無償で良好なコンパイラを使用できることを理解できます。さらに、この開発環境はプロファイラやOpenMPまで含んでいます。

　ただし、すべての環境をインストールするには、いくつもの適切なステップを踏まなければなりません。このため、g++/gccなどと比較し、環境のセットアップは少々面倒です。さらに、CUDAを目的とした部分もあるため少し戸惑うときもあるでしょう。

　ここでは、Windows上でプロファイラやOpenACCまで利用できるようなインストール方法を紹介します。Linux上に環境を作成するとC++まで使用できるようですが、説明をざっと読んだ感じでは、Windowsへインストールする方が簡単に感じたので、Windowsを選択しました。Linux環境に関してはgcc/g++が使用できますので、それもWindowsを選択した要因です。

D-1　インストールの前準備

　PGI Community Edition for Windowsをインストールするには、次に示す準備が必要です。

1. Windows 10 SDKのインストール
2. Visual Studio 2015（Visual C ++）のインストール（現在のところVisual Studio 2017はサポートされていません）
3. CUDA開発環境のインストール

　上記のいずれかがインストールされていない場合、PGI Community Editionのインストールは完了せず、失敗します。なお、Windows Updateは最新状態にしておくことを進めます。PGI Community Editionのインストール前に、Windows Updateの状態をチェックし、なるべく最新の状態にしてください。Windows 10の場合、Windowsキーを押して「Windows Update」と

入力し、Enter キーを押せば、「更新とセキュリティ」画面が現れます。「更新プログラムのチェック」を押して Windows を最新の状態にしてください。

D-2　Microsoft Windows 10 SDK をインストール

　Microsoft Windows 10 SDK をダウンロードしてインストールします。Windows Update を行い、Windows を最新状態にしておくのは先に書いた通りです。PGI 社のウェブサイト（`https://www.pgroup.com/support/win-ce.htm`）を開くと「PGI Community Edition for Windows Configuration Information」が現れ、環境構築の手順が書かれています。

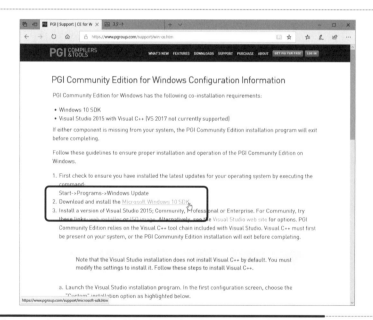

図D.1●PGI Community Edition for Windows Configuration Information

　「Microsoft Windows 10 SDK」をクリックすると、`https://www.pgroup.com/support/microsoft-sdk.htm` が開きます。いくつかの SDK が表示されますので、自身の環境に適切な SDK をインストールします。

付録

Download Microsoft SDK

Windows users of PGI compilers and tools need to co-install a version of the Microsoft Software Development Kit (SDK). Pick the SDK you need based on the product you are installing and the your version of Windows. You may need more than one SDK.

PGI Product Configuration	Windows Version	Windows SDK Version
All PGI 2018 Products	Windows 7 SP1 or newer	Windows SDK for Windows 10 (845298)
All PGI 2016 and 2017 Products	Windows 7 SP1 or newer	Windows SDK for Windows 10 (845298)
PGI Visual Fortran 2016 and 2017 for Microsoft Visual Studio 2013	Windows 7 SP1 or newer	Windows SDK for Windows 8.1
All PGI 2015 or PGI 2014 products	Windows 7 or newer	Windows SDK for Windows 8.1
All PGI 2013 products	Windows 7 or newer	Windows SDK for Windows 8

図D.2●使用環境に合うSDKを選択

使用する予定のPGI社のProductに従って、適切なSDKをダウンロードします。ここでは、Windows SDK for Windows 10の例を紹介します。

ダウンロードしたインストーラを起動します。

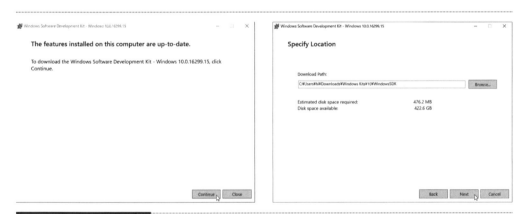

図D.3●インストーラを起動

「Continue」をクリックするとインストール先が現れますので、そのまま「Next」をクリックします。

すると、ダウンロードする項目が現れますので、変更を行わず、そのまま「Download」をクリックすると、ダウンロードが始まります。ダウンロードはしばらく時間を要するので、少し待ちましょう。

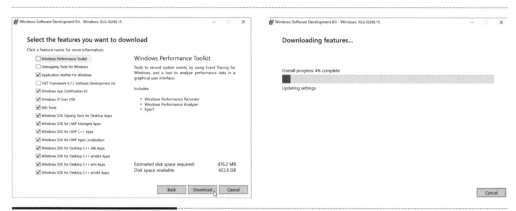

図D.4●必要な機能のダウンロード

　ダウンロードが完了すると「Download is complete」の画面が現れますので「Close」をクリックするとSDKのインストールは完了です。

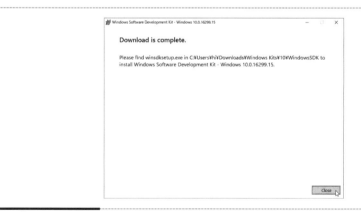

図D.5●ダウンロード完了

D-3 Visual Studio Community 2015 のインストール

SDK をインストールしましたので、次に Visual Studio 2015 をインストールします。すでに Visual Studio 2015 がインストール済みなら、本節はスキップしてください。PGI Community Edition for Windows を使用するには、Visual Studio 2015 がインストールされている必要があります。

D-3-1 方法 1

Visual Studio 2015 の入手が困難なら、先の手順にあった 3 番のリンクを使って英語バージョンの Visual Studio 2015 をインストールします。このサイトにあるのは英語バージョンですが、ウェブインストーラや ISO イメージをダウンロードできますので、それを使うと良いでしょう。

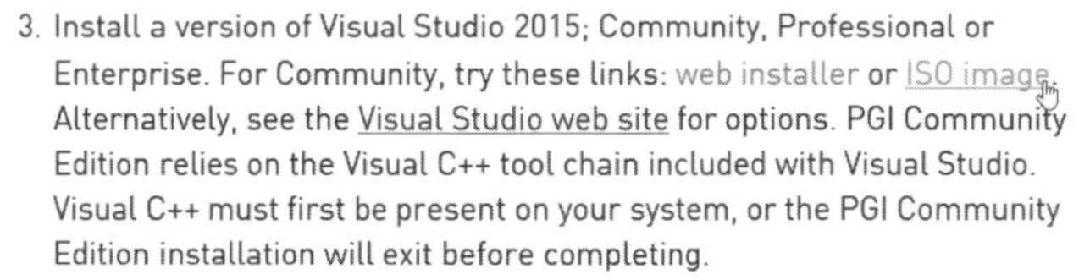

3. Install a version of Visual Studio 2015; Community, Professional or Enterprise. For Community, try these links: web installer or ISO image.
Alternatively, see the Visual Studio web site for options. PGI Community Edition relies on the Visual C++ tool chain included with Visual Studio. Visual C++ must first be present on your system, or the PGI Community Edition installation will exit before completing.

図D.6●ISOイメージのダウンロード

ここでは ISO イメージをダウンロードし、「開く」をクリックし ISO イメージファイルをマウントします。

vs2015.3.com_enu.iso のダウンロードが完了しました。
開く
フォルダーを開く
ダウンロードの表示
×

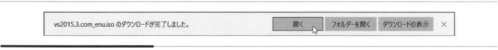

図D.7●ISOイメージのマウント

ISO ファイルがマウントされると内容が表示されますので、vscommunity.exe を起動します。ダウンロードした ISO ファイルをマウントできない場合、一旦 ISO ファイルを DVD へ焼いて使用するのも良いでしょう。

vscommunity.exe を起動すると、インストーラが開始します。「Default」でインストールすると Visual C++ がインストールされませんので、必ず「Custom」を選択してください。以降に、通常通りインストーラを起動し、最初の案内で「Custom」を選んだ様子を示します。

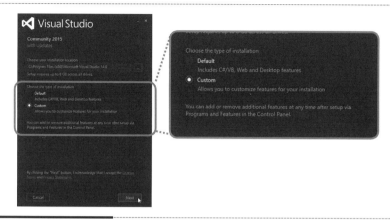

図D.8●カスタムインストールする

以降は、メッセージが日本語になるだけで次の方法2と同様ですので、そちらを参照してください。

D-3-2　方法2

マイクロソフト社のウェブサイトを開いてダウンロードします。しかし、マイクロソフト社のダウンロードサイトでは最新のVisual Studioしかサポートしていません。執筆時点のPGIコンパイラは、Visual Studio 2015しかサポートしていません。このため、最新のVisual Studioでは対応できません。読者が使用するときは、インストールの方法が異なっている可能性がありますので、ウェブサイトの案内に従ってください。Visual Studio 2017などはWindows SDKも同梱していますので、インストールが簡単になることが予想されます。

Visual Studio 2015の入手は、

1. 方法1に示した英語バージョンをダウンロードする。
2. 無料のDev Essentialsプログラムに参加して、以前のバージョンにアクセスする。
3. MSDNサブスクリプションを購入している人は、それを利用する。
4. 最新のバージョンがダウンロードできるサイト（https://www.visualstudio.com/ja/vs/older-downloads/）の下の方に「以前のバージョンをお使いになりたいですか？」が表示されますので、そのページを開き、ISOファイルをダウンロードする。ただし、古いバージョンをダウンロードするにはサインインを求められる。
5. 古いVisual Studio（ここではVisual Studio 2015）のISOイメージがインターネット上の

公開されている場合があるのでそれを利用する。

などの方法で入手してください。

■ D-3-3　Visual C++ をインストール

デフォルトの「規定」でインストールすると Visual C++ がインストールされませんので、必ず「カスタム」を選択してください。以降に、通常通りインストーラを起動し、最初の案内で「カスタム」を選んだ様子を示します。

図D.9●カスタムインストールを選択

インストールする項目が表示されますので、「Visual C++」にチェックを入れます。

図D.10●Visual C++をインストール項目に含める

　引き続き案内が現れますので、メッセージに従って操作してください。するとインストールが始まります。しばらく待たされますので、完了するまで待ってください。インストールが完了すると、完了メッセージが現れます。「起動」を押して Visual Studio Community 2015 を起動します。

図D.11●インストールが完了したら起動する

しばらくするとVisual Studioが起動します。サインインを求められますが「後で行う」をクリックすると、サインインは後で行っても構いません。「後で行う」をクリックすると、すぐに、「開発設定」や「配色テーマの選択」ダイアログが現れます。自分の好みの設定を行ってください。ここでは何も変更せず「Visual Studioの開始」を押します。

図D.12●最初の設定

　しばらくするとスタートページが現れます。これでVisual Studio Community 2015が使用できるようになります。アップデートが多数通知されるときがありますので、適宜アップデートしてください。Visual Studio 2015インストール後、Visual Studio 2015 update 3へアップデートされていない場合は、Visual Studio 2015 update 3以上へアップデートしてください。

図D.13●Visual Studioのスタートページ

以上で、Visual Studio Community 2015 のインストールは完了です。しばらく Visual Studio Community は無償で利用できますが、アカウントを作成しサインインしないと、一定期間後に利用が制限されます。メールアドレスとパスワードを用意してマイクロソフト社用のアカウントを作成するとよいでしょう。Visual Studio Community を無償で利用できる期間の終わりが迫ると案内が表示されますので、それに従ってアカウントを作成しましょう。もちろん、すでにアカウントを作成済みであれば、そのアカウントを利用できます。あるいは使用期限が迫る前に、早めにアカウントを作成するのもよいでしょう。

D-4　PGI 個人アカウントの取得方法

　PGI アカウントを作成しなくても PGI コンパイラは使用できます。長期に使うことを考えていない人や、各種情報にアクセスする気のない人はアカウントを作成しなくても良いでしょう。ただし、いろいろ制限が付きますので、なるべくならアカウントを取得することをお勧めします。必要ないと考える人は、本節は飛ばしてください。

■ D-4-1　PGI 個人アカウント

　PGI の個人アカウントは、PGI User Forum への投稿や PGI の技術ドキュメントの閲覧、購入したライセンス PIN を自身のアカウントにタイアップするために使用します。User Forum などへ投稿したり閲覧する予定のない人や技術ドキュメントの閲覧する予定のない人は、個人アカウントを作成する必要はありません。

■ D-4-2　PGI で個人用ウェブアカウントを取得する

　PGI コンパイラ製品の購入ユーザーだけではなく、PGI ウェブアカウントを取得することが可能です。このアカウント ID は、米国 PGI サイト上のソフトウェアをダウンロードしたり、技術ドキュメントを入手するために使用でき、さらに PGI User Forum への参加できるようになります。

　アカウントを作成するために Sign Up ページ（https://www.pgroup.com/account/register.php）を開いてください。以降に示すページの必須の欄を記入してユーザー登録を行います。

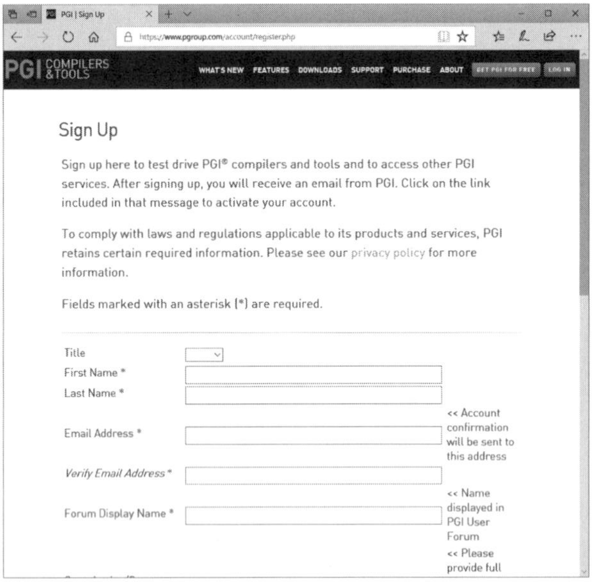

図D.14 ● PGIアカウントのSign Upページ

　入力を完了して「SUBMIT」をすると、「Registration Complete」ページに切り替わり、同時に登録したe-mailアドレスへ「アカウント情報」の電子メールが届きます。そのメールには、ウェブアカウントを有効化（アクティベート）するためにアクセスする、ユニークなURLが記載されています。URLをクリックするとPGIのサイトにアクセスできます。ここで、パスワードを登録します。これでアカウントの有効化（アクティベーション）が終了します。ログインを行う場合は、このパスワードを使用してください。

D-4-3　ログイン

PGIのサイトへログインするには、ログインサイト（https://www.pgroup.com/account/login.php）を開きます。e-mailアドレスとパスワード入力し、「LOGIN」をクリックします。

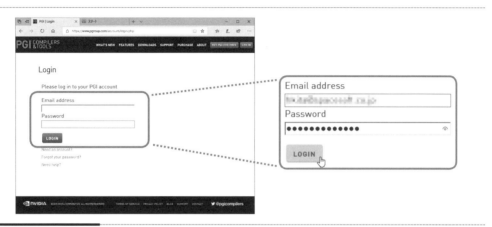

図D.15●ログインする

ログインした状態を示します。製品のダウンロードやドキュメントをアクセスできます。製品を購入したときは、このウェブアカウントを使用して、正式ライセンスキーを取得できます。

図D.16●Welcomeページ

ログアウトしたい場合は、右上の「LOGOUT」をクリックしてください。

D-5 CUDA開発環境のインストール（Windows版）

Windows 10 へ PGI アクセラレータコンパイラをインストールするには、CUDA ソフトウェアがインストールされていなければなりません。本節では、CUDA ソフトウェアをインストールする方法を解説します。ここでは PGI 社のウェブサイトに案内されている手順に従います。

■ D-5-1 必要とするハードウェア、ソフトウェア環境

PGI 社のコンパイラをインストールするには、NVIDIA 社の CUDA-enable な GeForce、Quadro、Tesla と CUDA ソフトウェアがインストールされたシステムが必要です。CUDA 対応の製品であるか、そうでないかは、NVIDIA 社のウェブサイト（http://www.nvidia.com/object/cuda_gpus.html）を参照してください。このサイトには、Tesla、Quadro、GeForce などに分類されて記載されています。ここにはコンピューティング能力も記載されていますので、自身が所有している GPU の性能の指標も知ることができます。

Windows 10 に CUDA 9.x をインストールする方法を示します。なお、Windows 7 や 8.1 でも同様の方法でインストールできます。使用中のコンピュータに搭載している GPU ボードの型番を調べたい場合は、「スタート」メニューをマウスの右ボタンでクリックし、「デバイスマネージャ」を選択します。

図D.17●デバイスマネージャを開く

すると「デバイスマネージャ」が開きます。以下の例では、GTX 650 と CPU 内蔵の GPU が搭載されているのが分かります。

図D.18●デバイスを確認

あるいは、デスクトップ上でマウスの右ボタンをクリックし「NVIDIA コントロールパネル」を表示できるなら、それを選択します。すると、「NVIDIA コントロールパネル」がポップアップ表示されますので、左下にある「システム情報」をクリックしてください。そうすると GPU はもちろんのこと各種情報を参照できます。

図D.19●NVIDIAコントロールパネルのシステム情報

D-5-2　インストール

　CUDA開発環境のサポート対象であることが分かったら、NVIDIAのCUDA Toolkitのダウンロードサイト（http://developer.nvidia.com/cuda-downloads）から、CUDAソフトウェアをダウンロードします。これらには、CUDAドライバ、Toolkit、SDK samplesの3つのコンポーネントが含まれています。以下の例は、Windows → x86_x64 → Windows 10 を選択した様子です。バージョンは日々更新され続けますので、読者が試す頃には本書の表記とは異なっているでしょう。

図D.20●CUDA Toolkitのダウンロードページ

　「Installer Type」が表示されますので、「exe(local)」をクリックします。

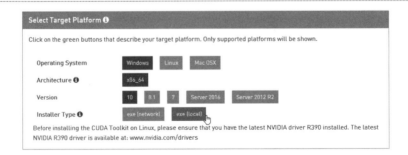

図D.21●Installer Typeを選択

すると、「Download Installers for Windows 10 x86_64」が現れますので、最新と思われるものをダウンロードします。

図D.22●最新のインストーラをダウンロード

すると、ブラウザの下部に、そのまま実行するか、一旦保存するかの問い合わせが現れます。ここでは「実行」を選択し、直接インストールすることとしましょう。

図D.23●インストーラを実行

インストール先を訪ねるダイアログが現れます。特に変更の必要はないため「OK」を押してインストールを開始します。

図D.24●インストール先を確認

付録

　ソフトウェア使用許諾契約書が現れますので、一通り目を通したのち、問題がなければ「同意して続行する」を選択します。「インストールオプション」画面が現れますが、何も変更せず「次へ」を選択します。

図D.25●使用許諾契約書に同意してインストール

　しばらくインストールが続きます。完了すると、以降に示すダイアログが現れますので、「閉じる」ボタンをクリックします。

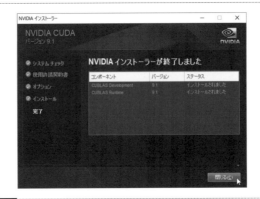

図D.26●インストール完了

　これでCUDAのソフトウェアのインストールは完了です。

D-6 PGI Community Edition（無償版）のインストール

比較的長い準備が続きました。ようやく主題である PGI Community Edition のインストールを行います。

■ D-6-1　PGI Community Edition ソフトウェア・ダウンロード

PGI Community Edition ソフトウェアのダウンロードは、米国 PGI の「PGI Community Edition」サイトから行います。PGI Community Edition ソフトウェアはライセンスキーが必要ですが、Windows の場合、適切な位置（たいていの場合、`C:¥program files¥PGICE`）の配下にライセンスキーファイル `license.dat` が格納されますので特別な操作を要せず、そのまま PGI Community Edition ソフトウェアを使用できます。license.dat はテキストファイルですので、内容を覗くとバージョンや有効期間を知ることができます。なお、このファイルを編集すると、PGI Community Edition ソフトウェアを使用できなくなる可能性がありますので書き込まないようにしましょう。

D.2 節「Microsoft Windows 10 SDK をインストール」で紹介した PGI 社のウェブサイト（`https://www.pgroup.com/support/win-ce.htm`）を開くと「PGI Community Edition for Windows Configuration Information」が現れ、環境構築の手順が書かれています。

無償版 PGI Community Edition を利用する場合の注意
「技術サポート」のないエディションのため、インストールなどを含めた「技術的な質問」には一切対応しないようです。無償ですので、分からない点があったらフォーラムなどやドキュメントを参照して解決しましょう。

PGI Community Edition ソフトウェアのダウンロードは、米国 PGI の「PGI Community Edition(`http://www.pgroup.com/products/community.htm`)」サイトから行います。まず、自身の環境用の Platform を選択します。ここでは「Windows x64」をクリックします。

図D.27●「PGI Community Edition」サイト

するとインストーラのダウンロードが始まります。

図D.28●インストーラのダウンロード

ダウンロードが完了したら「実行」をクリックします。

図D.29●インストーラの実行

D-6-2　PGI Community Edition のインストール

　インストーラが起動すると、PGI Community Edition が必要としているものが表示されますので、「Install」をクリックします。すると、これらがインストールされます。この画面が表示されない場合は、次に進んでください。

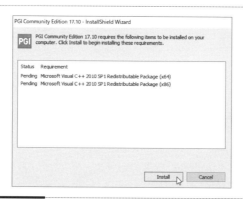

図D.30●必要な機能のインストール

　やっと PGI Community Edition のインストールが始まりますので「Next」をクリックします。ライセンス条項が現れますので良く読んで、「I accept …」を選び、「Next」をクリックします。

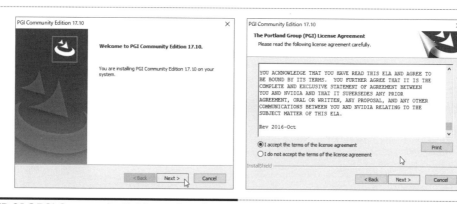

図D.31●PGI Community Editionのインストール

　次に、NVIDIA CUDA Toolkit のインストールに関する問い合わせが表示されます。

　NVIDIA's CUDA Toolkits are used by PGI's accelerator compilers and required by the PGI profiler.if you prefer not to the install the toolkit,select the 'No' option bellow.

と案内メッセージが現れますので、必要なら「Yes, install the …」を、ツールキットをインストールしたくない場合は、「No, do not install …」オプションを選択してください。「Yes, install the …」を選ぶと、PGI Community Edition のインストールと同時に NVIDIA CUDA Toolkit もインストールします。つまり、前節で紹介した「CUDA 開発環境のインストール」は、ここで行うこともできるようです。いずれにしても、このような手順は随時変更されますので、ウェブサイトを参照し、最新の方法でインストールしてください。「No, do not install …」オプションを選択すると、NVIDIA CUDA Toolkit のインストールはスキップされます。

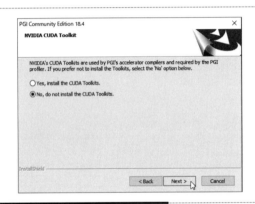

図D.32●NVIDIA CUDA Toolkitをインストールしない場合

「Yes, install the …」オプションを選択すると、ライセンス条項が現れますので、良く読んで、「I accept …」を選び、「Next」をクリックします。これで、NVIDIA CUDA Toolkit もインストールされます。

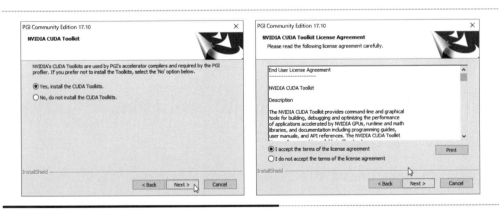

図D.33●NVIDIA CUDA Toolkitをインストールする場合

次に、MS-MPIのインストールに関する問い合わせが表示されます。
「No, do not install …」オプションを選択すると、MS-MPIのインストールはスキップされます。

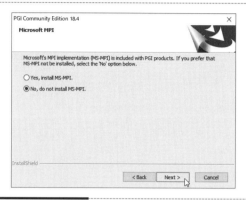

図D.34●MS-MPIをインストールしない場合

　本書はMPIを使用しませんが、「Yes, install the …」オプションを選択すると、ライセンス条項が現れますので、良く読んで、「I accept …」を選び、「Next」をクリックします。これでMS-MPIもインストールされます。

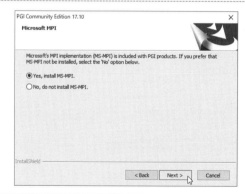

図D.35●MS-MPIをインストールする場合

次に、DebuggerやPerformance ProfilerがJavaのRuntimeを使用するため、JREをインストールするか問い合わせが表示されます。Debuggerなどを使用しない、あるいは表示のバージョンより新しいJREをインストール済みであれば、「No, do not …」オプションを選択します。

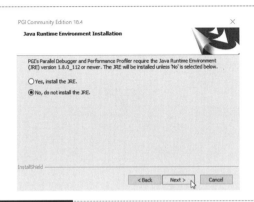

図D.36●JREをインストールしない場合

DebuggerやPerformance Profilerを使用するなら「Yes, install the …」オプションを選択します。すると、Oracle Binary Code License Agreementのライセンス条項が現れますので良く読んで、「I accept …」を選び、「Next」をクリックします。

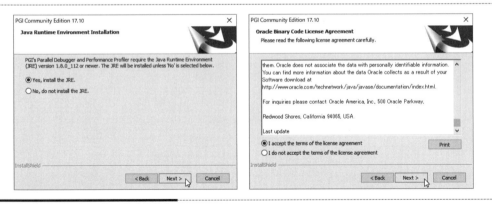

図D.37●JREをインストールする場合

Cygwinをインストールするかどうかの問い合わせが表示されます。デフォルトのまま、「Next」をクリックします。ユーザー名と会社名の入力を求められますので、それぞれの欄に入力します。

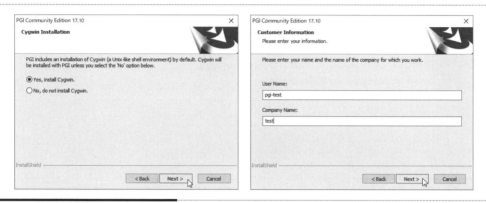

図D.38●Cygwinをインストールする

テンポラリのディレクトリ位置の問い合わせが表示されます。表示されたディレクトリで問題なければ、そのまま「Next」をクリック、そうでなければブラウズし適切なディレクトリを指定してから「Next」をクリックします。

図D.39●テンポラリディレクトリの確認

付録

　インストール先のフォルダーやショートカット作成の問い合わせが表示されます。ここではデフォルトのまま「Next」をクリックします。

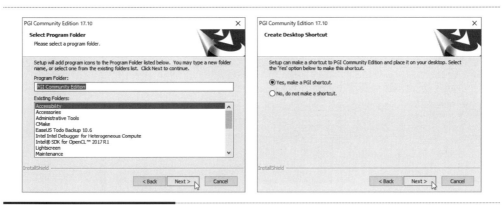

図D.40●ショートカットなどの設定

　ユーザー情報、ディレクトリ、そしてGPUやCUDAドライバに関する確認が表示されます。問題ないので、そのまま「Next」や「OK」をクリックします。

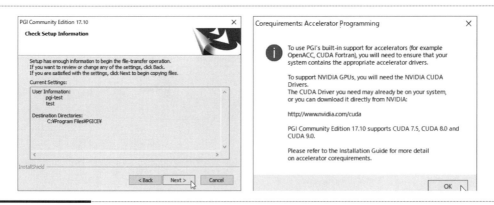

図D.41●最終確認

やっとインストールが完了します。「Finish」を押せばインストール完了です。

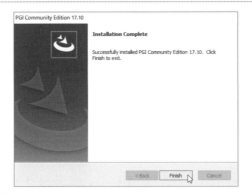

図D.42●インストール完了

デスクトップ上にPGI Community Editionのアイコンが作られますので、ダブルクリックして起動します。

図D.43●PGI Community Editionのアイコン

正常にインストールされているかバージョンを表示させてみましょう。

図D.44●バージョンの表示

正常にインストールできているようです。バージョンはインストールしたPGI Community Editionのバージョンですので、読者が試す頃は、ここで示すバージョンより大幅に進んだもの

が表示されるでしょう。

```
PGI Community Edition 18.4
PGI$ pgcc -V

pgcc 18.4-0 64-bit target on x86-64 Windows -tp sandybridge
PGI Compilers and Tools
Copyright (c) 2018, NVIDIA CORPORATION.  All rights reserved.
PGI$
```

D-6-3　PGI Community Edition のインストール失敗

　Windows 10 SDK、または Visual Studio 2015（Visual C ++）をインストールしていない状態で、PGI Community Edition をインストールしようとしても、インストールは中断されます。以降に、Windows 10 SDK か Visual Studio 2015（Visual C++）、あるいは両方をインストールしていない場合に表示されるメッセージを示します。

図D.45●PGI Community Editionのインストール中断時のメッセージ

　このような場合は、「OK」をクリックしインストーラを一旦終了させます。そして、表示されている URL を参照してください。あるいは本書の D-2 節「Microsoft Windows 10 SDK をインストール」や D-3 節「Visual Studio Community 2015 のインストール」を参照し、PGI Community Edition のインストールの前準備を行ってください。その後、再度 PGI Community Edition をインストールしてください。

D-7 PGI Community Edition（無償版）を Ubuntu へインストール

PGI Community Edition（無償版）を Ubuntu へインストールしたい場合もあるでしょうから、簡単に説明します。PGI Community Edition（無償版）を Ubuntu へインストールするには、その前に gcc などいくつかのインストールが前提とされます。それなりに面倒ですので、詳細は PGI 社のウェブサイトを参照してください。

■ D-7-1　root

PGI Community Edition ソフトウェアのインストールは root で行いますので、su コマンドで root へ移行しましょう。

■ D-7-2　LANG

PGI Community Edition は英語環境での使用を前提としているため、環境変数 LANG を英語にする必要があります。このため環境変数 LANG を変更してください。この変更はインストール時にのみ必要で、利用する際には日本語でも構いません。以降、bash の場合で説明します。

```
$ env | grep LANG
LANG=ja_JP.UTF-8

$ export LANG=C

$ export LC_ALL=C
```

LANG 環境変数は ja_JP.UTF-8 ですので、「C」へ変更します。Ubuntu の場合、LC_ALL 変数も設定する必要があります。

■ D-7-3　解凍先作成

ソフトウェアをダウンロードし（サイトなどは説明済）、解凍しますが、解凍先の作業用ディレクトリを作成しておきます。

```
$ mkdir temp
$ cd temp
```

■ D-7-4　ダウンロードファイルを解凍

　ダウンロードしておいたファイルを解凍先の作業用ディレクトリへコピーします。その配下に PGI ディレクトリを作成し、そこにインストーラを解凍します。

```
$ mkdir PGI
$ cd PGI/
$ tar zxvf ../pgilinux-2018-184-x86-64.tar.gz
```

■ D-7-5　インストール開始

```
$ ./install
```

あるいは root から抜けて

```
$ sudo ./install
```

と入力します。インストーラが起動すると、ライセンス許諾に関する質問に対してプロンプトが現れますので「accept」と入力します。

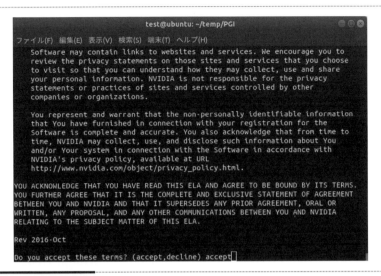

図D.46●ライセンスを許諾する

　ライセンスを許諾すると、以下のような「インストール手法」に関する問いが現れますので、これは、1の「Single system install」を選択してください。

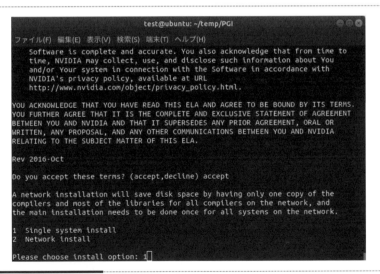

図D.47●インストール方法を選択

　次に、インストールディレクトリについての質問が出されます。インストールしたいディレク

トリを指定してください。ここでは、デフォルトのインストールディレクトリ「/opt/pgi」へインストールします。

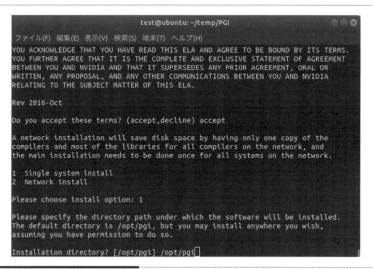

図D.48●インストールディレクトリを選択

その後、いろいろ案内が表示される場合もありますが、ライセンスなどには承諾を選んでください。ほかはメッセージ内容をよく読んで回答してください。しばらくすると、ライセンスキーの取得に関する問い合わせが現れます。これは必要ありませんので「n」と入力してください。

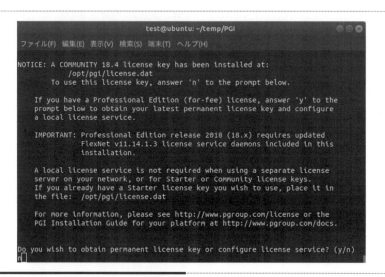

図D.49●ライセンスキーの取得に関する問い合わせ

最後に、インストールしたディレクトリを読みとり専用にするかを質問されますので、yまたはnを入力してください。

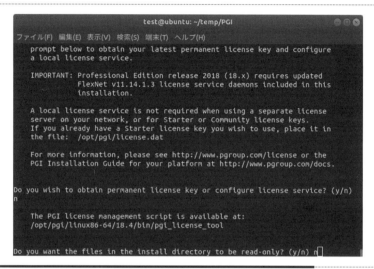

図D.50●インストールディレクトリを読み取り専用にするかどうかの問い合わせ

これでインストール作業は完了です。

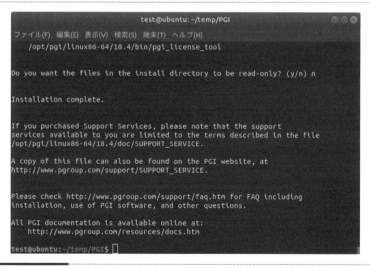

図D.51●インストール完了

D-7-6　環境変数および各種パス

コンパイラを使用する各ユーザーは、シェルの設定ファイル（$HOME/.bashrc など）に以下のような記述をファイルの最後に加え、環境変数および各種パスの設定を行ってください。

```
export PGI=/opt/pgi
export PATH=$PGI/linux86-64/2018/bin:$PATH
export PATH=$PGI/linux86-64/2018/mpi/openmpi/bin:$PATH
export MANPATH=$MANPATH:$PGI/linux86-64/2018/man:/opt/pgi/linux86-64/2018/mpi/openmpi/share/man
export LM_LICENSE_FILE=$PGI/license.dat
```

細かな部分、たとえば 2018 などはバージョンによって変更されますので、インストールの説明を読んで適宜変更してください。設定に自信がない場合、上記をコンソールから入力し、pgcc や pgc++ が利用できるか確認するのが良いでしょう。

D-7-7　確認

正常にインストールされているか簡単に確認するには、pgcc -V や pgc++ -V と入力しバージョンを表示させると良いでしょう。ここでは FORTRAN まで確認します。

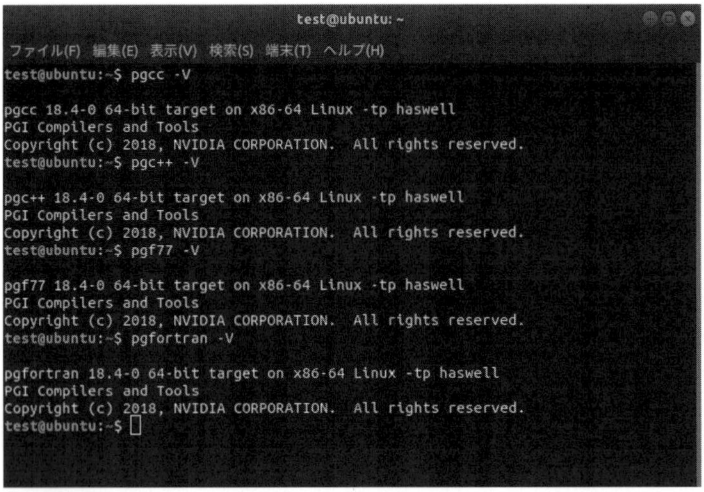

図D.52●バージョン確認

なお、-dryrun -V オプションを使うと、バージョン番号、およびコンパイルシーケンスの確認ができます。

```
pgc++ -dryrun -V x.c        (C++ Compiler の場合)
pgcc -dryrun -V x.c         (C Compiler の場合)
pgf77 -dryrun -V x.f        (Fortran 77 Compiler の場合)
pgfortran -dryrun -V x.f    (Fortran 77/90/95/2003 Compiler の場合)
```

これらのコマンドを実行するのに、x.f ファイルや x.c ファイルは、存在する必要はありません。以上で、インストールの確認は完了です。

参考文献、参考サイト、参考資料

[1] 星野哲也, 大島聡史：「GPUプログラミング入門」スライド, 東京大学情報基盤センター スーパーコンピューティング部門 講習会, https://www.cc.u-tokyo.ac.jp/events/lectures/.

[2] OpenACC-standard.org: "The OpenACC™ Application Programming Interface Version 1.0", November 2011, https://www.openacc.org/sites/default/files/inline-files/OpenACC_1_0_specification.pdf.

[3] OpenACC-standard.org: "The OpenACC™ Application Programming Interface Version 2.0", June 2013, Corrected August 2013, https://www.openacc.org/sites/default/files/inline-files/OpenACC_2_0_specification.pdf.

[4] OpenACC-standard.org: "The OpenACC® Application Programming Interface Version 2.5", October 2015, https://www.openacc.org/sites/default/files/inline-files/OpenACC_2pt5.pdf.

[5] PGI社 ウェブサイト, https://www.pgroup.com/.

[6] 株式会社ソフテック ウェブサイト, https://www.softek.co.jp/.

[7] 株式会社ソフテック：「OpenACC ディレクティブによるプログラミング」, 第5章「OpenACC ディレクティブの概説」, 第10節「③ Loop 構文」, https://www.softek.co.jp/SPG/Pgi/OpenACC/005.html#loop_const.

[8] 星野哲也, 大島聡史：第58回お試しアカウント付き並列プログラミング講習会「GPUプログラミング入門」OpenACC 編スライド, 東京大学情報基盤センター, June 2016, https://www.cc.u-tokyo.ac.jp/events/lectures/58/.

[9] 星野哲也, 大島聡史：第67回お試しアカウント付き並列プログラミング講習会「GPUプログラミング入門」スライド, 東京大学情報基盤センター, October 2016, https://www.cc.u-tokyo.ac.jp/events/lectures/67/.

[10] 山田洋士：「ディジタルフィルタ設計プログラム集 DF-Design」,「石川高専 山田洋士 研究室ホームページ」, http://dsp.jpn.org/dfdesign/.

[11] 北山洋幸：「OpenMP 入門」, 秀和システム, August 2009.

[12] 北山洋幸：「AVX 命令入門」, カットシステム, February 2015.

[13] OpenACC-standard.org: "The OpenACC™ Application Programming Interface Version 1.0, November 2011, 日本語版 (2012/10/19), http://www.hpcs.cs.tsukuba.ac.jp/omni-compiler/omni-acc/download/OpenACC1.0_jp(121019).pdf.

索引

■ 数字
2次元配列 150

■ A
acc_async_test 関数 247
acc_async_test_all 関数 250
acc_copyin 関数 257
acc_copyout 関数 260
acc_create 関数 258
acc_delete 関数 262
acc_deviceptr 関数 265
acc_free 関数 256
acc_get_device_num 関数 247
acc_get_device_type 関数 244
acc_get_num_devices 関数 242
acc_hostptr 関数 266
acc_init 関数 253
acc_is_present 関数 266
acc_malloc 関数 256
acc_map_data 関数 264
acc_memcpy_from_device 関数 267
acc_memcpy_to_device 関数 267
acc_on_device 関数 254
acc_present_or_copyin 関数 257
acc_present_or_create 関数 259
acc_set_device_num 関数 246
acc_set_device_type 関数 243
acc_shutdown 関数 253
acc_unmap_data 関数 265
acc_update_device 関数 263
acc_update_self 関数 263
acc_wait 関数 251
acc_wait_all _async 関数 252
acc_wait_all 関数 252
acc_wait_async 関数 251

Accelerator Compute ディレクティブ 210
async 節 215, 228
auto 節 239

■ B
BMP ファイルフォーマット 363

■ C
collapse 節 238
copy 節 221
copyin 節 222
copyout 節 222
CPU 2
CPU メモリ 96
create 節 222

■ D
data ディレクティブ 66, 219
data 節 228
default 節 218
delete 節 229
device_type 節 218

■ E
enter data ディレクティブ 69, 96, 225
exit data ディレクティブ 69, 96, 226
explicitly determined 93

■ F
finalize 節 229
FIR フィルタ 138
firstprivate 節 217
-fopenacc 387
Fork-Join モデル 28

■G
gang 節 238
gcc/g++ 384

■I
if 節 215, 221, 228
implicitly determined 93
independent 節 239

■K
kernel ディレクティブ 40
kernels ディレクティブ 213

■L
loop ディレクティブ 234

■M
MIMD 6
MISD 5

■N
num_gangs 節 216
num_workers 節 217

■O
OpenACC .... iii, 24
OpenCL 53
OpenMP 50, 84, 116

■P
parallel ディレクティブ 40, 210
pcopy 223
pcopyin 223
pcopyout 224
pcreate 224
PGI Community Edition 388
PGI 個人アカウント 397
#pragma 210
predetermined 92

present 節 223
present_or_copy 節 223
present_or_copyin 節 223
present_or_copyout 節 224
present_or_create 節 224
private 節 217, 239

■R
reduction 節 217, 239

■S
seq 節 238
SIMD 5
SISD 5

■V
vector 節 238
vector_length 節 217
VLIW 6

■W
wait 節 216, 228
WAV ファイルフォーマット 334
worker 節 238

■あ
アクセラレータ vii
アクセラレータ型 25
アクセラレータへの接続のシャットダウン 253
アムダールの法則 14
エッジ強調 199
円周率 76
オーバーヘッド 16
オフロード 7, 212

■か
カーネル 213
回転 184
ガウシアンフィルタ 190

幾何変換	179
キャッシュメモリ	3, 9
キャッシュライン	11
行列	vii
局所化	12
交項級数	76
構文	vii

■ さ

サブ配列	224
参照カウント	229
指示句	vii
指示文	vii, 29
実行単位	238
実行の通知	254
スカラーコンピュータ	8
積和	138
節	vii
線形補間	185

■ た

帯域除去フィルタ	147
待機操作のエンキュー	251, 252
単純移動平均	128
逐次実行	238
ディレクティブ	vii, 29
データアクセス競合	17
データ属性	92
データ転送	219
データ独立	239
データのコピー	267
データの属性	218
データのライフタイム	93
データをホストにマップ	264
デバイス	vii
デバイス数	242
デバイスタイプのランタイムの初期化	253
デバイスの型	243, 244
デバイス番号	246, 247

デバイスポインタ	265
デバイスメモリにコピー	257
デバイスメモリの解放	262
同期	216

■ な

ネガティブ処理	166

■ は

配列	vii
バンドストップフィルタ	147
非同期処理	215
非同期操作の完了	247, 250, 251, 252
部分配列	224
フリンの分類	4
並列 gang 数	216
ベクトルコンピュータ	8
ベクトル長	217
ヘテロジニアス	6
ホストデータのアンマップ	265
ホストデータの存在確認	266
ホストポインタ	266
ホストメモリ	96
ホストメモリにコピー	260
ホモジニアス	6

■ ま

マーダヴァ - ライプニッツ級数	78
メニーコア型	25
メモリ	9, 223
メモリ内容を一致させる	263
メモリの解放	256
メモリの割り当て	256, 258, 259

■ ら

ライプニッツの公式	76
リージョン	vii
リダクション処理	217
ループの並列実行	234

425

ループをまとめる 238
レジスタ 9
ローカルメモリ 96, 220
ローパスフィルタ 128

■ わ

ワーカ数 217

著者紹介

北山 洋幸（きたやま ひろゆき）

鹿児島県南九州市知覧町出身。富士通株式会社、日本ヒューレット・パッカード株式会社（旧 横河ヒューレット・パッカード株式会社）、米国 Hewlett-Packard 社（出向）、株式会社 YHP システム技術研究所を経て有限会社スペースソフトを設立、現在に至る。情報処理学会員。

メインフレームのシステムソフトウェア開発やコンパイラの開発、そしてメインフレーム用プロセッサシミュレータ開発に携わる。開発したシミュレータは、実際のメインフレーム用プロセッサ開発に供せられた。その後、周辺機や、初期のパーソナルコンピュータ、イメージングシステム、メディア統合の研究・開発に従事する。海外の R&D で長期の開発も経験する。その後、コンサルティング分野に移り、通信、リアルタイムシステム、信号処理・宇宙航空機、電力などのインフラ、LSI の論理設計などなど、さまざまな研究に参加する。並行して多数の印刷物に寄稿する。現在は、本業を休止し、日々地域猫との交流を楽しんでいる。

主な著訳書

書籍、月刊誌、辞典、コラム・連載など執筆多数。

OpenACC 基本と実践
GPU プログラミングをさらに身近に

2018 年 11 月 10 日　初版第 1 刷発行

著　者　　北山 洋幸
発行人　　石塚 勝敏
発　行　　株式会社 カットシステム
　　　　　〒 169-0073　東京都新宿区百人町 4-9-7　新宿ユーエストビル 8F
　　　　　TEL (03)5348-3850　　　FAX (03)5348-3851
　　　　　URL　http://www.cutt.co.jp/
　　　　　振替　00130-6-17174
印　刷　　シナノ書籍印刷 株式会社

本書に関するご意見、ご質問は小社出版部宛まで文書か、sales@cutt.co.jp 宛に e-mail でお送りください。電話によるお問い合わせはご遠慮ください。また、本書の内容を超えるご質問にはお答えできませんので、あらかじめご了承ください。

■ 本書の内容の一部あるいは全部を無断で複写複製（コピー・電子入力）することは、法律で認められた場合を除き、著作者および出版者の権利の侵害になりますので、その場合はあらかじめ小社あてに許諾をお求めください。

Cover design　Y.Yamaguchi　　© 2018 北山洋幸
Printed in Japan　ISBN 978-4-87783-450-0